DAXUESHENG CHUANGXIN CHUANGYE JICHU JIAOCHENG

大学生创新创业基础教程

主 编 孟 展 戴建广 杨 涛
副主编 阎 奔 袁 博 钟 玮
　　　 杨 盼 张灿利 尚 菲

电子科技大学出版社
University of Electronic Science and Technology of China Press

·成都·

图书在版编目(CIP)数据

大学生创新创业基础教程/孟展，戴建广，杨涛主编. — 成都：电子科技大学出版社，2023.9
ISBN 978-7-5770-0378-8

Ⅰ.①大… Ⅱ.①孟… ②戴… ③杨… Ⅲ.①大学生—创业—高等学校—教材 Ⅳ.①G647.38

中国国家版本馆CIP数据核字（2023）第120466号

大学生创新创业基础教程
DAXUESHENG CHUANGXIN CHUANGYE JICHU JIAOCHENG

孟　展　戴建广　杨　涛　主编

策划编辑	唐祖琴
责任编辑	唐祖琴

出版发行　电子科技大学出版社
　　　　　成都市一环路东一段159号电子信息产业大厦九楼　邮编 610051
主　　页　www.uestcp.com.cn
服务电话　028-83203399
邮购电话　028-83201495

印　　刷	成都市火炬印务有限公司
成品尺寸	185mm×260mm
印　　张	15.5
字　　数	400千字
版　　次	2023年9月第1版
印　　次	2023年9月第1次印刷
书　　号	ISBN 978-7-5770-0378-8
定　　价	50.00元

版权所有　侵权必究

前言

习近平总书记在党的二十大报告中强调:"必须坚持科技是第一生产力、人才是第一资源、创新是第一动力,深入实施科教兴国战略、人才强国战略、创新驱动发展战略,开辟发展新领域新赛道,不断塑造发展新动能新优势。"高等院校作为国家创新体系的重要组成部分,应把发展科技第一生产力、培养人才第一资源、增强创新第一动力结合起来,有效支撑我国教育、科技和经济社会发展。新征程上,高等院校要充分发挥在科技创新中的独特优势,升级教育理念、革新教育模式,以学生的思维意识和能力素养作为培养核心,以学生的创新精神和创业能力作为培养目的,将教育导向从侧重知识传授向侧重能力提升转变。

教育家怀特曾说过,教育不是为了教人谋生,而是教人创造生活。高等院校开设创新创业教育课程,能够培养学生的创新精神与创业实践能力,满足学生社会生活的经济需求,增强学生的社会适应与竞争能力,促进学生通过创新创业创造幸福生活。高等院校创新创业课程是集合理论性、实践性、政策性和科学性的综合性课程体系,课程教学能够挖掘学生内在潜能和兴趣,拓宽大学生的思维和视野,培养大学生参与创新创业实践活动的能力和素质。经过创新创业教育课程的系统化学习,大学生可以更好地进行自身职业生涯规划,为自身成长成才和适应社会夯实基础。另外,高等院校实施创新创业课程教学,是塑造大学生正确的世界观、人生观、价值观、择业观和就业观的有效途径;是解决大学生就业问题,为国家和社会培育更多高质量、复合型、应用型的创新创业人才,不断推动国家社会主义现代化建设与发展。

目前,根据国内外创新创业基础教育的发展现状与发展动态,尤其是疫情结束后经济复苏与发展的需要,创新精神与创业能力也重新融入新的元素,被赋予新的定义。本书以培养大学生创新创业意识、创新思维,提高其创新创业能力为目标,围绕培养新时代大学生创新创业能力的主题,适当参考国内外优秀教材编写而成。本书共设十二章,分为创新与创业两大模块。创新模块按照"理论—思维—方法—体系"的逻辑结构,包括创新概述、创新原理、创新思维、创新方法、创新体系等内容。创业模块根据创业活动的顺序编写，包括创业思维与创业活动、创业机会识别、创业团队组建、商业模式设计、新企业成立与融资、商业计划书等内容。

  本书共12章，具体编写分工如下：第一章、第二章由戴建广负责编写，第三章、第四章由杨涛负责编写，第五章、第六章、第七章由孟展负责编写，第八章由尚菲负责编写，第九章由袁博负责编写，第十章由杨盼负责编写，第十一章由张灿利负责编写，第十二章由钟玮负责编写。全书由孟展、阎奔负责统稿。

  本书在编写过程中，参考和引用了国内外的优秀教材以及其他相关资料，对相关教材和资料的作者表示衷心的感谢。限于编写组成员的专业知识、研究能力和实践能力，书中难免存在疏漏及不足，恳请读者提出批评和建议。

编 者

2023年6月

目录

第一章 创新概述 ... 1
第一节 创新的意义与价值 ... 3
第二节 创新的概念及特征 ... 5
第三节 创新素质评估 ... 9
第四节 创新能力培养 ... 16

第二章 创新原理 ... 20
第一节 聚合原理 ... 22
第二节 逆反原理 ... 23
第三节 移植原理 ... 26
第四节 迂回原理 ... 28
第五节 完满原理 ... 30
第六节 创新原理的运用原则 ... 32

第三章 创新思维 ... 37
第一节 思维定式 ... 39
第二节 扩散思维 ... 41
第三节 逆向思维 ... 44
第四节 越障思维 ... 47
第五节 联想思维 ... 50

第四章 数字经济时代的思维变革 ... 54
第一节 数字经济的内涵 ... 55
第二节 数字经济时代的特征 ... 56
第三节 数据驱动思维 ... 59
第四节 平台运营思维 ... 61
第五节 高度连接思维 ... 64

第五章　TRIZ 系统创新方法 68

第一节　TRIZ 的起源与内涵 69
第二节　系统与系统思维 72
第三节　功能分析 76
第四节　组件分析 80
第五节　因果分析 83
第六节　资源分析 86

第六章　国家自主创新体系 94

第一节　国家自主创新体系内涵及构成 95
第二节　知识创新 104
第三节　技术创新 107
第四节　管理创新 111
第五节　知识产权的申请与保护 114
第六节　知识产权的应用与转化 119

第七章　创业思维与创业活动 124

第一节　创业的内涵及本质 125
第二节　创业的演进与发展 129
第三节　创业的类型 131
第四节　创业思维与逻辑 133

第八章　创业机会识别 139

第一节　创业机会的内涵与类型 141
第二节　发现创业机会 146
第三节　评估创业机会 150
第四节　把握创业机会 155

第九章　创业团队组建 159

第一节　创业团队内涵与价值 160
第二节　创业团队结构与类型 162
第三节　创业能力识别与培养 164
第四节　创业团队组织与管理 167
第五节　创业伦理与文化建设 170

第十章　商业模式设计 ·· 176

第一节　商业模式内涵与逻辑 ······································ 177
第二节　商业模式要素与类型 ······································ 180
第三节　商业模式设计框架与流程 ·································· 182
第四节　商业画布工具 ·· 192
第五节　商业模式创新方法 ·· 195

第十一章　新企业成立与融资 ·· 199

第一节　创业融资的内涵与特征 ···································· 200
第二节　创业融资类型与渠道 ······································ 202
第三节　债权融资与股权融资 ······································ 208
第四节　新企业设立法律法规 ······································ 212
第五节　新企业设立流程 ·· 216

第十二章　商业计划书 ·· 221

第一节　商业计划书内涵与用途 ···································· 223
第二节　商业计划书要素与规范 ···································· 224
第三节　商业计划书撰写原则与技巧 ································ 233
第四节　商业计划书路演 ·· 236

参考文献 ·· 240

第一章 创新概述

学习目标

★ 了解创新的意义。
★ 熟悉创新的定义和特征。
★ 掌握创新素质的内涵。
★ 了解创新素质的评估。
★ 熟悉创新能力的培养。

引例——开局之年看光谷

湖北武汉未来科技城，128米高的"马蹄莲"形状的大楼，是光谷地标。

极目智能公司的仿真实验室里，主管研发的副总经理王述良正和同事紧盯电脑，手握方向盘，适时调整数据。"通过自主研发的视觉技术，一个摄像头，就能实现标准L2级智能驾驶。"王述良说，凭借这样的最新技术，企业成功打开海外市场。

"这里是汇集国际一流人才的'光谷大脑'，创新与全球同步，必须争分夺秒。"武汉未来科技城建设服务中心负责人说。

中国光谷，即武汉东湖新技术开发区。这里诞生了中国第一根光纤、第一个光电传输系统，成为唯一以"光"命名的国家自主创新示范区。

2013年、2018年、2022年，习近平总书记三赴光谷考察，指出"湖北武汉东湖新技术开发区在光电子信息产业领域独树一帜"。

光谷之"光"是什么？"独树一帜"靠什么？孜孜追光35年，这束光在新时代为何更耀眼？

走进光谷可以找到答案。

一束激光，变身"最快的刀、最准的尺、最亮的光"。华工科技激光工艺研究实验室，工程师王熙泽启动机器，激光束溅起火花。101秒后，薄度0.6毫米、周长3.5米的新能源汽车电池托盘焊接完成，"这是国内首套新能源汽车电池托盘激光焊接系统，攻克了一系列技术难题"。

一根光纤，不断刷新光通信传输纪录。中国信科集团烽火通信公司，智慧光网络通信设备调测实验室里，研发人员匡立伟正在测试信号，"这个系统全球领先，一根光纤上，能支撑超千万用户同时高清视频直播"。

一条产业链，"卡脖子"堵点跃升全链条国产化。登上30米高的拉丝塔，全球最大尺寸的光纤预制棒悬于顶端，头发丝粗细的光纤轻盈飞泻。长飞光纤光缆股份有限公司副总裁郑昕介绍，"过去装备、工艺、原材料都在别人手里，如今关键核心技术自主可控,一根光棒,拉出1万公里长光纤"。

一块显示屏,不久的将来能像纸张一样"打印"出来。走进武汉国创科光电装备有限公司,总经理陈建魁率研发团队正持续攻关。新型显示喷印装备工艺将助力中国在OLED(有机发光二极管)屏上实现弯道超车,"下一步,瞄准更大尺寸新装备"。

一束光,变幻出万千创新因子。

全国首个400G相干商用硅光收发芯片、全球首款128层三维闪存存储芯片、全国首台最大功率10万瓦的工业光纤激光器……518平方公里的光谷,"创新浓度"不断提升,催生中国最大光电子信息产业基地,全球最大光纤光缆研发制造基地。"独树一帜"的这束光,正代表"国家队"积极参与全球产业话语权、主动权竞争。

创新涌动的背后,是思想的力量。

"一定要坚定不移走中国特色自主创新道路""新发展理念,创新是第一位的""科技自立自强是国家强盛之基、安全之要"……

新时代10年来,习近平总书记3次到光谷,在不同阶段、关键时刻,为科技创新指明方向。

10年前,华工科技从海外采购一台万瓦光纤激光器,忍痛掏了800多万元。

"'一个国家只是经济体量大,还不能代表强。我们是一个大国,在科技创新上要有自己的东西。'总书记的话一下子震醒我们!只有自立自强,才能突出重围。"华工科技董事长马新强当时就暗下决心,一定要实现激光装备核心部件的完全国产。

千难万难,研制出第一批万瓦国产激光设备,"退货潮"兜头浇了盆凉水。

为啥?

"市场不认可,觉得我们的设备不如国外的好。"

牢记嘱托,关键时刻,华工科技人咬紧牙关,坚持创新不动摇,10年投入30多亿元。他们最新推出的全国产化第三代三维五轴激光切割机,国内热销,海外订单也纷至沓来。

华工科技只是缩影。在光谷采访,遇到的每一家企业,都能讲出沐光、追光、聚光、发光的故事。

加快实现高水平科技自立自强,是推动高质量发展的必由之路。统筹"两个大局",识变应变求变,科技创新既是题中之义,也是关键支撑。

思想之光照亮创新之路。

"无人区"跋涉,"深水区"闯关。2022年,光谷研发经费投入强度达9.5%,是全国平均水平的3倍多。

创新延链,产业强链。"光芯屏端网"全面发力,1.6万家企业,总体产业规模超5000亿元。

迎难而上,化危为机。光谷经济韧性愈发强劲,地区生产总值连上台阶:2020年首次突破2000亿元，2021年增至2400亿元，2022年达到2643亿元。

这束光不断聚集、裂变，锻造武汉产业结构和城市气质，成为湖北谱写高质量发展新篇章、建设全国构建新发展格局先行区的关键变量。

"独树一帜"的这束光，靠什么持续闪亮？

"今天的光谷，面临新一轮跨越式发展的重大机遇，处于创新动能加速重塑、特色产业加快聚集、新城建设加力提质的战略机遇期。"东湖高新区管委会主任张勇强说。

眺望前路，光谷人底气十足：坚持自立自强，把科技创新关键变量转化为高质量发展最大增量。

36岁的华中科技大学教授张宇，上个月刚申请通过一个1500万的光电融合研发项目。走进评审现场，不少人这才发现，评委席上有专家，有企业负责人，有投资机构代表。"我们就是要推动形成产学研用高效协同、深度融合的创新体系。"湖北光谷实验室副主任唐江说。

原始创新、体制创新、金融创新、协同创新……牵住创新"牛鼻子"，加速追光的"中国光谷"，阔步迈向"世界光谷"。

来到光谷，必须看看这束光的起点。

南望山下，东湖之滨，武汉邮科院故地风景依旧，赵梓森院士拉出第一根光纤的简易实验室，却遍寻不到。

兜兜转转，一扭头，瞥见惊喜——"国家信息光电子创新中心"坐落于此，大厅里醒目陈列的，是全球单片速率最高的1.6 Tbit/s硅光互连芯片。总经理肖希分享新进展："4月26日，我们刚刚发布国际最高速的硅基相干光收发芯片，单片净速率为1.4 Tbit/s，可解决高端光电子芯片'卡脖子'问题。"

创新热土，光的传奇一刻不停。

资料来源：胡果，禹伟良，冯华.这束光，在创新中持续闪亮——开局之年看光谷[N].人民日报，2023-04-28.

第一节　创新的意义与价值

创新，作为一种思维和行动的方式，可以被定义为在已有的基础上创造出新的想法、方法或产品的过程。它既是一种能力，也是一种态度，要求人们不断追求进步和突破，不满足于现状，敢于打破传统观念。创新的意义与价值贯穿于各个领域，无论是科技、商业、教育还是社会服务，它都带来了无尽的可能性。

创新对经济增长和国家竞争力至关重要。企业通过创新，能够开拓新市场、推出创新产品和服务，提高生产效率和质量，从而推动经济的繁荣。创新带来的投资和就业机会促进了企业的发展，同时为社会创造了更多的财富和福利。在以创新驱动发展为核心的战略背景下，中国通过加强科技创新、加大研发投入、构建创新型国家体系等措施，正在不断推动经济转型升级和可持续发展。

创新为解决社会问题提供了强有力的工具。面临着人口增长、环境恶化、资源短缺等复杂挑战的当下，创新成了解决这些问题的关键。人们通过不断的创新研究和开发，推动了新技术、新材料和新发现的出现。这些创新的成果影响着各个领域，从信息技术到生命科学，从工程学到环境保护。科技创新不仅改变了人们的生活方式，还创造了新的商业机会和产业链，推动了经济的发展和社会的进步。创新能够带来新的解决方案和技术，改善人们的生活质量，推动社会的可持续发展。从医疗保健到可再生能源，从教育到城市规划，创新的力量推动着社会进步，创造更美好的未来。

创新还创造了独特的商业价值与利润。企业通过创新，能够开拓新的市场空间并获得竞争优势。创新的产品和服务满足了消费者的需求，创造了独特的价值主张，使企业能够在竞争激烈的市场中脱颖而出。同时，创新也带来了更高的利润和回报，为企业的可持续发展提供了支持。创新活动不仅催生了新的企业和产业，还为人们提供了创业和就业的机会。创新的企业需要各种各样的人才，从科学家和工程师到市场营销和管理专业人员。这为社会提供了更多的工作机会，促进了经济的包容性和社会的稳定。

同时，创新激发了人们的创造力。人们通过创新，突破了现有的思维和方法，激发了人们的创造力和创新思维。它鼓励人们不断学习和尝试新的想法，推动了个人和组织的成长和进步。在创新的过程中，人们在风险和挑战中，培养了解决问题和适应变化的能力。

回顾人类的历史，创新一直是推动社会进步和变革的关键力量。从火的发现到互联网的普及，创新一次又一次地引领着人们迈向未知的领域。在这个日新月异的时代，创新的意义与价值更加凸显，不仅关乎着企业和经济的未来，也深刻影响着人们的生活方式和社会发展。

迈上中国式现代化新征程，习近平总书记在党的二十大报告中强调，坚持创新在我国现代化建设全局中的核心地位，并对加快实施创新驱动发展战略进行部署。党的十八大以来，我国科技事业发生历史性、整体性、格局性变化，成功进入创新型国家行列。

习近平总书记在全国科技创新大会、中国科学院第十八次院士大会上和中国工程院第十三次院士大会、中国科学技术协会第九次全国代表大会上号召："创新始终是一个国家、一个民族发展的重要力量，也始终是推动人类社会进步的重要力量。不创新不行，创新慢了也不行。如果不识变、不应变、不求变，就可能陷入战略的被动，错失发展机遇，甚至错过整整一个时代。实施创新驱动发展战略，是应对发展环境变化、把握发展自主权、提高核心竞争力的必然选择，是更好引领我国经济发展新常态、保持我国经济持续健康发展的必然选择。我们要深入贯彻新发展理念，深入实施科教兴国战略和人才强国战略，深入实施创新驱动发展战略，统筹谋划，加强组织，优化我国科技事业发展总体布局。"

> **专栏——黑龙江的创新之路**
>
> 在黑龙江哈尔滨工大卫星技术有限公司，两条生产线前，六七颗导航增强卫星正在同时生产。几排电脑间，工作人员监测调整着卫星的各项数据。"在省、市各部门支持下，哈尔滨工业大学的卫星技术实现了成果转化，我们公司建立起柔性化卫星技术平台。"哈尔滨工大卫星技术有限公司董事长陈健介绍，公司已具备年产50颗微小卫

星的能力，正承担8个型号近百颗商业卫星的研制任务。

依托哈尔滨工业大学等78所高等院校、120家独立研究院所的科研资源优势，黑龙江坚持向高新技术成果产业化要发展，去年科技成果产业化项目新增经济收益50.7亿元。"今年，我们将组织实施好科技成果产业化专项行动，力争转化重大科技成果500项以上，新增经济收益100亿元以上。"黑龙江省科学技术厅党组书记郭大春说。

2016年5月，习近平总书记在黑龙江考察调研时强调："要加强创新能力建设，强化创新链和产业链、创新链和服务链、创新链和资金链对接，把振兴发展的基点放在创新上。"

"我们牢记习近平总书记嘱托，大力推进创新龙江建设，努力积蓄新优势，奋力跑出创新引领振兴发展的加速度。"黑龙江省委主要负责同志表示。

2022年8月，《黑龙江省科技振兴行动计划（2022—2026年）》印发。如今，全社会研发投入提升、关键核心技术攻关、科技成果产业化、科技型企业培育、创新平台建设、区域创新载体和创新生态建设等"七大行动"共同发力，培育壮大发展新动能。

入夜，位于东北林业大学成栋楼9层的空间智能计算实验室灯火通明，信息与计算机工程学院教授景维鹏正带领8名博士生熟练处理无人机与卫星传来的遥感数据，为精准识别光伏组件表面缺陷做准备。

2022年10月，景维鹏的团队成功揭下黑龙江省2022年重大科技攻关"揭榜挂帅"项目中"光伏发电系统数字化评价技术研究"榜单，"出题者"是大庆黄和光储实证研究有限公司。"这个项目可通过数字化评价软件，对光伏发电的缺陷组件发电量损失进行判定，并提供整改数据支撑，从而有效提高发电量。"黄和光储实证研究有限公司负责人说。

2022年，黑龙江实施重大科技攻关"揭榜挂帅"机制，在数字经济、生物经济等7个重点领域专项支持重点研发项目127项，发布产业数字化、生物医药、生物育种等9个榜单，其中38个项目成功揭榜，榜单资金总额达3.78亿元，带动企业出资2.36亿元。

加大财政科技资金投入、创新资金投入方式、落实惠企奖励政策，黑龙江不断激发各类创新主体活力和研发投入积极性。去年，省级企业研发投入奖补资金惠及企业845家，全省研发经费投入达194.6亿元，同比增长12.4%。今年，省级科技专项资金计划增长20%。

日前，齐齐哈尔德达铸造有限责任公司火车承载鞍数控自动加工生产线试运行成功，上料、翻转、检测、输送全部自动化，投产后预计产能将翻倍。

资料来源：崔佳，刘梦丹，张艺开.黑龙江着力加强创新能力建设[N/OL].人民日报，2023-04-28. https://baijiahao.baidu.com/s?id=1764474781938455855&wfr=spider&for=pc.

第二节 创新的概念及特征

一、创新的定义

《创新管理 基础和术语》（ISO 56000：2020）标准中将创新定义为"实现或重新分

配价值的、新的或变化的实体"。学术界对创新的定义多元且丰富，当代著名的创新学研究专家埃弗里特·罗杰斯（Everett. M. Rogers），著有《创新的扩散》一书中将创新定义为"个人或其他主体认为是新的想法、实践或对象"。"现代管理学之父"彼得·德鲁克（Peter. F. Drucker）将创新与创业相联系，认为"创新是创业的特定功能，无论是在现有企业、公共服务机构，还是在家庭厨房中由一个人开始的新创业。它是企业家创造新的财富资源，或赋予现有资源更大的创造财富潜力的手段"。Baregheh 等学者对创新的定义专门进行了文献整理，发现了大约 60 个不同视角和范围的创新定义，并认为综合后的完整定义为："创新是一个多阶段的过程，组织将想法转化为新的或改进的产品、服务或流程，以便在市场上取得成功、竞争和差异化。"

Baregheh 对创新的定义更完整地涵盖了创新的主体、流程和目的，不过其采用的视角更确切地说是针对商业活动中的创新而言，类似的视角下，Crossan 和 Apaydin 对创新的定义被认为更加完整且具有代表性，他们认为创新是在经济和社会领域中生产或采用、吸收和利用具有附加值的新事物，产品、服务和市场的更新和扩大，创造新的生产方法，以及建立新的管理制度。创新既是一个过程，也是一个结果。

创新虽然有多种的定义，但其中一个共识是对于思想或技术的新颖性、改进和传播的关注。创新旨在通过引入新元素、新概念、新想法或新方法来打破常规，并在实践中产生有意义的影响。同时，创新与发明密切相关，但并非相同。发明强调的是新事物的创造和发现，而创新更加强调将这些发明付诸实践，并在市场或社会上产生有意义的影响。创新强调将新的想法、产品、服务和流程引入现实世界的过程，涉及推动和实现这些想法的转化和应用，将不同领域的思维、技术或资源整合在一起，可以创造出新的组合和应用，带来全新的解决方案和价值。创新还可以被视为一种持续的学习和适应过程，创新者需要不断地观察、探索和学习，以发现新的机会和挑战。创新者往往需要与不同领域的人合作，进行跨学科和跨界的交流，以获取新的见解和知识。

综上所述，可以理解为创新是利用现有的资源以及非常规的思路或方式去改进或创造新的实体或概念的行为。该定义不仅符合对商业活动中创新行为的描述，也概括了生活中方方面面的创新行为。在生活中，创新行为涉及方方面面，深刻影响并改善着人们的衣食住行（如图 1-1～图 1-2 所示）。

图 1-1 智能家居的智能化创新

图 1-2 在线教育的远程学习创新

二、创新的特征

创新行为存在于生活和商业活动等各个方面，相比于一般性的活动，创新行为存在以下基本特征。

（1）新颖性。创新具有新颖性，它引入了新的元素、新概念、新想法或新方法。创新不是重复和复制现有的东西，而是通过提出独特的、前所未有的解决方案来打破常规。创新要求对传统思维的突破，追求与众不同的创意和创造力。如果一项活动的流程或产物不能体现出新颖特征，那么它很难被定义为创新行为。创新的新颖性体现在多个方面：首先，创新可以涉及新的概念和理念的引入，它可能探索新的领域，突破既有的边界，引入新的思维方式和范式。例如，随着数字化和人工智能的发展，创新者可以提出以数据驱动的决策模型，打破传统的经验主义和直觉思维；其次，创新还可以涉及新的方法和技术的应用，它可以借鉴其他领域的技术和方法，将其应用于新的领域或解决新的问题。例如，将机器学习算法应用于医疗诊断，可以帮助提高其准确性和效率，从而推动医疗领域的创新发展。创新的新颖性是创新行为的核心特征之一，它要求创新者超越传统的思维和常规的做法，勇于探索新的领域和可能性。只有通过引入独特的、前所未有的解决方案，才能真正实现创新的目标和价值。

（2）整合性。随着科技的迅猛发展和不同领域之间的相互渗透，创新往往需要跨越传统的界限，将原本独立的要素进行有机的整合。首先，创新需要对不同领域的知识和资源进行广度的把握，在数字经济中，技术、数据、市场、用户需求等要素相互交织，相互影响。只有具备广泛的领域知识和洞察力，才能看到不同领域之间的潜在关联和互动机会。例如，在智能手机的创新中，融合了通信技术、计算能力、摄影技术、人机交互等多个领域的元素，才能实现全新的用户体验和商业模式。其次，创新需要对不同思维方式的融合有深度的把握，传统的线性思维和边界思维已经不能满足当今复杂问题的解决和创新的需求。创新者需要具备跨学科的思维，能够将不同思维模式进行有效的融合。例如，设计思维、系统思维、创意思维等不同的思维方式可以相互交叉，产生创新的火花。创新者通过整合多种思维方式，能够看到问题的多个层面，并找到切实可行的解决方案；另外，创新需要对不同资源的整合进行深度的把握，包括人力资源、技术资源、财务资源等。在数字经济时代，数据资源成了最为重要的创新要素之一，创新者需要善于整合和利用不同的资源，以实现创新的目标。例如，企业通过整合大数据分析技术和人工智能算法，可以从海量的数据中挖掘出有价值的信息，为产品改进、市场定位和用户体验提供创新的解决方案。

（3）变革性。创新具有变革性，意味着它可以引起重大的、深远的变化并产生巨大的影响。这种变革可以在不同的层面和领域中发生，涵盖经济、社会、科技、文化等多个方面。经济方面，创新活动可以改变产业结构、推动经济增长，并为企业和社会创造新的商机和价值。例如，互联网的兴起引发了电子商务的革命，改变了传统零售业的商业模式，促进了全球贸易的发展。社会方面，创新可以改善人们的生活方式，提供更便捷的服务，

促进社会进步。例如，移动支付的创新改变了人们的支付习惯，提升了金融服务的普及和效率。科技方面，创新推动着科学研究的突破和技术的革新，开创新的科学领域和应用领域。例如，人工智能的创新引领了智能机器人、自动驾驶等领域的快速发展，改变了人们对科技的认知和使用方式。另外，创新活动还影响着文化领域的面貌，它可以推动艺术、音乐、文学等领域的创新，改变人们对美学和审美的理解。例如，数字化技术的创新为音乐产业带来了巨大的变革，促进了音乐创作、传播和消费模式的变化。总的来说，创新的变革性体现在它能够打破传统模式和现有框架，引发全新的思考方式和行动方式。它激发人们的创造力和想象力，推动社会、经济和科技的进步和发展。创新通过引入新的理念、技术和方法，能够改变我们的生活方式、工作方式和思维方式，为我们带来更加丰富、便捷和可持续的未来。

（4）风险性。创新具有风险性，这是因为创新行为涉及尝试全新的想法、方法或解决方案，与传统做法和已知模式不同，而这种变化的结果有时是不确定的。在商业活动中，创新往往伴随着商业风险，因为新的产品、服务或商业模式可能无法得到市场的认可或接受。投入大量资源和资金来开发和推广创新解决方案，但如果市场需求不足或竞争过于激烈，可能面临商业失败的风险。具体而言，在技术层面，创新往往涉及新的技术或技术应用，这意味着可能存在技术上的不确定性和风险。新技术可能面临技术可行性、稳定性、兼容性等方面的挑战，需要投入时间和资源来解决技术难题。在管理层面，创新需要良好的管理和执行，但在创新过程中，可能面临管理上的风险。例如，创新项目的组织、团队合作、资源配置等方面可能存在挑战和风险，需要有效的管理和决策来应对。在市场表现层面，创新解决方案的市场接受度和市场竞争也构成风险。如果市场对创新产品或服务缺乏需求或接受度较低，可能导致市场失败。此外，竞争对手的反应和竞争压力也可能对创新产生不利影响。在财务层面，创新需要投入资金和资源，但成功的回报并不总是确定的。创新项目可能需要长期投入，并可能面临资金不足、盈利能力下降等财务风险。因此，创新者需要在面对风险时具备适应性、决策能力和创业精神，同时进行风险评估和管理，以最大程度地降低风险并提高创新成功的概率。

> **专栏——加快建设高效协同创新体系**
>
> 2023年2月，中央政治局就加强基础研究进行第三次集体学习，习近平总书记强调，注重发挥国家实验室引领作用、国家科研机构建制化组织作用、高水平研究型大学主力军作用和科技领军企业"出题人""答题人""阅卷人"作用。
>
> 中国科学技术大学核科学技术学院、核探测与核电子学国家重点实验室副教授曹平介绍，过去，科研院所大多重创新、轻落地，企业相对偏重短期效益，均不利于新技术快速大规模应用和产品迭代升级。近年来，通过大力鼓励协同创新，科技成果转化之路正发生"蝶变"。
>
> 从实验室走向生产线，科技创新成果才能真正服务高质量发展。"催化这一过程则

需要多方合力。"曹平表示，一方面，鼓励科研院所聚焦企业需求，联合科技攻关，培养行业人才；另一方面，强化企业创新成果转移转化主体地位，鼓励其加大研发投入，共建技术创新中心、产业技术研究院、产业创新联盟等。

同时，各地各部门也需进一步优化政策与环境，营造良好企业创新生态。据《人民日报》总编室、人民网领导留言板"助力民营经济健康发展、高质量发展"留言征集活动，民营企业的金融纾困需求、高新技术企业的惠企政策需求较为显著。曹平建议，可通过加大财政金融支持力度，整体提升企业创新投入强度；发挥好政府在关键核心技术攻关中的组织作用，推动创新链、产业链、资金链、人才链深度融合。

加快建设高效协同创新体系，要激发科研院所和企业的创新活力，以现实需要驱动深入合作。"找准选题、联合破题、全力解题，以产业链融合形成的需求，推动科研院所和企业发挥各自优势开展合作，构建优势互补、分工明确、成果共享、风险共担的合作机制。"曹平说。

资料来源：游仪.加快建设高效协同创新体系[N].人民日报，2023-05-10.http://finance.people.com.cn/n1/2023/0510/c1004-32682298.html。

第三节　创新素质评估

一、创新素质评估的意义

对创新素质合理评估不仅可以在微观层面上为个人的发展提供指导，还能在宏观层面上为组织的创新能力提升提供支持，为教育培训和创新管理提供参考以及为社会发展和经济增长提供动力。通过评估创新素质，能够更全面地了解个体和组织在创新能力方面的优势和不足，有针对性地进行培养和提升，推动创新能力的持续发展和创新活动的成功实现。具体而言，创新评估可以助力的领域有如下几个。

（1）个人发展。评估创新素质可以帮助个人了解自己在创新能力方面的优势和不足，从而有针对性地进行个人发展和提升。了解自己的创新潜力和能力水平，可以帮助个人确定发展方向和目标，培养关键的创新能力，并增强个人在职场中的竞争力。

（2）招聘和人才选拔。创新能力是现代企业和组织对人才的重要要求之一。评估创新素质可以帮助企业在招聘和人才选拔过程中识别具备创新能力的候选人。企业通过评估创新素质，能够更准确地判断候选人的创新潜力和适应能力，从而选择最适合创新型岗位的人才，推动组织的创新发展。

（3）教育和培训。评估创新素质有助于指导教育和培训的设计和实施。了解学生或员工在创新能力方面的表现和潜力，可以帮助教育机构和企业制定针对性的培养计划和课程。评估创新素质，可以发现个体在不同创新能力维度上的优势和不足，并提供相应的培训和支持，促进其创新能力的全面发展。

（4）组织创新能力评估。评估创新素质可以帮助组织评估自身的创新能力和创新文化。组织通过对员工创新素质的评估，可以了解团队的整体创新水平和潜力，发现创新瓶颈和挑战，并制定相应的创新策略和措施，提升组织的创新能力和竞争力。

（5）创新管理和决策支持。评估创新素质可以为创新管理和决策提供参考和支持。管理者通过了解个体或团队的创新能力和特点，可以更好地进行人员配置、任务分配和项目决策，以促进创新活动的开展和创新成果的实现。评估创新素质还可以为创新项目的选择、资源投入和风险管理提供依据，提高创新管理的效果。

（6）创新文化和团队建设。评估创新素质可以帮助组织建立积极的创新文化和高效的创新团队。评估团队成员的创新素质，可以了解团队内部的创新能力分布情况，发现潜在的创新领导者和创新推动者，为激发团队创新活力提供指导。评估创新素质还可以为团队成员之间的合作和协作提供基础，促进知识共享和创新思维的碰撞，打造具有创新能力和竞争力的团队。

（7）社会发展和经济增长。评估创新素质对于社会发展和经济增长具有重要意义。创新是推动社会进步和经济繁荣的重要驱动力，而创新能力的提升是创新活动的基础。评估创新素质可以了解人才储备和创新潜力，为社会和经济发展提供有力的人才支持和创新引擎。评估创新素质还可以帮助政府和决策者制定创新政策和战略，提供有针对性的支持和资源，促进全社会创新能力的提高和创新创业氛围的建设。

二、创新素质的内涵

创新素质是指个体在创造和应用新想法、解决问题以及推动变革方面所具备的能力和特质。创新素质的内涵主要包括思维能力、表达能力、问题解决能力、适应能力和学习态度五个方面。表1-1列举了创新素质所具备的能力，以及对应的内容展开及含义。

表1-1 创新素质的含义

创新素质	内容展开	含义
思维能力	开放性思维	持开放态度、接纳多种观点，跳出传统思维模式，寻求新的视角和方法
	灵活性思维	适应变化和变革，调整思维和行动方式，勇于尝试新的想法和方法
	批判性思维	深入分析、评估和挑战观点，发现逻辑漏洞和偏见，提出合理的批评和反驳
表达能力	沟通技巧	能够有效传达思想和信息，与他人进行良好的交流和合作
	表达技巧	能够清晰、准确地表达自己的观点、想法和创意，以各种方式有效地传达信息
	观察力和洞察力	具备敏锐的观察和感知能力，能发现细微变化、趋势和机会，获得灵感和洞察

续表

创新素质	内容展开	内涵
问题解决能力	分析能力	能够分解和理解问题，进行细致而全面的考察和评估，以制定有效的解决策略
	逻辑思维	以一种有条理和连贯的方式思考问题，运用逻辑和推理能力分析和判断
	创造性解决方案	独立思考和提出创新的解决方案，超越常规思维，以应对复杂和新颖的问题
适应能力	变革管理能力	面对变革和转型时，能够有效地规划、组织和引导资源，促进适应和应对变革
	风险承受能力	面对不确定性和风险时，勇于承担风险、主动探索和尝试新机遇的态度和能力
	心理弹性	面对挑战、压力和逆境时，具备积极乐观、灵活适应、恢复能力强的心理机制
学习态度	持续学习意愿	个体主动并持续地寻求学习机会和知识更新的愿望，不断追求新的知识和技能
	知识吸收能力	有效地理解和应用新知识的能力，包括快速学习、信息筛选和整合、知识应用
	反思与成长	对行为和经验进行反思和总结，并能从中总结有益的教训和经验，不断改进

（一）思维能力

在创新素质中，思维能力是指个体运用思维方式和技巧来处理问题、生成新的想法和解决方案的能力。它包括不同的认知和思维过程，如分析、综合、推理、想象、联想等。思维能力在创新过程中起着关键作用，它能帮助人们拓展思维边界，发现问题的本质，找到创新的机会，并以创造性的方式解决问题。优秀的思维能力可以帮助人们更好地理解复杂性，进行抽象和概念化，培养创新意识和洞察力，以及在面对挑战和不确定性时找到创新的路径和策略。思维能力在创新中扮演着推动力量的角色，是培养创新素质不可或缺的一部分。具体而言，思维能力体现在开放性思维、灵活性思维和批判性思维三方面。

（1）开放性思维。开放性思维是指对于新想法、观点和信息持开放态度，并愿意接受和探索不同的观点和观念。开放性思维的人具有对多样性的接纳和尊重，他们能够跳出传统的思维模式，不受限于固有的偏见和刻板印象。他们愿意接触新的知识领域，寻求新的视角和方法，以寻找创新的机会和解决方案。

（2）灵活性思维。灵活性思维是指能够快速适应变化和调整思维方式、行动方式的能力。灵活性思维的人具有适应变化和变革的能力，他们能够灵活地转变思维模式，调整策略和方法，以适应新的情况和需求。他们能够放弃固有的观念和做法，勇于尝试新的想法和方法，并且能够在面对挑战和困难时快速适应和调整。

(3) 批判性思维。批判性思维是指对于信息和观点进行深入分析、评估和挑战的能力。批判性思维的人具有质疑和探究的精神，他们能够对事实、论据和推理进行合理的评估，发现其中的逻辑漏洞和偏见，并能够提出合理的批评和反驳。他们不盲从于传统观点和权威，而是以理性和客观的态度对待问题，并寻求创新的解决方案。

（二）表达能力

在创新素质中，表达能力是指个体有效传达和表达自己的想法、观点和创新概念的能力。它涉及清晰、准确、有逻辑性地使用语言、文字、图像或其他媒体来沟通和表达创新思想。表达能力在创新过程中起着重要作用，它能够帮助人们向他人传递创新的观点和价值，建立共识和合作，获得支持和反馈。优秀的表达能力可以使创新者能够有效地解释和演示他们的创新概念，以吸引他人的兴趣和理解，并促进创新的实施和落地。此外，表达能力还包括非语言的沟通技巧，如身体语言、声音和表情，这些都能够增强创新者与他人的互动和影响力。

(1) 沟通技巧。沟通技巧是指个体在与他人交流和合作时所展现的有效沟通和表达能力。它包括清晰表达观点、倾听和理解他人、运用适当的语言和非语言技巧等方面，以促进信息的传递和共享。

(2) 表达技巧。表达技巧是指个体能够准确、有逻辑性地使用语言、文字、图像或其他媒体来传达和表达自己的思想、观点和创新概念的能力。它能够帮助创新者有效地解释和演示他们的创新概念，吸引他人的兴趣和理解，并推动创新的实施和落地。

(3) 观察力和洞察力。观察力和洞察力是指个体对周围环境、问题和挑战的敏锐感知以及深入发现的能力。它包括注意力集中、细致观察、发现细节和模式的能力，从而帮助创新者识别问题、挖掘机会，并发现创新的可能性，还涉及创新者能够深入分析问题、发现关联性和趋势、提出独特的见解和观点的能力。

（三）问题解决能力

问题解决能力是指个体在面对复杂、未知或困难的问题时，能够有效地提出并实施解决方案的能力。它涉及对问题的分析能力、逻辑推理能力以及创造性提出解决方案的能力。

(1) 分析能力。分析能力是指个体对问题或情境进行深入分析、剖析和评估的能力。它涉及收集和整理信息、识别关键因素、发现模式和趋势、进行逻辑和推断的能力。

(2) 逻辑思维。逻辑思维是指个体根据逻辑规则和推理原则进行思考和决策的能力。它包括辨别事实和观点的正确性、建立逻辑关系和推理链、进行因果关联和推导的能力。逻辑思维使创新者能够进行合理和有序的思考，避免违反逻辑的错误和偏见，并制订清晰的解决方案。

(3) 创造性解决方案。创造性解决方案是指个体能够提出独特、创新和有效的解决问题的方法和策略。它涉及超越传统思维模式，寻找非常规的解决方案，结合不同领域的知识和观点，展现创意和想象力的能力。创造性解决方案使创新者能够以全新的方式看待问题，突破常规的限制，为复杂和困难的问题提供创新的解决途径。

（四）适应能力

适应能力是指个体在面对变化、不确定性和挑战时，能够灵活适应和调整自己的思维、行为和策略的能力。它包括变革管理能力、风险承受能力和心理弹性。

（1）变革管理能力。变革管理能力是指个体在面对组织或环境的变化时，能够有效地规划、管理和引导变革的能力。它涉及识别变革的需要和目标，制订变革策略和计划，协调资源和利益相关者，以确保变革的顺利进行和成功实施。

（2）风险承受能力。风险承受能力是指个体对风险和不确定性的容忍程度以及处理风险的能力。它包括对可能的失败、挫折或损失的心理准备和应对能力，同时也包括对新机会和可能带来的收益的开放和接纳态度。具有较高的风险承受能力的个体更愿意冒险尝试新的想法和方法，而不会被困扰于失败的可能性中。

（3）心理弹性。心理弹性是指个体在面对压力、挫折或逆境时，能够保持积极的心态，快速恢复和适应的能力。它包括对变化的适应能力、问题解决能力、情绪管理能力和自我调节能力。具备较高心理弹性的个体更具有应对挑战和困难的韧性，能够从失败中学习并继续前进，不被困扰于负面情绪或困境中。

（五）学习态度

学习态度包括持续学习意愿、知识吸收能力以及反思与成长。持续学习意愿使创新者能够不断更新和拓展自己的知识和技能，为创新提供坚实的基础。知识吸收能力使创新者能够快速获取并运用新的知识，为创新提供新的思路和方法。反思与成长使创新者能够从失败和挑战中吸取教训，不断完善自己的创新能力，实现个人的成长和进步。

（1）持续学习意愿。持续学习意愿是指个体对于不断学习和提升自己的渴望和愿望。这包括对知识、技能和经验的持续追求，不断寻求新的学习机会和挑战，并愿意付出努力来不断提升自己的能力和水平。

（2）知识吸收能力。知识吸收能力是指个体对于新知识的接受和吸收能力。它包括个体对于学习材料的理解和掌握能力，快速消化和吸收新的知识，将其应用于实践中，并与已有的知识进行关联和整合。

（3）反思与成长。反思与成长是指个体对于自身经验和行为的反思和评估能力，以及通过反思来促进个人成长和改进。这包括对过去行为和决策的审视和反思，从中汲取经验教训，发现自身的优势和改进点，并不断调整和提升自己的行为和思维方式。

三、创新素质的量化

将创新素质进行指标化并量化的意义在于提供定量的评估和比较，通过定量的数据和指标，可以更加客观和科学地评估创新能力，并为个体和组织提供有针对性的发展和改进

方向。它可以为教育、人才选拔、组织管理等方面提供科学的依据和决策支持，推动创新能力的提升和创新活动的成功实现。创新素质的量化过程是进行创新素质评估的必要准备，主要包括的环节有问题的界定、指标的选择、量化方式的确定、数据的获取以及数据的预处理。

（1）问题的界定。首先，需要明确定义评估的目标和范围，确定要解决的问题是什么，例如评估个体还是团队、在什么样的场景及目标下的评估。清晰的问题界定有助于后续指标选择和数据处理。

（2）指标的选择。创新素质的量化测评需要确定一系列测量指标，这些指标应该涵盖创新能力的各个方面，如开放性思维、批判性思维、分析能力、创造性解决方案等（参照表1-1）。指标的选择最好基于科学的理论基础和实证研究以及具体的评估目标和评估场景，确保其有效性和可靠性。

（3）量化方式的确定。确定如何对选择的指标进行量化和度量，即将抽象的概念转化为可计量的数值。这可以通过建立评分体系、制定评价标准、设计问卷或采用其他量化方法来实现，确保量化方式具有准确性、可重复性和可比性。

（4）数据的获取。收集和获取与评估指标相关的数据。这包括问卷调查、实地观察、统计数据、个案研究等方法，确保数据来源可靠、有效，并且能够全面反映评估对象的情况。

（5）数据的预处理。对收集到的数据进行处理和清洗，以去除异常值、填补缺失值、标准化数据等，确保数据的质量和可用性。预处理还包括数据的转换、聚合或加权等操作，以便进行后续的分析和比较。

四、创新素质的评估方法

有效的量化不仅可以让评估和对比的结果更加清晰，还可以结合各种统计分析工具（如SPSS、STATA、Matlab等）和统计方法（如多元线性回归分析、t检验、结构方程模型、Logistic回归模型等）在数据中挖掘更多的规律。但需要注意的是，尽管我们强调对创业素质进行指标化和量化处理是提升评估精确性和有效性的关键手段，在日常中的很多实践场景中，量化评估方法并不是唯一的可行模式，定性评估方法仍有其特有的价值，与定量数据相结合仍有很大的发挥空间，比如专家评价法和自我评价等。此处列举一些常见的基础评估方法。

（1）统计分析。利用统计方法对数据进行分析，如均值、标准差、相关系数等来描述和比较不同指标的变化趋势、相关性和差异性。统计分析可以从整体上了解创新素质的水平和特征。

（2）比较分析。将个体、团队或组织的创新素质指标与相似对象进行比较，例如同行业或同类别的对比。比较分析可以评估创新素质的相对优劣，找出差距和改进的方向。

（3）综合评估。综合多个指标和数据，建立评估体系或模型，通过加权或综合计算得出创新素质的综合评分。综合评估是在日常正式评估场景中最常见的模式，这种方法可以综合考虑多个方面的创新能力，为个体或团队提供全面的创新素质评估结果。

（4）趋势分析。观察和分析创新素质指标的历史变化，了解创新能力的发展趋势和变化趋势。这有助于评估创新素质的成长和演变，为制订发展计划提供依据。

（5）专家评估。邀请专业领域的专家或评委进行创新素质的评估。专家可以根据自身的经验和知识对指标和数据进行综合判断，给出权威和有针对性的评估意见。

（6）自我评估。个体或团队自行对自身的创新素质进行评估和反思。个人通过填写问卷、进行自评等方式，了解自身的创新能力表现和发展需求，促进个人的成长和进步。

专栏——"原子弹之父"邓稼先的创新素质

邓稼先是中国著名的核物理学家和科学家，被誉为中国的"原子弹之父"。他的故事展示了他在科学研究和创新领域的杰出贡献。

邓稼先于1924年出生在中国湖南省的一个农村家庭。他从小就表现出对知识的渴望和追求。在读完乡村小学后，他积极争取进入省城长沙的中学学习，并在中学期间表现出了卓越的数学和物理才能。

20世纪50年代初期，邓稼先在国内外知名学府攻读物理学博士学位，其中包括法国巴黎大学和苏联的莫斯科国立大学。他在莫斯科期间深入学习了核物理和量子力学等领域的知识，并广泛接触了当时最新的科学研究成果。

回到中国后，邓稼先投身于中国的核物理研究。在1958年至1967年的这段时间里，他在中国科学院近代物理研究所工作，并率领团队进行核武器研究。邓稼先和他的团队面临着极为艰苦的条件，设备有限、资源匮乏，但他们坚定地致力于自主研发核武器，确保国家安全。

在核物理研究中，邓稼先提出了一系列重要的理论和方法，为中国的核武器研制做出了重要贡献。他发展了核爆炸的理论模型，研究了核武器的关键技术，解决了许多核物理和工程问题。在他的带领下，中国于1964年成功进行了首次核试验，成为当时世界上的五个核大国之一。

邓稼先在科学研究领域展现出了卓越的创新能力和勇于探索的精神。他的工作不仅对中国的国防事业做出了重要贡献，而且对中国的科学技术发展产生了深远影响。他的成就和创新精神激励着一代又一代的科学家和研究人员，为中国的科技创新提供了坚实的基础。

邓稼先在1986年因病去世，但他的贡献和精神将永远被铭记。回顾邓稼先的一生，他在创新素质的各个方面展现出杰出的能力。

（1）思维能力。邓稼先具备深刻的思维能力，在核物理和原子弹研究领域提出了许多创新的理论和观点。他能够从复杂的科学问题中抽丝剥茧，找到解决问题的关键所在。

（2）表达能力。邓稼先能够清晰而有力地表达自己的科学观点和研究成果。他的论文和报告具有逻辑性和条理性，能够有效地传达他的科学思想。

(3) 问题解决能力。邓稼先在核物理研究中面临了许多复杂的问题和挑战。他能够运用创新的思维和科学方法，找到解决问题的新途径和新方法。

(4) 适应能力。邓稼先能够适应不断变化的科学研究环境和条件。他在中国开展核物理研究的早期，面临着种种困难和限制，但他能够灵活应对，寻找到适合中国国情的科学研究路径。

(5) 学习态度。邓稼先一直保持着积极的学习态度，不断追求知识和科学的进步。他勤奋钻研，广泛阅读国内外的科学文献，与国际科学界保持着密切的交流与合作。

邓稼先通过其卓越的创新素质和杰出的科学成就，为中国的核物理研究和科技创新做出了重要贡献。他的创新思维和科学精神成为广大科研人员和学子们的楷模，激励着他们在各自的领域追求创新与进步。

资料来源：

[1]高潮.邓稼先：我国科学技术界的杰出代表[J].现代物理知识，2014，26（04）：26-27.

[2]驭曦.科学的历程·人物 邓稼先[J].新湘评论，2016，(12)：63.

[3]苏峰.邓稼先：科学报国的典范[J].百年潮，2022，（07）：71-77.

[4]王渝生.红云冲天照九霄 千钧核力动地摇 许身国威壮河山 无双国士邓稼先[J].中国科技教育，2022，(06)：76-77.

第四节　创新能力培养

一、创新能力培养的意义

大量研究表明，创业成功往往不仅取决于个体的天赋，还与个体的行动和经验密切相关。即使一个人具备天生的创业倾向，如果没有实际的行动和实践经验，也很难实现创业的成功。即使创新能力在某种程度上可能受到天赋的影响，但个体的努力和积累仍然是取得创业成功的关键因素。因此，培养创新能力是至关重要的，无论个体是否具备天生的创业倾向，通过学习和实践，都是可以提升自己在创业领域的能力。

同时，对创新能力的培养并不是少数社会精英的"特权"和"义务"，而是契合了大众的发展需求。在工作和生活的各个领域，提升自身的综合创新能力都是一笔意义重大的"投资"，具体体现在以下几个方面。

(1) 求职竞争力。现代社会对人才的需求日益增长，企业和组织都希望招聘具有创新能力的员工。无论是在创业领域还是在传统行业，创新能力被认为是提高求职竞争力的重要因素。拥有创新能力的人能够提供新的解决方案，推动业务发展并应对变化，这使得他们在职场上更有竞争力。

（2）适应时代变化。现代社会变化迅速，技术进步、市场需求和社会趋势都在不断演变。拥有创新能力的个人能够更好地适应变化，并在不确定的环境中找到机会。具备创新能力的群体拥有更好的灵活性和适应性，能够思考新的方式和方法来解决问题，并迅速调整策略以应对变化的挑战。哪怕是生活中对于新产品的消费和使用，如果缺乏创新意识也很容易跟不上时代的脚步。

（3）解决问题和改进。创新能力使个人能够看到问题和挑战的根本原因，并提出独特的解决方案。他们有能力思考超越传统思维模式的方式，并利用创造性的思维来找到更好的解决方案。此外，创新能力还推动个人在工作中的持续改进，不断寻找和应用新的方法和技术，提高工作效率和质量。

（4）创业和创造价值。创新能力是创业成功的重要因素之一。创业者需要有独特的创意和创新思维，能够发现市场机会并将其转化为商业价值。创新能力可以帮助个人在创业过程中创造出新产品、服务或商业模式，从而实现商业成功和价值创造。

（5）个人发展和成长。创新能力的提升也对个人发展和成长具有重要意义。个人通过创新能力的培养，能够不断学习和成长，拓宽自己的知识面，提高解决问题的能力，并在个人职业生涯中取得更大的成就。

二、培养内容

（一）组织视角

从组织管理视角而言，创新能力的培养包括环境、理念、培训内容等各方面，具体可以划分为四个角度：教育和培训、创新文化和环境、跨学科合作和知识共享、激励和奖励机制。

（1）教育和培训。教育和培训是培养创新能力的重要途径之一。学校和培训机构可以通过创新教育课程、工作坊和实践项目等方式，培养学习者的创新思维和实践能力，提供丰富的学科知识背景和综合素养培养环境，让学生或员工打下创新能力基础。

（2）创新文化和环境。创新文化和环境是创新能力培养的关键因素之一。组织和企业可以建立开放、包容和鼓励创新的文化，提供支持和资源，让成员在尝试新的想法和方法时感到安全和自由。创造积极的沟通氛围，鼓励知识共享和跨部门合作，培养团队协作和创新合作能力。

（3）跨学科合作和知识共享。创新常常涉及不同学科领域的交叉和整合。跨学科合作可以促进不同领域的知识和经验的交流与结合，激发创新思维和创新灵感。组织可以鼓励成员进行跨学科合作和跨部门交流，建立知识共享的机制，促进创新能力的培养和发展。

（4）激励和奖励机制。激励和奖励机制可以激发人们的创新热情和积极性。通过设立创新奖项、提供创新项目的机会、给予创新者更多的权力和资源支持等方式，能激励个体和团队积极参与创新活动。激励和奖励机制可以有效地推动创新能力的培养，增强组织的创新能力。

(二)个体视角

在个体层面,创新能力的自我培养主要在于对思维、态度、实践的强化,这包含非常多的可行角度,我们此处列举一些比较关键且基础的自我培养思路。

(1) 培养开放的思维方式。保持对新想法和新观点的开放态度,敢于突破传统观念和思维模式。通过阅读、探索不同领域的知识、参与多样化的活动等方式,可以拓宽思维边界,培养开放性思维。

(2) 注重持续学习。创新能力的培养需要不断学习和积累知识。保持持续学习的意愿,主动获取新知识、新技能,并将其应用到实际中。参加培训、课程、学习社区等活动,积极寻求学习机会。

(3) 锻炼观察力和洞察力。培养敏锐的观察力和洞察力,关注周围的变化和趋势。通过观察、分析和总结,发现问题和机会,并提出创新的解决方案。

(4) 培养批判性思维。培养批判性思维能力,能够深入分析问题,理性评估不同观点和假设,并提出合理的批判性思考。培养质疑、推理和辩证的能力,以挑战和改进现有的思维和方法。

(5) 探索跨学科合作。主动与不同领域的人合作,进行跨学科和跨界的交流。与专业领域外的人合作,能够带来新的视角和创新的思路,促进自身创新能力的提升。

(6) 实践和尝试。通过实践和尝试,将创新思维付诸实际行动。勇于面对风险和失败,从中学习和成长。通过反思和总结经验,不断改进和调整创新方法。

(7) 培养解决问题的能力。提升解决问题的能力,培养分析、逻辑思维和创造性解决问题的能力。学会运用不同的解决方法和工具,寻找创新的解决方案。

(8) 培养创新意识和创业精神。培养对创新的敏感性和意识,关注市场和社会的需求。鼓励尝试创业和创新项目,培养创业精神,提高创新能力。

专栏——华为是如何培养自身创新能力的?

作为全球领先的信息通信技术解决方案供应商,华为一直致力于培养和提升员工的创新能力,并通过一系列的措施和实践来激发和引导员工的创新思维和行为。

(1) 创新导向的组织文化。华为建立了一种创新导向的组织文化,鼓励员工勇于尝试、勇于创新,并将创新作为企业发展的核心驱动力。华为以"创新驱动,持续超越"为核心价值观,将创新融入企业的各个层面和业务领域,鼓励员工在工作中寻找新的解决方案和创新点。

(2) 创新平台和资源支持。华为积极构建和提供创新平台和资源支持,为员工提供创新的空间和条件。例如,华为设立了创新研究院和实验室,鼓励员工进行前沿技术和业务的研究和探索。同时,华为提供了丰富的培训和学习机会,帮助员工提升创新能力和技术水平。

(3) 创新激励机制。华为建立了一套完善的创新激励机制,通过奖励制度和晋升机会激励员工的创新行为。华为注重对创新成果和贡献的评价和认可,通过奖励、荣誉和晋升等方式鼓励员工积极参与创新活动，并分享创新成果的收益。

（4）多元化团队和开放合作。华为鼓励建立多元化的团队，通过跨部门合作和开放的合作方式促进创新。华为鼓励员工与合作伙伴、客户和行业专家进行密切合作，共同探索和创造更具竞争力的解决方案。

（5）创新实践和经验分享。华为鼓励员工进行创新实践，并通过内部交流和经验分享的机制，促进创新经验和最佳实践的传播和应用。华为定期举办技术交流会、创新论坛和内部竞赛等活动，提供一个平台让员工分享和学习创新的经验和教训。

通过以上的创新能力培养措施和实践，华为成功地培养了大批具备创新能力的员工，推动了企业的快速发展，显示了华为在全球市场的竞争优势。这也证明了创新能力是可以通过后天的培养和实践来提升的。

资料来源：

[1]黄钟钡，包倩文.我国企业科技创新人才队伍建设与培养路径[J].福建论坛（人文社会科学版），2021，（07）：85-98.

[2]陈德伟.华为公司股权激励对研发能力的影响分析[D].武汉：华中科技大学，2021.

[3]郭爱芳，韦笑笑，王正龙，等.企业技术搜寻行为与自主创新能力共演——基于华为的探索性案例研究[J].科学与管理，2021，41（04）：1-11+95.

[4]郝彩虹.知识管理视角下企业技术创新路径研究[D].上海：华东师范大学，2022.

[5]赵韵璇.基于扎根理论的高科技企业逆向创新路径研究[D].北京：北京外国语大学，2023.

[6]蒋翠玲，万永菁，朱煜，等.新工科背景下基于华为"智能基座"项目的课程建设探索——以人工智能导论与基础算法实训课程为例[J].化工高等教育，2022，39（05）：77-83.

[7]娄凯旋.制造业企业价值网络与技术创新能力的演化规律研究[D].兰州：兰州交通大学，2022.

重要概念

创新　创新素质　思维能力　表达能力　问题解决能力　适应能力

复习思考题

1. 创新的意义体现在哪些方面？
2. 创新行为具备哪些特征？
3. 创新素质可以从哪几个角度来体现？
4. 评估创新素质可以借助哪些分析工具和方法？
5. 大学生群体如何培养自身的创新能力？

第二章 创新原理

学习目标

★ 掌握5项基本的创新原理。
★ 了解创新原理的运用原则。
★ 熟悉各项原则的注意事项。

> **引例——中国航天的崛起之路**
>
> 改革开放以来，中国积极开展航天领域的对外技术交流与合作，认识到国家安全和高技术的重要性，意识到独立而先进的航天技术体系的建设是必不可少的。面对美国提出改变太空均势的"星球大战计划"，中国不仅给苏联造成了巨大压力，也让其他国家航天力量意识到自身面临技术差距扩大的风险。1986年，中国批准实施"国家高技术研究发展计划"（863计划），其中40亿经费投入航天研发，确保航天领域在开放、竞争和合作中持续快速发展。
>
> 从20世纪80年代开始，中国加快了自主创新建设航天技术体系的步伐。在空间进入、空间应用、载人航天、深空探测、航天工业基础和战略导弹等关键领域，中国逐步提升了科研与工业的基础能力、配套能力和国际交往能力。"长征"系列运载火箭得到体系化发展，例如"长征二号E""长征二号F""长征三号甲""长征三号乙""长征四号甲"和"长征四号乙"等型号技术成熟稳定，完全能够支持发射大容量应用卫星、载人飞船和空间实验室，并承担对外商业发射任务。自主研制的"实践"系列科学探测卫星、多种返回式卫星、"东方红"系列通信卫星、"风云"系列气象卫星、"资源"系列卫星、"遥感"系列卫星等取得连续进展。在新世纪前后，"北斗一号"实验性导航系统、"嫦娥工程"的关键技术研究与正式立项、"载人航天工程"三步走战略的确立成为里程碑，特别是2003年成功实现首次载人航天飞行，树立了中国航天史的新里程碑。此外，近程、中程、远程和洲际的系列导弹，以及陆基和潜射的综合性战略打击能力也取得相应进展。
>
> 在不到30年的时间里，通过一系列重大工程的实施，中国依靠自主创新能力的推动，建立了一个独立而完整的航天技术体系。该体系包括运载火箭、人造卫星、航天发射场、地面测控网、卫星地面站、航天员、空间实验、载人飞船和着陆场等几大航天系统，以及遍及全国的航天科研协作网、生产协作网、物资器材协作网和航天发射试验协作网，还包括与其他国家和国际组织的交流与合作网。这一体系进一步发挥了自主可控和航天事业协作的优势，增强了中国在国际航天竞争和合作中的实力，使中国成功跻身世界航天强国之列。

第二章 创新原理

根据《中国航天科技活动蓝皮书（2021年）》的统计数据，2021年中国航天发射活动取得了重大突破。全年共执行55次发射任务，发射115个航天器，发射航天器总质量达到191.19吨，同比增长85.5%。中国航天科技集团的长征系列运载火箭完成了48次发射任务，全部成功，发射次数在世界宇航企业中名列第一，发射的航天器总数为103个，总质量为189.65吨。长征系列火箭实现了第400次发射，百次发射周期缩短至33个月，连续成功发射次数达到75次。中国的"长征五号"B运载火箭进行了首次应用性飞行，"长征七号"甲运载火箭成功发射，新一代长征系列运载火箭型谱进一步完善。

2021年，中国共研制并发射了117个航天器，在载人航天、月球和深空探测、科学和技术试验等领域取得了重大突破。中国空间站关键技术验证阶段的5次任务顺利完成，轨道组装建造全面展开。天问一号成功实现了绕、着、巡，完成了中国首次火星探测任务。

资料来源：

[1] 陈飚.中国发射次数居世界首位，应用服务取得重要进展——《中国航天科技活动蓝皮书（2021年）》发布 [J].卫星应用，2022，122（02）：32-33.

[2] 孙烈.中国航天事业的强国之路 [J].人民论坛，2023，756（05）：27-31.

创新原理是基于创新思维的特点和对无数创新活动经验的总结，同时也综合归纳了客观所反映的众多创新规律。因此，创新原理对于人们更好地认识创新活动、运用创新方法以及解决创新问题具有重要意义。创新原理有多种类型和内涵，在创新工程中常被广泛运用。表2-1展示了5项基本的创新原理的分类和内涵。

表2-1 常见的创新原理的分类和内涵

序号	原理	内涵
1	聚合原理	将不同领域或不同思维方式的元素、概念或资源进行有机的结合，以创造新的价值和可能性。它强调通过整合和组合现有的知识、技术和资源，寻找新的组合和应用
2	逆反原理	通过打破习惯性思维定式，怀疑现有的理论、技术和设计
		并采取陌生态度或反向思考，往往能够发现令人惊喜的发明和创新
3	移植原理	将一个研究对象的概念、原理、方法等应用于另一个研究对象，并在其上取得成果的原理，这种原理促进了事物之间的交叉、渗透和综合，是一种快速有效的创新方式
4	迂回原理	在遇到困难或问题时，暂时停止对该问题的研究，转而进行下一步思考或从事其他活动，尝试改变观点或研究问题的另一个方面，让思维在未解决的问题上前进
5	完满原理	完满原理又称完全充分利用原理，认为任何在理论上未被充分利用的事物都具有创造的潜力，创造学中的"缺点列举法"和"完美探求法"都是基于追求完满的理念而产生的

第一节 聚合原理

一、聚合原理的内涵

创新中的聚合原理是指将来自不同领域或不同思维方式的元素、概念或资源有机地结合在一起，以创造新的价值和可能性。它涉及将原本独立的组成部分或概念进行重新组合和整合，从而产生创新的成果。聚合原理将不同领域的知识、技术和资源进行整合，可以创造出新的组合和应用，打破传统的思维模式，推动创新的发展。聚合原理有助于促进跨学科合作和跨界融合，从而激发创造力和创新潜力。它可以提供新的解决方案、创意和商业模式，推动社会、经济和科技的进步。聚合原理还可以分为以下几种类型。

（1）同类聚合。将同一领域或同一类型的元素或概念进行组合和整合。这种聚合方式利用领域内的相关元素，以创造更完善的解决方案。例如，在汽车制造领域，将不同型号和功能的汽车部件组合在一起，打造出更多样化和个性化的汽车产品。

（2）异类聚合。将不同领域或不同类型的元素或概念进行组合和整合。这种聚合方式通过跨界融合，将不同领域的知识和技术结合在一起，产生创新的成果。例如，将生物学的原理与工程学的应用相结合，开发出生物医学工程领域的创新技术和产品。

（3）附加聚合。将额外的元素或概念添加到已有的组成部分中，以增加新的功能或价值。这种聚合方式通过补充和扩展原有的元素，提升创新成果的综合性能。例如，在智能手机领域，将传统手机功能与多媒体、社交娱乐等附加功能整合在一起，创造出更强大和多样化的智能手机产品。

（4）重组聚合。重新组合和重构原有的组成部分，以创造全新的结构和形式。这种聚合方式通过重新排列和组织元素，创造出具有独特特征和创新性的成果。例如，将电子产品中的元件和模块进行重新组合，设计出全新的电子设备和系统。

二、熟练运用聚合原理

要提升大学生使用聚合原理的能力，可以采取以下措施。

（1）跨学科学习。大学生可以主动拓宽自己的知识领域，不仅限于自己专业的学习。参加跨学科的课程或选修其他专业的课程，了解不同领域的知识和概念，为将来的聚合创新打下基础。

（2）培养跨界思维。鼓励大学生积极参与跨界活动和项目，与不同专业、背景的同学合作，通过合作中的交流和碰撞，培养跨界思维和跨学科合作的能力。

（3）激发创新思维。鼓励大学生进行创新思维训练，如头脑风暴、设计思维等活动，培养他们将不同领域的元素进行组合和整合的能力，开阔思维，挖掘新的创新可能性。

（4）拓展资源网络。建议大学生积极拓展社交网络，与不同领域的人建立联系，寻找合作和资源整合的机会。参与学术交流会议、创业活动等，了解不同领域的创新成果和资源。

（5）培养终身学习意识。鼓励大学生保持持续学习的态度，不断更新知识和技能，关

第二章　创新原理

注不同领域的发展动态，及时获取新的信息和知识资源。

（6）实践创新项目。鼓励大学生参与实践项目，如科技创新竞赛、创业项目等，通过实际操作和实践经验，锻炼聚合原理的运用能力，提高创新素质。

通过以上措施的实施，大学生可以逐步提升使用聚合原理的能力，培养创新思维和创新能力，为未来的职业发展和创新实践奠定基础。

专栏——华为的"聚合"

华为作为一家全球领先的信息通信技术解决方案供应商，致力于为客户提供创新的解决方案。在物联网领域，华为运用聚合原理将信息通信技术与传感器、云计算、大数据等多个领域的技术和资源相结合，打造出全面、高效的物联网解决方案。

首先，华为在物联网解决方案中将信息通信技术与传感器技术进行了结合。将传感器部署在各种物理设备上，实时采集并传输数据，实现设备之间的互联互通。这为企业和个人提供了更全面、准确的数据，帮助他们实时监测和管理设备状态，提高生产效率和资源利用率。

其次，华为将信息通信技术与云计算相融合。华为的物联网解决方案通过将设备采集的数据上传至云端进行存储和分析，可以实现大规模的数据处理和分析。这样，用户可以基于数据分析结果做出决策，优化运营和管理，提高工作效率和资源利用效率。

此外，华为还将信息通信技术与大数据技术相结合。华为的物联网解决方案通过对大规模数据的分析和挖掘，可以提供更深入的洞察和预测，帮助用户进行智能决策和规划。例如，在智慧城市领域，华为的物联网解决方案可以基于大数据分析，实现交通管理的优化和城市资源的智能调配。

华为的物联网解决方案通过将信息通信技术与传感器技术、云计算和大数据技术等多个领域的技术和资源有机地结合在一起，打破了传统行业的边界，实现了多领域的跨界融合。这种聚合原理的运用使得华为能够为客户提供全面、高效的物联网解决方案，推动了中国制造业在物联网领域的创新发展。

资料来源：

[1] 杜浩月，李玲，郭立甫.中国跨国公司的国际化经营与战略分析——以华为公司为例[J].中国商论，2022，(24)：50-52.

[2] 曾宪国.高新技术企业股权激励实施效果比较研究[D].南昌：江西师范大学，2021.

[3] 姜雅静.华为开放式自主创新体系构建经验与启示[D].重庆：西南政法大学，2021.

第二节　逆反原理

一、逆反原理的内涵

逆反原理是创新过程中常用的一种创新方法和思维方式。它指的是通过反向思考、逆向观察和逆向思维来寻找创新的方向和解决问题的方法。逆反原理的核心思想是打破常规思维模式，从相反的角度思考和行动，以获得非传统的解决方案和创新的成果。首先，逆反原理能够帮助我们发现问题和挑战中的隐藏机会。我们通过逆向观察和逆向思考，能够看到传统思维所忽略或认为不可能的可能性，从而打开创新的大门。其次，逆反原理能够激发创新的思维和想象力。它鼓励我们跳出传统思维的框架，挑战现有假设和约束，以寻找更具创意和突破性的解决方案。最后，逆反原理还有助于解决复杂问题。我们通过逆向思维和逆向行动，能够发现新的视角和方法，从而更有效地应对复杂的挑战。

逆反原理具有以下特征。首先，它要求我们破除常规思维的束缚，勇于挑战传统的假设和模式。其次，逆反原理强调对问题的深入观察和理解，寻找其中的矛盾和反向关系。接下来，逆反原理要求我们运用逆向思维，将反向的观点、行动或概念应用于创新过程中，以获得新的解决方案。最后，逆反原理鼓励创造性地思考和实验，培养创新者的创造力。

逆反原理在实践中有广泛的应用。在产品设计和工程领域，逆反原理可以帮助人们创造出与传统设计截然不同的产品，如颠倒使用传统设备或逆向改变产品功能。在营销和广告领域，逆反原理可以打破常规的宣传方式和思维模式来吸引消费者的注意。在组织管理和战略规划中，逆反原理可以帮助人们创造出不同寻常的商业模式和竞争策略，打破行业的常规做法。此外，逆反原理还可以应用于艺术创作、科学研究和社会变革等领域。在艺术创作中，逆反原理可以激发艺术家的创造力，打破传统的审美观念和艺术形式，创作出独特而引人注目的作品。在科学研究中，逆反原理可以推动科学家以全新的视角去探索自然界的规律，解决科学难题，推动科技的进步。在社会变革中，逆反原理可以帮助我们重新审视社会问题，并提出颠覆性的解决方案，推动社会进步和改革。

二、熟练运用逆反原理

要提升大学生使用逆反原理的能力，可以采取以下措施。

（1）培养逆向思维。积极培养逆向思维能力是使用逆反原理的关键。首先，学会挑战常规观念，不要拘泥于传统的思维方式，主动质疑和挑战常规观念，寻找与众不同的解决方案。其次，学会反向思考问题，尝试从相反的角度来思考问题，问自己"反过来想，会有什么不同的结果？"这有助于打破思维定式，发现新的思路和创新点。

（2）拓宽视野。拓宽视野是培养逆反原理能力的重要环节。一方面要多学科交叉学习，积极参与跨学科的学习和交流，了解不同领域的知识和思维方式，为创新提供更广阔的思维空间。同时，经常学习成功案例，研究成功的创新案例，了解他人是如何运用逆反原理解决问题和取得突破的，从中汲取启发和经验。

（3）锻炼创造力。创造力是使用逆反原理的重要驱动力。既要多角度思考，从不同的角度出发思考问题，尝试找到多种可能的解决方案，培养灵活性和多样性的思维；又要坚持创意技巧训练，参与创意技巧的训练和实践，如头脑风暴、思维导图等，提升创造力和思维的敏捷性。

（4）勇于尝试和失败。使用逆反原理进行创新需要勇于尝试和接受失败。学生们应鼓励自己从失败中学习，勇于尝试不同的思路和方法，不断调整和改进。

（5）团队合作。团队合作是培养逆反原理能力的重要途径。学生们可以主动参与团队项目和合作，与他人分享和交流不同的思维方式和创新思路，共同解决问题。

专栏——小米的"逆反"

小米公司是中国一家知名的科技企业，以智能手机和智能硬件为主要产品线。在面对激烈竞争的智能手机市场，小米通过运用逆反原理来打破传统思维，实现了快速的创新和市场成功。

首先，小米采用了逆向思维的产品定位。传统上，大部分手机制造商将目标客户定位为高端消费者，并通过高价策略来获取利润。然而，小米选择了逆反原理，将目标客户定位为年轻人和中低收入群体。他们推出了高性价比的智能手机，并以互联网销售和社区营销模式取得成功。小米通过提供价格实惠但性能出色的产品，吸引了大量年轻人和价格敏感的消费者，快速获得了市场份额。

其次，小米采用了逆向观察的营销策略。传统手机厂商通常通过广告和传统渠道推广产品，但小米选择了逆向观察，关注用户口碑和口碑传播。他们通过开放的社区平台与用户进行互动，倾听用户反馈和需求，并根据用户的意见进行产品迭代和改进。这种逆向观察的营销策略帮助小米建立了忠诚的用户群体，并实现了口碑传播和社区效应，大大降低了市场推广成本。

此外，小米还通过逆向思维的供应链管理实现了创新。他们建立了与供应商的紧密合作关系，实现了精细化的供应链管理和灵活的生产调度。小米采用了"以销定产"的模式，根据市场需求和订单量来安排生产，减少了库存风险和资金压力。这种逆向思维的供应链管理帮助小米实现了高效的生产和物流运作，保证了产品的及时交付，提供了优质服务，满足了市场需求。

小米公司通过采用逆反原理的商业模式创新，成功地在竞争激烈的智能手机市场取得了突出的成绩。他们通过逆向思维的产品定位、逆向观察的营销策略和逆向思维的供应链管理，打破了传统思维的束缚，创造了全新的商业模式，并赢得了消费者的青睐和市场的认可。

资料来源：

[1] 马晓苗.从物质思维到信息思维：互联网时代产品创新模式——以小米公司为例[J].科技进步与对策，2017，34（10）：19-26.

[2] 文心雅.基于"互联网+"思维的手机企业商业模式创新[D].武汉：湖南大学，2016.

[3] 徐静霞.基于互联网思维的小米的商业模式创新及其困惑[J].经济师，2015，(03)：58-59.

[4] 张静.运用互联网思维创新宣传思想工作[J].企业文明，2014，(07)：87-88.

第三节 移植原理

一、移植原理的内涵

移植原理是指将某个领域或场景中已经存在并成功应用的元素、概念、技术、方法或经验等移植到另一个领域或场景中，以创造新的价值和可能性。它涉及将原本适用于某个特定环境的创新解决方案迁移到其他领域，以解决新的问题或提供新的机会。移植原理可以节省创新的时间和资源。移植原理通过借鉴和应用已经验证的解决方案，可以避免从零开始进行烦琐的研究和试验，从而加快创新的速度。其次，移植原理可以促进知识的跨领域转移和交流。在不同领域之间移植创新，可以促进不同领域之间的合作与学习，推动知识的共享和融合。最重要的是，移植原理可以打破传统思维的局限，激发创造性思维和创新的想象力。

移植原理的特征包括以下几个方面。首先，它要求对原领域和目标领域地深入了解。只有了解两个领域的特点和需求，才能确定何种元素或解决方案适合进行移植。其次，移植原理要求有创造性的思考和灵活的思维。在将元素从原领域移植到目标领域时，可能需要进行适当的修改和调整，以确保其适应目标领域的特点和需求。最后，移植原理需要不断地实践和反馈。移植原理通过实际应用和反馈，可以进一步改进移植的元素，使其在目标领域中更加有效和可持续。

移植原理在实践中有广泛的应用。例如，在产品创新中，可以将某个行业的成功产品设计或功能移植到其他行业中，以满足不同行业的需求。在商业模式创新中，可以将一个行业的商业模式应用于另一个行业，创造新的商业价值链和盈利模式。在科学研究中，可以将某个领域的研究方法或技术应用到其他领域，以推动新的发现和创新。无论是在工业界、科学领域还是社会创新中，移植原理都具有重要的应用价值。例如，在医疗领域，移植原理可以将先进的医疗技术、设备和治疗方法从发达国家移植到发展中国家，以改善医疗资源匮乏的情况。在教育领域，移植原理可以将成功的教育模式、教学方法和教育科技应用到不同地区或文化背景下，促进教育的质量和普及。在城市规划中，可以将某个城市的可持续发展策略和智能城市技术移植到其他城市，以提高城市的生态友好性和生活质量。

二、熟练运用移植原理

大学生们可以通过以下方式来提升使用移植原理的能力。

（1）跨学科学习。培养广泛的知识背景和跨学科的视野，学习不同领域的知识和理论，扩展自己的思维边界，并能够将不同领域的概念、方法和技术进行融合和应用。

（2）关注行业趋势和创新案例。保持对不同领域的行业趋势和创新案例的关注，了解最新的发展和解决方案。研究和分析成功的创新案例，探索其中的移植原理，并思考如何将其应用到其他领域。

（3）培养批判性思维和创造性思维。培养批判性思维能力，学会提出问题、分析问题，并找到创新的解决方案。同时培养创造性思维，激发想象力，寻找不同领域之间的联系和可能性。

（4）拓宽交流与合作。积极参与学术研讨会、行业交流活动和创新竞赛等，与来自不同领域的人士交流合作。与他人分享自己的想法和经验，获取其他领域的反馈和洞察，促进知识的跨领域转移和交流。

（5）实践和实验。尝试将已有的解决方案移植到不同的领域进行实践和实验。大学生们通过实际操作和测试，了解其可行性和效果，并根据实践中的反馈进行改进和调整。

（6）持续学习和探索。创新是一个不断演进的过程，学生们应保持持续学习和探索的态度。大学生们通过阅读相关文献、参与课程和工作坊等途径，不断更新知识和技能，拓宽自己的视野，为移植原理的应用提供更多可能性。

以上是大学生们自我提升使用移植原理的能力的几个关键点，他们通过实践和不断学习，可以逐渐培养出运用移植原理进行创新的能力，并在不同领域中发现新的机会和创造新的价值。

专栏——小鹏的"移植"

小鹏汽车是中国的一家新能源汽车制造商，致力于推动电动车的普及和发展。为了解决电动车充电过程中的痛点和限制，小鹏汽车采用了移植原理，将移动互联网和共享经济的模式成功地应用到了电动车的充电领域。

首先，小鹏汽车引入了共享经济的概念，类似于共享单车的模式，在城市中建设了大量的电动车充电桩网络。这些充电桩分布在城市的不同位置，用户可以根据需要随时使用，方便快捷。这种移植原理的运用解决了电动车充电桩稀缺和充电难的问题，提高了用户的充电便利性和体验。

其次，小鹏汽车结合移动互联网技术，开发了智能充电服务平台。小鹏汽车用户可以通过手机应用程序查找附近的充电桩位置、实时监控充电状态、预约充电桩等。同时，小鹏汽车还提供了在线支付、充电桩状态反馈等便捷的服务。这样，用户可以通过手机轻松管理和控制充电过程，避免了传统充电方式中的烦琐和不便。

此外，小鹏汽车还采用了创新的充电技术，例如快速充电技术和无线充电技术。小鹏汽车通过引入这些新的充电技术，提高了充电效率和速度，缩短了充电时间，进一步增强了用户对电动车的接受度和使用便利性。

小鹏汽车的电动车充电解决方案通过移植原理的应用，成功地将移动互联网和共享经济的模式引入电动车充电领域，打破了传统充电方式的限制，提升了用户体验和便利性。这种创新案例不仅在中国制造业中取得了成功，还为电动车产业的发展提供了新的思路和可能性。

资料来源：

[1] 马英才.互联网+汽车，工业创新新领域[J].互联网经济，2017，(Z2)：34-39.

[2] 钱林霞.汽车产业变局 大湾区完整产业链优势突显[J].新经济,2022,(09):9-14.

[3] 袁博.碳中和目标下粤港澳大湾区新能源汽车产业发展研究[J].区域经济评论,2022,(04):145-151.

[4] 蔡祥,杨世信,刘运国,肖梓耀.互联网遇上汽车制造：小鹏汽车的财务职能嬗变与挑战[J].中国管理会计,2019,(04):94-103.

[5] 曹晓昂.从政策到市场,中国车企如何探索新能源汽车之路[J].汽车纵横,2018,(03):30-34.

第四节 迂回原理

一、迂回原理的内涵

迂回原理是创新过程中的一种策略和方法，它通过绕过或跳出传统的思维路径，寻找非传统的解决方案和创新机会。该原理的核心思想是在创新过程中寻找新的途径和方法，以打破常规思维的限制，创造出更加具有突破性和创新性的成果。迂回原理的意义在于提供一种超越传统思维的方式，使创新者能够跳出固定思维模式，寻找新的思考角度和解决方案。它鼓励人们跳出传统思维的束缚，以创造性地应对问题和挑战。迂回原理能够激发创新者的创造力和想象力，促使他们以非常规的方式思考和行动，从而产生独特的创新成果。

迂回原理的主要特征可以概括为三点。首先，迂回原理强调非常规思维，要求创新者放弃传统的思维模式，寻找非常规的思考路径。它鼓励创新者从不同的角度、不同的视野来思考问题，寻找与众不同的解决方案。其次，迂回原理强调创新的突破性，这需要创新者超越传统思维的限制，通过突破性的创新想法和方法来解决问题。它鼓励创新者寻找与众不同的切入点，找到独特的解决方案。最后，迂回原理要求创新者做到多元思考，鼓励创新者从多个领域、多个角度获取灵感和思维资源。它强调跨学科思考和跨界合作，将不同领域的知识和经验融合在一起，以产生更富有创新性的成果。

迂回原理在创新中的应用广泛而多样。例如，在产品设计领域，迂回原理可以启发设计师超越传统设计思路，以非常规的方式设计出与众不同的产品。在解决问题的过程中，迂回原理可以帮助人们找到新的思考路径和解决方案，从而克服传统思维的局限性。此外，迂回原理也可以应用于企业战略规划、市场营销、团队协作等方面，以创造性地应对挑战和实现创新突破。总之，迂回原理为创新者提供了一种有力的工具和方法，以探索新的思维路径和解决方案。它能够帮助创新者在竞争激烈的环境中脱颖而出，创造出独特且具有竞争优势的成果。在企业管理和组织创新方面，迂回原理的应用可以促进企业发展和转型。采用非传统的思维和方法，企业可以找到新的商业模式、市场机会和战略方向。迂回原理也能够推动组织内部的创新文化和创新氛围的培育，激发员工的创造力和积极性此外，迂回原理在科学研究和技术创新领域也具有重要的应用。科学家和工程师可以运用迂回原理来寻找新的研究方向，解决复杂的科学问题，或者找到更高效、更可靠的技术解决方案。他们通过迂回原理，能够跳出传统的思维框架，开拓创新的领域，并取得突破性的科学和技术进展。

二、熟练运用迂回原理

大学生们要提升使用迂回原理的能力，可以从以下几个方面进行自我提升。

（1）培养灵活思维。培养灵活的思维是使用迂回原理的基础。大学生可以通过多角度思考问题、尝试不同的解决方案、跨学科学习和思维实验等方式来培养灵活思维。这样可以打破传统思维的限制，寻找创新的机会。

（2）培养观察力和洞察力。观察力和洞察力是发现非传统解决方案的关键。大学生可以培养对周围环境和问题的敏锐观察力，发现潜在的矛盾和机遇。同时，培养对信息的分析能力和判断力，从中找到问题的本质和潜在的创新点。

（3）跨学科学习和思维。跨学科学习可以拓宽知识面和视野，促进不同领域之间的启发和交叉创新。大学生可以主动探索和学习其他学科的知识，将不同学科的思维方法和理论应用到自己的创新实践中，从而产生新的洞察和创新思路。

（4）勇于挑战常规。迂回原理鼓励挑战传统思维和常规观念。大学生应该培养勇于质疑和挑战的精神，不满足于表面的答案和解决方案，主动寻找不同的思考路径和方法。他们通过尝试新的思维方式和创新方法，可以超越传统思维的限制，发现更加具有突破性和创新性的解决方案。

（5）持续学习和反思。创新能力的提升是一个不断学习和反思的过程。大学生应保持持续学习的态度，不断积累知识和经验，并将其运用到实践中。同时，反思自己的创新过程和结果，总结经验教训，不断优化和改进自己的创新能力。

通过以上的自我提升措施，大学生们可以逐步培养和提升使用迂回原理的能力，发展创新思维，寻找非传统的解决方案，并在实践中取得更加突破性的创新成果。

专栏——海尔的"迂回"

海尔集团是中国最大的家电制造商之一，他们以其独特的迂回原理创新模式而闻名。在面临激烈的市场竞争和消费者需求多样化的挑战下，海尔集团采取了一种名为"互联网定制"的创新策略。

传统的家电制造业通常采用大规模批量生产的模式，生产出一批相同的产品，然后销售给消费者。然而，海尔集团转变了这种传统模式，采用了迂回原理，利用互联网技术和大数据分析，将消费者参与到产品设计和定制的过程中。

海尔集团建立了一个名为"U-Home"的互联网平台，让消费者可以根据自己的需求定制家电产品。消费者可以在该平台上选择产品的功能、外观、尺寸等参数，并通过在线交互与海尔的工程师团队进行沟通和协作。海尔集团根据消费者的定制需求进

行生产，实现了小批量、个性化的生产模式。

这种迂回的互联网定制模式带来了多重好处。首先，消费者可以获得满足其个性化需求的定制产品，增强了产品的价值和用户体验。其次，海尔集团能够准确了解消费者需求的变化，通过大数据分析优化产品设计和生产流程，提高了生产效率和资源利用率。此外，使海尔还通过开放平台模式，与合作伙伴共享资源和创新能力，实现了生态系统的共同发展。

这种迂回原理的创新模式让海尔集团在激烈的市场竞争中脱颖而出。通过引入互联网和定制化的理念，海尔集团成功地打破了传统的制造模式，满足了消费者个性化需求，并实现了持续的创新和发展。这一模式也为中国制造业树立了新的标杆，展示了创新和迂回原理在制造业领域的潜力和价值。

资料来源：

[1] 赵经纬. 海尔U-Home智慧屋构筑物联新生活[J]. 通信世界,2010,(04):25.

[2] 李梦. 海尔、移动、中创联手力推数字家庭——三网融合下的"U-home物联之家"信博会上成焦点[J]. 建筑, 2010,(18):80.

[3] 李梦. 海尔U-home智能家居闪耀2010北京安博会[J]. 建筑,2010,(22):80.

[4] 本刊讯. 海尔U-home云锁生态战略发布会在沪举行[J]. 中国公共安全, 2017,(05):22.

[5] 张良凯. 海尔U-home：智能家居领导者[J]. 城市开发,2017,(18):71.

第五节 完满原理

一、完满原理的内涵

完满原理强调将未被充分利用的资源或概念作为创新的目标，并通过充分利用它们来创造新的成果。完满原理是创新学中的重要概念，通过列举缺点和探求完美来实现创新的目标。在创新过程中，往往存在一些未被充分利用的资源或概念，可能是因为它们被忽视、被低估或被限制在特定的应用领域中。而完满原理的核心思想就是将这些未被充分利用的资源或概念作为创新的目标，探求它们的潜力和优势，充分利用它们来创造新的价值。完满原理的意义在于扩大创新的可能性和范围，将未被充分利用的资源或概念纳入创新的考虑范围，可以拓宽创新的思路和方向。它鼓励人们重新审视现有资源和概念的潜力，并通过创新的方式来实现它们的最大化利用。这有助于创新者发现新的应用领域、创造新的产品或服务，并为解决问题提供更完美的解决方案。

完满原理鼓励人们主动寻找和列举资源或概念存在的缺点和不足之处。深入了解其局限性，可以为创新提供新的切入点和改进方向。同时，完满原理强调探求资源或概念的完美状态，即寻求其最佳表现和最大价值的实现方式。这需要创新者具备追求卓越、不断挑战现有限制的精神和能力。另外，完满原理鼓励将不同资源或概念进行整合和组合，以创造出新的组合形式和应用方式。这种资源的充分利用和创新的组合可以产生新的效益和价值，实现创新的突破。

在实际应用中，完满原理具有广泛的用武之地。例如，在产品设计和工艺改进中，可以通过列举现有产品的缺点和限制，探求更完美的设计方案和工艺流程。在服务领域，可以通过列举服务过程中存在的不足之处，探求更完美的服务方式和体验，提升客户满意度和用户体验。在企业管理中，可以通过列举组织运作中的缺点和问题，探求更完美的管理模式和流程，提高效率和竞争力。在科学研究中，可以通过列举现有理论或方法的不足，探求更完美的解释模型或创新的研究方法，推动学科的发展。

完满原理的应用需要创新者具备批判性思维、创造性思维和问题解决能力。创新者通过深入分析和评估现有资源或概念的优势和局限性，寻找改进和创新的机会，并灵活运用创新方法和工具进行实践。同时，创新者还需要具备开放的思维态度和勇于挑战传统观念的勇气，以充分发挥完满原理的潜力。

二、熟练运用完满原理

大学生们要提升使用完满原理的能力，可以通过以下方式进行自我提升。

（1）培养观察力和洞察力。大学生可以通过积极观察和思考，发现周围存在的未被充分利用的资源或概念。这需要学生保持开放的思维，敏锐地观察和发现潜在的机会。

（2）扩展知识和技能。大学生可以通过学习和掌握不同领域的知识和技能，拓宽自己的认知边界。这有助于学生将不同领域的资源或概念结合起来，寻找新的创新机会。

（3）激发想象力和创造力。学生应该鼓励自己开放思维，放飞想象力，挑战现有的观念和假设。大学生通过创造性思维和头脑风暴，可以发现那些被忽视的资源或概念，并探索它们的潜力。

（4）提升问题解决能力。大学生应培养解决问题的能力，包括分析问题、提出解决方案和实施方案的能力。大学生通过掌握解决问题的方法和技巧，可以更好地利用未被充分利用的资源或概念，创造出更有创新性和完美性的解决方案。

（5）鼓励跨学科合作。学生可以主动与不同专业背景的同学进行合作，共同探索和利用未被充分利用的资源或概念。跨学科合作可以带来不同领域的思维碰撞，激发更多创新的灵感和想法。

（6）持续学习和反思。大学生应保持学习的态度，不断积累新知识、掌握新技能，并进行反思和总结。大学生通过持续学习和反思，可以不断提升自己使用完满原理的能力，不断发现和创造新的价值。

通过以上的自我提升措施，大学生可以逐步培养和发展使用完满原理的能力，提高创新思维和解决问题的能力，以实现更完美和创新的成果。

> 专栏——鸿蒙的"完满"
>
> 鸿蒙操作系统（Harmony OS）是华为公司自主研发的全场景分布式操作系统。在

推出鸿蒙操作系统之前，华为一直依赖于Android操作系统，但受到了美国政府对华为的制裁和限制，使得华为无法继续使用和获得最新的Android版本。面对这一挑战，华为决定采用完满原理，将未被充分利用的操作系统资源作为创新的目标。

华为在鸿蒙操作系统的设计过程中，充分利用了自身在电信领域的技术积累和优势，将其应用到智能手机、平板电脑、智能穿戴设备、智能家居等多个场景中。鸿蒙操作系统采用分布式架构，具备高效的资源调度和共享能力，可以实现不同设备之间的无缝连接和协同工作，提供统一的用户体验。

华为通过鸿蒙操作系统的创新，实现了多设备的互联互通，用户可以在不同设备间无缝切换和共享数据，提高了用户的使用便捷性和体验。此外，鸿蒙操作系统还注重隐私和安全保护，采用了分布式安全架构，为用户提供了更安全可靠的系统。

鸿蒙操作系统的推出，不仅为华为在受限的情况下找到了新的发展路径，也为中国制造业展示了一种以自主创新为核心的完满原理。华为通过探求未被充分利用的操作系统资源和技术潜力，创造了一套适用于多设备场景的全新操作系统，为中国制造业在全球市场竞争中提供了更多的机遇和优势。

资料来源：

[1] 王鹏飞.鸿蒙操作系统进入高职教育的前景展望[J].科技风,2021,(34):76-78.

[2] 彭芳兰.中美冲突背景下华为智能手机业务竞争战略研究[D].北京:对外经济贸易大学,2021.

[3] 张鹏,张卫萍.产品价值网络竞争与后发企业追赶策略[J].工业技术经济,2022,41(02):145-153.

[4] 孙鑫.华为鸿蒙操作系统的用户采纳研究[D].武汉:华中科技大学,2021.

[5] 何立民.浅谈华为的双循环战略与鸿蒙生态体系建设[J].单片机与嵌入式系统应用,2021,21(08):4-5.

[6] 中信银行软件开发中心课题组.布局鸿蒙应用生态 支持操作系统国产化[J].中国农村金融,2021,(20):12-13.

第六节 创新原理的运用原则

一、创新原理的相关原则

创新原理的运用原则可以概括为因人而异原则、因地制宜原则、因势利导原则和实事求是原则。这些原则从不同的角度考虑创新者、环境、机遇和实际情况等因素，有助于指导创新的策略和行动，提高创新的成功率和价值。

（1）因人而异原则。这个原则强调创新应该考虑个体的特点和差异。不同的人具有不同的能力、经验和创造性思维方式，因此，在创新过程中应该充分尊重和发挥每个人的优势和特长。创新者需要根据自身的素质、兴趣和经验来确定适合自己的创新路径和方法。这种个性化的创新方式可以提高创新者的参与度和投入度,促进创新的成功。

(2)因地制宜原则。这个原则强调创新应该与具体的环境和条件相适应。不同的地区、行业和文化背景具有不同的特点和需求,创新应该根据具体的地域和环境来制订相应的策略和方案。创新者需要了解并适应当地的资源、市场和法律法规等方面的要求,以确保创新的可行性和可持续性。

(3)因势利导原则。这个原则强调创新应该顺势而为,善于抓住机遇和应对挑战。创新者需要对外部环境进行敏锐地观察和分析,识别出潜在的机遇和趋势,并根据这些趋势调整创新策略和方向。创新者应该主动适应市场变化、技术进步和社会需求,及时调整创新计划,以确保创新的及时性和有效性。

(4)实事求是原则。这个原则强调创新应该建立在实际情况和客观条件的基础上。创新者需要准确地评估和分析当前的资源、技术和市场状况,根据实际情况设定创新目标和制订创新计划。创新者应该坚持实事求是的态度,不盲目追求激进的创新,而是基于现实情况进行有针对性的创新,确保创新的可行性和有效性。

二、运用原则的创新场景

在创新活动中结合上述原则可以帮助组织和个人更好地理解和应对创新的挑战,确保创新活动的有效性和成功性。因人而异原则关注个体差异和潜力的发掘,使每个成员能够充分发挥自己的优势。因地制宜原则强调根据地区的特点和需求,定制化创新方案,提高适应性和竞争力。因势利导原则强调紧密关注市场趋势、技术发展和政策引导,抓住机遇,推动创新的发展。实事求是原则强调基于真实情况、数据和市场验证,准确把握创新方向和策略,降低风险并提高成功率。

有效的创新需要对上述四项原则综合把握,但由于每个原则都强调不同的创新特征,因此不同的创新场景下各自有主导性原则,下面分别介绍不同原则下的适用场景。

(1)因人而异原则的应用

①创新团队组建。根据团队成员的技能、经验和兴趣,合理分配角色和任务,使每个成员能够充分发挥自己的优势和潜力。

②创新培训与发展。提供个性化的培训和学习机会,根据每个成员的需求和兴趣,提供定制化的学习计划和资源。

③绩效评估与激励。根据每个成员在创新活动中的贡献和表现,制订个性化的绩效评估和激励机制,以激励和奖励个体创新能力的发展。

(2)因地制宜原则的应用

①地区特色创新。充分发掘和利用地区的资源、文化和环境优势,推动基于地区特色的创新项目和产业发展。

②市场适应性创新。根据不同地区的市场需求和消费习惯,定制化产品或服务的创新,以满足当地市场的需求。

（3）因势利导原则的应用

①技术趋势驱动。关注技术发展的趋势和变化，及时调整创新策略和方向，抓住技术突破和创新机遇。

②市场需求导向。深入了解市场需求和消费者的变化，通过创新满足市场的需求，提供有竞争力的产品或服务。

③政策和法规引导。结合政策和法规的引导，将创新导向与社会发展的大势相结合，推动符合社会发展需求的创新项目和产业发展。

（4）实事求是原则的应用

①实证研究与数据分析。基于真实的数据和实证研究，对创新方案进行评估和优化，确保创新活动基于实际情况和可行性。

②市场验证与用户反馈。通过市场验证和用户反馈，及时调整创新方案和产品设计，以提供符合市场需求的解决方案。

③敏捷和迭代开发。采用敏捷开发方法，通过迭代的方式不断测试、学习和改进创新方案，确保与市场需求和用户反馈的实际情况保持一致。

④风险评估与管理。基于实事求是的原则，对创新项目的风险进行评估和管理，充分考虑可能出现的挑战和障碍，制定应对策略和预防措施。

三、原则运用的注意事项

创新往往伴随着对熟悉的、传统的、常规的模式的变革，这个过程可能不会一帆风顺，由于我们的认知、经验的有限，尽管在前面我们分析过创新的常见原理及运用原则，但创新的风险始终存在。为降低这种不确定的风险，我们还需进一步明确各原则的注意事项，这样才更可能保证创新原理的正确应用、提高创新实践的质量和效果以及促进创新能力的不断提升。

（1）因人而异原则的注意事项

①充分了解团队成员的能力和兴趣，避免任务分配不当导致效率低下或成员士气下降。

②提供适当的培训和发展机会，帮助成员拓展技能和知识，提升整个团队的创新能力。

（2）因地制宜原则的注意事项

①进行市场调研和用户需求分析，准确了解不同地区的特点和偏好，避免盲目进行产品或服务的定制。

②注意文化差异和法律法规的约束，确保在不同地区的创新实践符合当地的法律和道德准则。

（3）因势利导原则的注意事项

①建立对市场和行业趋势的敏感性，及时获取信息和进行预测，以便及时调整创新战略和方向。

②避免盲目追随潮流，要进行深入分析和评估，确保所选择的方向具有长期发展和竞争优势。

第二章 创新原理

（4）实事求是原则的注意事项

①依据真实的数据和事实进行决策和规划，避免凭空臆断或过度乐观导致项目或政策的失败。

②不断监测和评估项目或政策的进展，及时调整和改进，确保与实际情况相符合，有效应对变化和挑战。

> **专栏——海尔的创新原则**
>
> 一个熟练运用上述创新原理的中国制造业企业是海尔集团（Haier Group）。作为中国最大的家电制造商之一，海尔集团在全球家电市场上取得了巨大的成功。
>
> （1）因人而异原则。海尔集团注重员工的个性化发展和创新能力的发挥。他们鼓励员工提出创新想法，并给予他们充分的支持和资源。海尔集团建立了一个开放的创新平台，让员工参与到产品设计、市场营销和服务等各个环节中，发挥个人的优势和创造力。
>
> （2）因地制宜原则。海尔集团在全球范围内开展业务，并充分考虑当地的市场需求和文化背景。他们针对不同地区的消费者需求进行产品定制和创新，推出适应当地市场的产品和服务。海尔集团还与当地企业和合作伙伴合作，共同开展创新项目，以满足当地市场的需求。
>
> （3）因势利导原则。海尔集团密切关注行业发展和市场变化，善于抓住机遇并迅速调整创新策略。他们积极探索新兴技术和市场趋势，如物联网、人工智能等，将其应用于产品创新和智能化生产。海尔集团还积极应对环境变化和竞争挑战，不断调整产品组合和业务模式。
>
> （4）实事求是原则。海尔集团始终坚持实事求是的原则，建立创新决策的科学评估体系。他们通过市场调研、技术研发和数据分析等手段，全面了解市场需求和竞争情况，确保创新方案的实际可行性和市场适应性。海尔集团注重用户反馈和市场反应，及时进行产品改进和优化。
>
> 海尔集团通过熟练运用因人而异原则、因地制宜原则、因势利导原则和实事求是原则，实现了持续的创新和业务发展。他们不仅在产品技术上取得了突破，还在商业模式和组织管理方面进行了创新。海尔集团以其成功的创新实践和全球化战略成为中国制造业的典范企业之一。
>
> **资料来源：**
>
> [1] 黄德春，刘志彪.环境规制与企业自主创新——基于波特假设的企业竞争优势构建 [J].中国工业经济，2006，（03）：100-106.
>
> [2] 郑刚.基于TIM视角的企业技术创新过程中各要素全面协同机制研究 [D].杭州：浙江大学，2004.
>
> [3] 许庆瑞，郑刚，喻子达，等.全面创新管理（TIM）：企业创新管理的新趋势——基于海尔集团的案例研究 [J].科研管理，2003，（05）：1-7.

[4] 许庆瑞,吴志岩,陈力田.转型经济中企业自主创新能力演化路径及驱动因素分析——海尔集团 1984—2013 年的纵向案例研究 [J].管理世界,2013,(04):121-134+188.

[5] 许基南.品牌竞争力研究 [D].南昌:江西财经大学,2004.

重要概念

聚合原理　重组聚合　附加聚合　异类聚合　迂回原理　逆反原理　移植原理　完满原理

复习思考题

1. 常见的创新的原理可以分为几种?
2. 什么是聚合原理,包含哪些类型?
3. 什么是逆反原理?举一个现实中的创新案例。
4. 什么是移植原理?举一个现实中的创新案例。
5. 什么是迂回原理?举一个现实中的创新案例。
6. 什么是完满原理?举一个现实中的创新案例。
7. 除了上述原理,现实中还存在哪些创新性质的原理?
8. 各创新原理在实际应用中有哪些原则和注意事项?

第三章 创新思维

学习目标

★ 了解不同类型的思维定式。
★ 熟悉扩散思维的特征和训练。
★ 熟悉逆向思维的特征和训练。
★ 熟悉越障思维的特征和训练。
★ 熟悉联想思维的特征和训练。

引例——智能垃圾桶中的创新思维

在一个拥挤繁忙的都市中,垃圾处理成了一个棘手的问题。每天产生的大量垃圾需要高效、环保地处理,而传统的垃圾处理方式似乎已经无法满足日益增长的需求。在这个挑战面前,一个名叫张磊的年轻创业者展现了他独特的创新思维。张磊一直对环保事业充满热情,他深知垃圾处理对于城市的可持续发展至关重要。然而,他意识到传统的垃圾分类和回收方式存在一些问题,如分类不准确、效率低下以及对人力资源的过度依赖。

于是,张磊开始思考如何运用创新思维来解决这些问题,思考垃圾处理问题背后的核心需求。他意识到,垃圾处理不仅仅是回收和分类,更重要的是从源头减少垃圾产生。于是,他提出了一个大胆的想法:设计一款智能垃圾桶,以引导人们在生活中减少垃圾的产生。

在实施这个想法的过程中,他进一步逆向思考垃圾产生的原因,发现人们在日常生活中对于垃圾的产生往往是出于便利和消费习惯。于是,他打算通过提供便捷的回收方式和刺激用户参与的奖励机制,来改变人们的消费行为和减少垃圾的产生。

接着,张磊遇到了一个挑战:如何设计一个能够越过传统垃圾分类难题的垃圾桶。他从垃圾分类的角度出发,设计了一种具备自动识别和分类功能的智能垃圾桶。这款智能垃圾桶通过使用视觉、重量传感器和人工智能算法,能够准确地识别不同类型的垃圾,并将其自动分类投放到相应的容器中。

最后,张磊将智能垃圾桶与互联网和社交媒体结合起来。他设计了一款智能手机应用,用户可以通过该应用了解垃圾分类的重要性,参与垃圾减量的活动,并获取积分兑换各种奖励。这种场景的联系不仅增加了用户的参与度,还提高了垃圾分类的准确性和效率。

随着智能垃圾桶的推出,它迅速受到了社会的关注。人们逐渐改变了消费习惯,减少了垃圾的产生,并积极参与垃圾分类和回收的活动。张磊的创新思维带来了巨大的社会影响，不仅改善了垃圾处理的效率，还提升了人们的环保意识。尽管这个智能垃圾桶的分类效果还有待完善，知名度也不高，但张磊对此充满了信心，他相信有朝一日他的环保理想终会实现。

思维能力是人类认识世界、改造世界能力的最直接体现。习近平新时代中国特色社会主义思想坚持和运用辩证唯物主义和历史唯物主义的世界观和方法论，既部署"过河"的任务，又指导解决"桥和船"的问题，是一个逻辑严密、内涵丰富、系统全面、博大精深的科学体系。党的二十大报告提出的"六个必须坚持"，是这一思想的立场观点方法的重要体现。准确把握包括"六个必须坚持"在内的习近平新时代中国特色社会主义思想的立场观点方法，才能更好领会这一思想的精髓要义，才能把思想方法搞对头，认识问题才站得高，分析问题才看得深，开展工作也才能把得准。在主题教育中以学增智、提升思维能力，最关键的就是要把这一思想的世界观、方法论和贯穿其中的立场观点方法转化为自己的科学思想方法，作为研究问题、解决问题的"总钥匙"，用以改造客观世界、推动事业发展，用以观察时代、把握时代、引领时代。

习近平总书记明确提出，"切实提高战略思维、辩证思维、系统思维、创新思维、历史思维、法治思维、底线思维能力"。这一系列重要思维能力，体现了必须坚持系统观念的内在要求，体现了习近平新时代中国特色社会主义思想蕴含的领导方法、思想方法、工作方法。

创新思维是进行创新活动时至关重要的思维方式，它要求具备科技创新的严密性和前瞻性，并借助科学的思维模式来辅助创新过程。掌握有效的创新思维模式可以帮助人们找准研究方向，在面对科研难题时寻求解决方法，最大限度地发挥个人优势，取得卓越的科学研究成果。创新思维指的是以独创的方法解决问题的思维过程，突破传统界限、超越常规甚至反常规的方式和视角来探索和解决问题，从而产生独特、创新、有意义的思维成果。创新思维的本质在于将创新意识的感性愿望提升到理性的探索层面，实现从感性认知到理性思考的跃升。创新思维的运用目的在于使人们具备"新的眼光"，克服思维定式，突破技术体系中的旧有障碍模式。面对困难的问题，通过运用"新的眼光"，站在更高的视角，用不同的角度来审视，就能得出新奇的答案。创新思维是显示人类智力品质的一种思维方式，是认识世界和创造世界过程中的思维活动。对于创新思维的定义尚无统一认识，但根据创新研究实践经验和相关理论的论述，我们可以将其定义为一种冲破思维定式、灵活、新颖、多维度思考和大胆探求事物运动变化规律的全新而独特的思维活动。这种思维活动在认识世界、改造世界和创造世界的过程中起着重要作用。

创新思维可以激发和培养个人和组织的创造力和创新能力，以应对快速变化的社会和市场需求。它打破传统思维的边界，鼓励思考和行动超越常规，寻求新的解决方案和机会。创新思维能够带来新的观点、创意和方法，推动持续的改进和突破，促进创新成果的产生。个人和组织通过培养创新思维，能够更好地适应变化，迎接挑战，发现新的商业机会，提升竞争力，并为社会进步做出贡献。创新思维不仅在科学、技术和商业领域中发挥作用，也在日常生活中的问题解决、决策制定和创造性表达中发挥重要作用。因此，创新思维是当代社会中具有重要意义的一种思维方式，可以激发创新活力，推动社会发展和个人成长。

> **专栏——习近平总书记谈创新思维**
>
> "创新思维"已成为习近平总书记近几年在不同场合讲话中使用的高频热词。创新思维能力，就是破除迷信、超越陈规，善于因时制宜、知难而进、开拓创新的能力。"明者因时而变，知者随事而制。"提高创新思维能力，要求领导干部从根本上打破迷信经验、迷信本本、迷信权威的惯性思维，破除因循守旧、思想僵化、形式主义和无所作为，以敢为人先的锐气，勇于开拓新的方向，在把握事物发展客观规律的基础上实现变革和创新。
>
> 习近平总书记的重要论述中，一方面强调要善于应对变化的形势、善于打破思维的定式，另一方面又强调要有敢于冲破旧格局、锐意进取的勇气，同时还明确要紧紧把握住事物发展的客观规律，认为这是实现变革和创新的基础。我们学习习近平总书记的重要论述，就是要领会其精神实质，对创新思维的三要素"全面、准确的信息采集""理性而活跃的分析思考""改革创新的担当勇气"有具体而深入的理解和认识。
>
> 当前，世界百年未有之大变局加速演进，新一轮科技革命和产业变革深入发展，国际力量对比深刻调整，我国发展面临新的战略机遇。我国发展进入战略机遇和风险挑战并存、不确定难预料因素增多的时期。习近平总书记指出，"当代中国的伟大社会变革，不是简单延续我国历史文化的母版，不是简单套用马克思主义经典作家设想的模板，不是其他国家社会主义实践的再版，也不是国外现代化发展的翻版""如果我们不识变、不应变、不求变，就可能陷入战略被动，错失发展机遇，甚至错过整整一个时代"。这些论断高瞻远瞩、含义深远，对于我们在工作中提振改革创新的勇气，提升善于思考、善于创新的能力都具有极大的鼓舞和指导作用。
>
> 引自《学习时报》

第一节　思维定式

在介绍创新思维之前，了解思维定式是非常有必要的。思维定式是人们在思考和解决问题时所形成的一种固定的、刻板的思维方式或模式。它们是个体在日常生活和经验积累中形成的习惯性思维倾向，对于特定情境下的问题和挑战具有惯性和局限性。思维定式在某种程度上为我们提供了便利和效率，因为它们是我们过去经验和学习的产物。然而，思维定式也带来了一些问题。它们限制了我们思维的灵活性和创造性，使我们倾向于使用已知的、熟悉的思维模式来处理问题，从而限制了新颖解决方案的出现。思维定式使我们陷入思维的局限和框架，阻碍我们看到问题的全貌，并忽视其他可能性和潜在的解决途径。

克服思维定式有助于培养创新思维能力，激发创造力，促进创新的发生。它使我们能够更好地应对复杂和变化的情境，找到更好的解决方案，并在个人和组织层面上取得更好的成果。因此，在探讨创新思维之前，我们需要了解思维定式的存在和影响，以便更好地应用创新思维原则和方法。具体而言，思维定式可以概括为从众型思维定式、书本型思维定式、经验型思维定式以及权威型思维定式。

（1）从众型思维定式：即"人云亦云"。从众型思维定式是指人们倾向于随大流，迎合主流观点和行为的思维倾向。在面对问题和决策时，他们更容易受到社会压力和他人意见的影响，缺乏独立思考和独立判断的能力。这种思维定式可能导致思维的僵化和创新的缺失，因为人们更倾向于遵循已有的模式和传统观念。

（2）书本型思维定式：即"本本主义"。书本型思维定式是指人们过于依赖书本知识和理论，缺乏对实践经验和实际情境的深入理解和运用的思维倾向。这种思维定式可能使人们陷入理论的束缚，过于死板地套用书本知识，忽视了问题的复杂性和多样性。克服书本型思维定式需要我们意识到知识和理论的局限性，积极探索实践和实际经验，并将二者结合起来。

（3）经验型思维定式：即"个人经验主义"。经验型思维定式是指人们基于自身经验和过去的成功或失败案例来决策和思考的思维倾向。虽然经验是宝贵的，但经验型思维定式可能使人们陷入固定的模式和偏见，无法灵活应对新的情境和变化。为了克服经验型思维定式，我们需要不断扩大经验的范围，主动接触新的情境和挑战，以及保持反思和学习的态度。

（4）权威型思维定式：即"唯上是从"。权威型思维定式是指人们过于依赖权威人士、专家意见或权威机构的观点和决策的思维倾向。在面对问题时，他们可能缺乏独立思考和批判性思维，过度依赖他人的意见。避免权威型思维定式需要我们保持怀疑和批判的精神，积极提升自己的判断能力，并对权威观点进行合理的评估和审视。

学习创新思维的目的在于运用，提升思维能力归根结底要通过实践检验。党的十八大以来，根据我国发展阶段、环境、条件变化，审时度势作出加快构建新发展格局的重大战略决策；坚持在发展中改善民生，建成世界上规模最大的教育体系、社会保障体系、医疗卫生体系等。实践证明，只有把握事物本质、把握发展规律、把握工作关键、把握政策尺度，才能掌握各项工作的时度效；只有增强工作科学性、预见性、主动性、创造性，才能牢牢把握发展主动权。新时代新征程，紧紧围绕高质量发展这个全面建设社会主义现代化国家的首要任务，必须以强化理论学习指导发展实践，以深化调查研究推动解决发展难题，打破思维定式，转变思想观念，从实际出发谋划事业和工作，使提出的点子、政策、方案符合实际情况、符合客观规律、符合科学精神，以创造性工作把党中央决策部署落到实处。

习近平总书记强调，"我们要赢得优势、赢得主动、赢得未来，战胜前进道路上各种各样的拦路虎、绊脚石，必须把马克思主义作为看家本领"。习近平新时代中国特色社会主义思想是当代中国马克思主义、二十一世纪马克思主义，是中华文化和中国精神的时代精华，实现了马克思主义中国化时代化新的飞跃。学懂弄通做实习近平新时代中国特色社会主义思想，把这一思想变成强大思想武器，不断提升思维能力，不断提高全党马克思主义水平，我们就一定能破解各种发展难题，战胜一切艰难险阻，推进中国式现代化取得新进展、新突破。

第二节　扩散思维

一、扩散思维的内涵和特征

扩散思维强调从一个中心点出发，向各个方向不受限制地展开思考，寻找各种可能性和解决方案。扩散思维强调拓宽思维的边界，打破常规的限制，鼓励多样性和创造性的想法。在扩散思维中，人们通过生成大量的创意、观点和概念，探索各种可能性，激发创新的灵感。扩散思维的特征包括以下几个方面。

（1）扩散思维是一种开放性的思维方式。它鼓励人们放松思维的束缚，不受限制地提出各种不同的想法和观点。与收敛思维相对应，扩散思维不要求确定性的答案，而是追求多样性和创造性的思考。它能够打开思维的边界，突破传统的思维模式，从而为创新提供更广阔的空间。

（2）扩散思维强调多样性和创新性的想法。在扩散思维中，人们被鼓励产生大量的创意、观点和概念。这些想法可能看似不相关、离经叛道，甚至有些古怪，但它们正是创新的种子。扩散思维能够激发创新者的想象力和创造力，为问题提供多种可能的解决方案。

（3）扩散思维强调创新的探索和发现。扩散思维鼓励人们探索各种可能性，不断追问为什么、如何等问题。它能够帮助人们寻找新的视角和切入点，发现问题的本质和隐含的机会。人们通过扩散思维，能够放开思维的束缚，勇于尝试新的想法和方法，从而找到独特的解决方案。

（4）扩散思维注重连接和组合不同的元素。它强调将不同领域、不同概念或不同经验进行联结和组合，以产生新的见解和创新。扩散思维将看似无关的事物联系起来，能够带来跨界的灵感和创造性的组合。这种连接和组合能够激发创新者的思维火花，帮助他们发现新的解决方案、产品设计和市场机会。

（5）扩散思维是一种灵活性的思维方式。它要求人们在思考过程中保持灵活性，不固守特定的思维框架或模式。扩散思维能够帮助人们跳出传统的思维范畴，以不同的角度和视角来思考问题。这种灵活性使得创新者能够更好地适应变化和不确定性，从而更容易应对复杂的挑战和问题。

总的来说，扩散思维在创新思维中扮演着重要的角色。它鼓励人们开放思维，产生多样性和创新性的想法，并探索各种可能性和解决方案。创新者通过扩散思维，能够突破传统的思维模式，发现新的视角和切入点，从而为创新提供源源不断的灵感和创意。

二、扩散思维的训练

训练和提升扩散思维能够帮助人们拓展思维边界、跳出传统模式,从而发现新的创意和解决方案。

(1)培养开放心态。扩散思维需要一个开放的心态,接纳不同的观点和想法。人们可以通过积极参与多样化的学习和交流活动来培养开放心态,例如阅读不同领域的书籍、参加讨论会和工作坊,与各行各业的人交流等。这样能够拓宽视野,激发思维的多样性。

(2)培养观察力和观察细节的习惯。扩散思维依赖于对细节的观察和洞察力。人们可以通过培养观察周围环境和事物的习惯,提升自己的观察力。观察包括从不同角度看待问题,关注细节,发现隐藏的联系和关联。人们通过不断观察和思考,可以培养扩散思维的能力。

(3)善于提问和质疑。扩散思维需要对事物提出问题和质疑现状。人们可以训练自己善于提出各种类型的问题,例如为什么、怎么样、如果等,以激发思维的多样性。质疑常规的做法和传统的观念,思考是否有更好的解决方案和创意的可能性。

(4)跨界学习和思维模型的应用。扩散思维可以通过跨界学习和运用不同的思维模型来培养。人们可以积极学习其他领域的知识和经验,将其应用到自己的领域中。同时,掌握多种思维模型,例如SWOT分析、逆向思维、故事板等,可以帮助人们拓宽思维的范围,寻找新的创新点。

(5)创造性地碰撞和联想。扩散思维可以通过与他人的交流和合作来培养。创造性的碰撞和联想可以促进思维的交叉和交流,激发新的创意和观点,例如参与团队项目、组织创意工坊和头脑风暴等活动。

(6)运用创新工具和技术。扩散思维可以通过使用各种创新工具和技术来培养。创新工具和技术可以帮助人们打破思维定式,激发创造力和创新能力。例如,头脑风暴、思维导图、类比思维等工具和技术可以帮助人们生成新的创意和思路,促进扩散思维的发展。

(7)面对挑战和冒险。扩散思维需要勇于面对挑战和冒险。人们应该敢于尝试新的想法和方法,不怕失败和错误,从中吸取经验和教训,不断改进和提升自己的思维能力。面对挑战和冒险可以培养勇气和创新的精神,促进扩散思维的成长。

(8)持续学习和反思。扩散思维是一个不断发展和进步的过程。人们应该保持持续学习的态度,不断积累知识和经验,并在实践中不断反思和总结。人们通过反思自己的思维方式和行为模式,可以发现自己的思维定式,并寻找改进的方向,进一步提升扩散思维的能力。

总的来说,培养扩散思维需要开放心态、观察力、质疑能力、跨界学习、创造性碰撞、创新工具的应用、面对挑战和冒险,以及持续学习和反思。这些方面相互交织,相辅相成,共同促进扩散思维的发展和提升。人们通过培养和训练扩散思维,可以打破思维的限制,发现新的创意和解决方案,推动创新和进步。

专栏——电动汽车业的扩散思维

在过去的几十年中,汽车行业一直面临着环境污染和能源消耗等问题,传统燃油汽车成为主要的交通方式。然而,随着环境保护意识的增强和新能源技术的发展,人们开始寻找更加环保和可持续的出行方式。电动汽车作为一种清洁能源交通工具,逐渐受到了广泛关注。

在电动汽车普及的过程中,扩散思维发挥了重要的作用。扩散思维是一种从点到面的思维方式,引导和促进信息传播、技术共享和市场拓展,将创新推广到更广泛的群体中去。

首先,扩散思维在电动汽车领域的应用体现在信息传播方面。政府、企业和媒体通过各种渠道广泛宣传电动汽车的优势,如零排放、低噪音和节能等。他们利用广告、新闻报道、社交媒体等手段,向公众传递关于电动汽车的信息,增加公众对电动汽车的认知和兴趣。此外,他们还通过组织和参与各类电动汽车展览、研讨会和宣传活动,为消费者提供更多的了解和体验机会。

其次,扩散思维在技术共享方面发挥了重要作用。电动汽车技术的发展需要跨行业的合作和共享资源。不同企业通过开放创新和技术合作,可以互相学习和借鉴,加速技术的进步和应用。例如,一些汽车制造商将自己的电动汽车技术开放给其他企业,促进了技术的共享和交流。同时,还有一些共享出行平台和电动汽车充电基础设施建设公司,通过合作伙伴关系,推动电动汽车的普及和发展。

最后,扩散思维在市场拓展方面起到了关键作用。为了推动电动汽车的普及,政府和企业采取了一系列激励措施和政策支持,如购车补贴、充电设施建设和绿色出行政策等。这些政策和激励措施使得电动汽车更加具有竞争力和吸引力,吸引了更多的消费者加入电动汽车的使用者群体中来。同时,一些企业还推出了灵活的销售和租赁模式,提供更加便利和经济的购车方式,进一步扩大了电动汽车的市场。

电动汽车通过扩散思维的运用,在短短几年内取得了显著的发展。越来越多的消费者开始认识到电动汽车的优势,并选择购买和使用电动汽车。这种扩散思维的成功案例不仅推动了电动汽车产业的发展,也为其他领域的创新和推广提供了借鉴和启示。

资料来源:

[1] 陈清泉,郑彬.创新思维下的新能源汽车发展理念[J].中国工程科学,2019,21(03):70-75.

[2] 祝伟.电动汽车充电基础设施布点规划研究[J].科技与创新,2019,(04):81-82+85.

[3] 田剑.电动汽车智能充电桩的设计与实现[J].科技与创新,2016,(01):22.

[48]殷丹,李伟利.用创新性思维推进电动汽车充电设施建设[J].汽车纵横,2014,(12):86-90.

[4] 杨春辉,张洪申.创新思维在现代机械设计中的体现[J].广西工学院学报,2011,22(02):33-37.

[5] 吕纯池.新能源电动汽车核心技术发展现状与趋势综述[J].科技与创新，2020，（17）：80-81.

[6] 何蛟,张谦然."双碳"背景下电动汽车充电基础设施软硬件发展趋势研究[J].科技与创新，2021，（18）：92-93+96.

第三节 逆向思维

一、逆向思维的内涵和特征

逆向思维与传统思维方向相反，通过反向思考问题的起因和解决方案来推动创新。逆向思维的核心是从结果出发，以逆向的方式思考，挑战常规的思维模式，寻找非传统的解决途径。逆向思维不拘泥于传统的思维模式和解决方案，而是通过寻找与众不同的观点、途径和方法，打破思维的局限性，寻求突破和创新。逆向思维具备以下特征。

（1）反向思考问题。逆向思维要求人们不再按照常规的思维方式从问题的起因出发，而是反向思考问题的结果和目标，以此来推导解决方案。人们通过反向思考，能够打破思维定式，发现新的问题视角和解决途径。

（2）挑战传统观念。逆向思维鼓励人们挑战传统观念和常规思维模式，以寻找非传统的解决方案。它要求人们摆脱习惯性思维，敢于质疑现有的假设和观念，以开放的心态探索新的可能性。

（3）寻找逆向解决方案。逆向思维强调寻找与众不同的解决方案，即通过与常规思维相反的途径来解决问题。它要求人们放眼全局，从不同的角度思考问题，并探索那些看似反常或不寻常的解决方案。

（4）打破思维定式。逆向思维能够帮助人们打破思维的定式和局限，以不同的思维方式来审视问题。它鼓励人们跳出舒适区，寻求新的思维路径和创新方向。

（5）突破创新瓶颈。逆向思维常常被应用于突破创新瓶颈的情境中。当传统的思维方式无法解决问题或取得突破时，逆向思维可以提供一种新的思考角度和解决方案。它能够帮助人们超越限制和障碍，发现潜在的创新机会，从而推动创新的发展。

（6）创造性的反转。逆向思维追求创造性的反转，即将问题和解决方案从传统的思维方向反转过来。人们将问题从不同的视角和维度进行反向思考，可以发现新的联系、关联和启示，以创造性的方式解决问题。

（7）鼓励不同思维模式的融合。逆向思维鼓励将不同的思维模式进行融合，结合和整合不同的观点、经验和知识，产生创新的想法和解决方案。它促使人们从多个领域和视角汲取灵感，创造出独特的创新结果。

在产品设计中，逆向思维可以帮助设计师从用户的使用体验和期望出发，反向思考产品的功能和特性，以满足用户的需求。在业务策划中，逆向思维可以帮助企业从市场的竞争环境和消费者的需求出发，反向思考创新的商业模式和市场定位。在解决复杂问题时，逆向思维可以帮助人们打破思维的僵局，从问题的结果出发，反向思考解决方案的可能性。

总的来说，逆向思维作为创新思维的一种重要方式，反向思考问题的起因和解决方案，挑战传统观念和思维模式，寻找非传统的解决途径。它具有反向思考、挑战传统观念、寻找逆向解决方案、打破思维定式、突破创新瓶颈、创造性地反转和鼓励不同思维模式的融合等特征。人们运用逆向思维，可以开拓创新的思维路径，发现新的问题视角和解决方案，推动创新的发展。

二、逆向思维的训练

训练逆向思维有助于人们突破传统思维模式，寻找与众不同的解决方案。培养和训练逆向思维可以遵循如下"窍门"。

（1）反转问题角度。逆向思维要求我们以与传统思维相反的方式来看待问题。训练逆向思维的一种方法是将问题进行反转，即将问题陈述反过来，寻找与常规相反的解决方案。我们通过这种方式，能够打破思维定式，寻找非传统的解决路径。

（2）提出反面观点。逆向思维鼓励人们提出反面观点，挑战常规的想法和观念。训练逆向思维的方式之一是在讨论或创意过程中故意提出与主流观点相悖的观点，以激发新的思考和创新的想法。这种反面观点的提出可以帮助我们看到问题的另一面，拓宽思维的范围。

（3）跨界思考。逆向思维要求我们超越传统思维的边界，将不同领域的知识和经验进行结合。为了培养逆向思维，我们可以尝试从其他领域获取灵感，将其与当前问题相结合，寻找创新的解决方案。跨界思考可以打破行业的局限性，产生独特的洞察力和创新的观点。

（4）逆向假设和思维实验。逆向思维的训练还包括提出逆向的假设和进行思维实验。这意味着我们可以尝试从事物的相反方向思考，设想如果事物的特征或条件发生逆转，会出现什么结果。这种思维实验可以帮助我们看到问题的不同方面，发现隐藏的机会和潜在的创新点。

（5）激发想象力和创造力。逆向思维的训练需要激发我们的想象力和创造力。我们可以通过阅读、观察、探索和思考来培养想象力，尝试将想象力应用到现实问题中，提出非传统的解决方案。创造力的培养可以通过各种创意方法和技巧，如头脑风暴、侧写法等，来进一步培养和训练逆向思维。

（6）反向思考问题。逆向思维要求我们从不同的角度审视问题。为了训练逆向思维，我们可以反向思考问题，即从问题的最终目标或结果出发，逆向思考如何达到这个目标。这种方法可以帮助我们找到非传统的路径和方法，打破常规的思维模式。

（7）挑战既有假设。逆向思维鼓励我们质疑既有的假设和约束条件。为了培养逆向思维，我们需要勇于挑战既有的观念和限制，思考是否存在更好的方式和可能性。我们通过打破既有假设，能够发现新的解决方案和创新点。

（8）切换视角。逆向思维要求我们能够切换不同的视角和角色。为了训练逆向思维，我们可以尝试站在他人的立场思考问题，设想自己是其他利益相关者或外部观察者。这种切换视角的练习可以帮助我们看到问题的多重层面和不同利益关系，拓宽思维的广度和深度。

（9）鼓励冲突和反思。逆向思维需要我们勇于面对冲突和自我反思。为了培养逆向思维，我们需要鼓励团队成员之间的不同意见和观点的冲突，以及对自身思维方式的反思和批判。我们通过冲突和反思，可以推动思维的进步和创新的发展。

（10）持续学习和实践。逆向思维是一种习得的能力，需要持续学习和实践。为了训练逆向思维，我们应该保持好奇心，不断学习新知识和技能，拓宽自己的思维广度。同时，我们也需要将逆向思维应用于实践中，通过解决实际问题来不断锻炼和提升逆向思维的能力。

总之，逆向思维是一种突破常规的思维方式，它能够帮助我们看到问题的不同方面，发现隐藏的机会和创新点。我们通过反转问题角度、提出反面观点、跨界思考、逆向假设和思维实验、激发想象力和创造力，以及反向思考问题、挑战既有假设、切换视角、鼓励冲突和反思、持续学习和实践等方式，可以训练和发展逆向思维的能力。逆向思维的训练不仅能够帮助我们解决问题，还能促进创新和创造力的发展。

> **专栏——戴森的逆向思维**
>
> 戴森是一家以创新的家电产品而闻名的公司，其创始人詹姆斯·戴森也是逆向思维的倡导者。戴森的故事中充满了逆向思维的精神。
>
> 在20世纪70年代末，詹姆斯·戴森注意到传统吸尘器使用吸尘袋的过程中会导致吸力减弱，而且吸尘袋还需要定期更换，这给用户带来了不便。他决定运用逆向思维，改变吸尘器的设计和工作原理。
>
> 戴森的逆向思维之举是放弃传统吸尘袋的使用，而采用了一种全新的技术——无损吸尘器。戴森通过引入旋转气流技术，使空气和灰尘通过离心力被分离，然后将干净的空气排出，而灰尘则被收集在一个可清空的容器中。
>
> 这项技术创新打破了传统吸尘器的局限，消除了吸力减弱和吸尘袋更换的问题。逆向思维的运用使戴森的无损吸尘器成为市场上的独特产品，备受消费者欢迎。
>
> 戴森并没有满足于吸尘器领域的成功，他们继续运用逆向思维探索其他家电产品。例如，他们开发了无叶风扇，通过逆向思维将传统风扇的叶片替换为无叶的设计，提供了更安静、更舒适的风扇体验。
>
> 戴森的成功不仅在于技术创新，还在于他们对问题的逆向思考。他们挑战传统的想法和方法，寻求独特的解决方案。逆向思维使他们能够重新审视问题，打破常规，创造出创新的产品，并在市场上取得了巨大成功。
>
> 戴森的故事向我们展示了逆向思维的重要性和价值。我们通过逆向思维，可以颠覆传统观念，寻找新的解决方案，实现创新和突破。逆向思维激发了戴森团队的创造力和创新精神，使他们成为家电行业的领军者。

资料来源：

[1] 任美林，樊春燕.浅析电动汽车的分时租赁商业模式 [J].科技与创新，2015，（22）：13-14.

[2] 董胜，陶应磊.无叶风扇的创新与专利保护 [J].装饰，2015，（03）：66-67.

[3] 程好军，齐群波，王征.基于Triz理论的戴森产品线系列创新机制研究 [J].设计，2018，（02）：110-112.

[4] 姚玉松.大数据时代下中国企业的科技创新与专利管理研究 [J].数字通信世界，2019，（09）：278-279+194.

[5] 周善明，武月娇，夏昕.从专利角度看戴森公司技术和产品演进路线 [J].中国发明与专利，2019，16（04）：92-98.

[6] 刘歆.吸尘器行业的创新发展分析 [J].技术与市场，2015，22（11）：274.

[7] 何龙桥.从戴森无扇叶风扇系列无效请求案看我国外观设计创新 [J].中国发明与专利，2012，（12）：27-29.

[8] 严晓青.吸尘器行业的创新发展之路 [J].现代营销（学苑版），2010，（06）：34-37.

第四节 越障思维

一、越障思维的内涵和特征

越障思维是一种视障碍为机会的思维方式，将问题和障碍视作激发创新的源泉。越障思维的关键在于转变对障碍的看法，将其视为挑战和推动创新的机会而不是阻碍。它鼓励人们主动面对问题，并寻找创新的解决方案。越障思维的特征如下。

（1）改变态度。越障思维要求人们改变对问题和障碍的看法和态度。它鼓励人们将问题视为学习和成长的机会，将障碍视为创新的契机。人们通过积极的态度和乐观的心态，能够以积极的方式应对挑战，并在面对困难时寻找创新的解决方案。

（2）创造性解决方案。越障思维鼓励人们超越传统思维模式，寻找非常规的解决途径。它要求人们跳出常规的框架，思考新的可能性和创新的方向。人们通过创造性的思考和探索，可以克服困难，找到独特的解决方案，实现创新。

（3）创新机遇。越障思维认为问题和障碍是创新的机遇。它指出在解决问题的过程中，人们常常需要克服各种障碍，而这些障碍可能会激发出创新的想法和解决方案。越障思维鼓励人们主动面对挑战，并将其视为推动创新的机会。

（4）持续改进。越障思维强调不断改进和持续学习的重要性。它认为创新是一个不断演化和进步的过程，需要不断尝试和修正。越障思维要求人们反思和反馈，从失败中学习，并不断优化和改进创新的方案。

（5）团队合作。越障思维鼓励团队合作和协作。在面对困难和挑战时，团队中的不同成员可以共同思考和分享各自的观点，通过集思广益，找到最佳的解决方案。团队合作可以促进创新思维的碰撞和交流，培养团队成员的创新意识和解决问题的能力。

（6）探索未知领域。越障思维鼓励人们勇于探索未知领域。它提倡在创新过程中大胆尝试新领域、新技术或新方法，不畏困难和风险。越障思维要求人们拥抱未知，追求新的知识和经验，以开拓创新的可能性。

（7）通过训练强化。越障思维可以通过训练和培养来发展。人们通过系统性的训练和实践，可以培养越障思维的能力和习惯。这包括培养问题解决的技巧，提高适应变化和应对挑战的能力，以及培养灵活性和创造力等创新思维的关键要素。

越障思维的运用场景广泛，特别适用于面对复杂问题、困境和挑战的情况。在创新过程中，人们常常会遇到各种障碍，如技术限制、资源短缺、市场竞争等。越障思维能够激发创新者的勇气和创造力，帮助他们积极应对挑战，并找到新的解决方案。在组织管理中，越障思维也能够培养团队成员的适应能力和创新意识，推动组织的持续发展。

总的来说，越障思维是一种鼓励人们以积极的态度面对问题和挑战，将其视为推动创新的机遇的思维方式。它要求人们改变态度、寻找创新解决方案、发掘创新机遇，通过团队合作和持续改进来实现创新。个体和组织通过培养越障思维，可以更好地应对复杂的问题和挑战，推动创新的发展和成果。

二、越障思维的训练

越障思维的提升有助于突破障碍、超越限制，找到新的解决方案和创新机会。以下是几个重要的训练方法。

（1）挑战常规观念。越障思维要求人们挑战和质疑常规观念。训练时，可以通过提出反常识的问题、打破传统思维模式的练习，以及开展非传统方法的探索，来激发人们思考的灵活性和创新性。这种训练能够帮助人们打破思维的定式，从新的角度来审视问题，并寻找非常规的解决方案。

（2）培养多元思考。越障思维要求人们具备多元思考的能力，即能够从多个角度思考问题。为了训练这一能力，可以进行逆向思考、反向思考、角色转换等练习。这些练习可以帮助人们从不同的视角思考问题，拓展思维的广度和深度，从而提高越障思维的能力。

（3）激发创意产生。越障思维需要培养人们的创意产生能力。通过开展创意发散的训练，如头脑风暴、思维导图、关联法等，可以激发人们的创造力和想象力。这些训练方法能够帮助人们产生大量的创意，并且不受限制地思考问题，为越障思维提供了丰富的素材和可能性。

（4）培养坚持和勇气。越障思维需要人们具备坚持和勇气去面对挑战和困难。训练时，可以通过模拟困难情境、鼓励接受失败和从失败中学习等方式来培养人们的坚持和勇气。这种训练能够帮助人们克服障碍，不畏困难，勇于尝试新的思路和方法。

（5）培养系统思维。越障思维需要人们具备系统思维的能力，即能够看到问题的全貌和相互关联。训练时，可以通过练习整体观察、寻找问题根源、构建系统模型等方式来培养系统思维。这种训练能够帮助人们更全面地理解问题，发现问题之间的相互影响和潜在关联，从而寻找创新的突破口。

（6）培养灵活性和适应性。越障思维要求人们具备灵活性和适应性，能够在不同情境下应对变化和挑战。为了培养这一能力，可以进行跨学科学习、多领域探索以及尝试新的观点等。这些训练方法能够帮助人们拓宽知识面，培养灵活性和适应性思维，使其能够更好地应对创新过程中的不确定性和复杂性。

（7）培养开放性和好奇心。越障思维需要人们具备开放的心态和强烈的好奇心。为了培养这一能力，可以通过拓展阅读、探索新领域、参与跨文化交流等方式来激发人们的好奇心和求知欲。这些训练能够帮助人们打破思维的局限，接触新的知识和观点，为创新提供更广阔的视野和思维资源。

训练越障思维需要从多个角度出发，这包括挑战常规观念、培养多元思考、激发创意产生、培养坚持和勇气、培养系统思维、培养灵活性和适应性以及培养开放性和好奇心。这些训练方法能够帮助人们突破思维的限制，以更开放、创新和灵活的方式思考问题，并找到新的解决方案和创新机会。通过不断的练习和实践，使越障思维能够成为一种习惯性的思维方式，提升了个人的创造力和创新能力，从而在各个领域取得更加突出的成就。

专栏——水下的机器生命

一个采用越障思维的中国制造业的创新案例是哈尔滨工程大学研发的水下机器人。水下机器人在海洋工程、海洋资源开发等领域具有广泛的应用前景，但在设计和制造过程中面临着许多技术挑战和障碍。哈尔滨工程大学的研究团队采用越障思维，将这些障碍转化为推动创新的机会，致力于突破水下机器人的技术瓶颈。

首先，他们面对的一个挑战是水下机器人的动力系统。传统的电池供电方式限制了水下机器人的续航能力和潜水深度。为了解决这个问题，研究团队采用了氢能源技术，开发出一种基于氢燃料电池的水下机器人。这种创新的能源系统大大提高了机器人的续航能力，增加了潜水深度，使其能够在更广泛的海洋环境中执行任务。

其次，水下机器人在海底环境中面临着复杂的水动力学和导航问题。为了解决这个问题，研究团队借鉴了鱼类的游泳机制，开发出一种仿生机器鱼型水下机器人。这种机器鱼模仿了鱼类的运动方式，通过尾部的运动来产生推进力和机动性，使机器人能够在水下环境中高效地移动和导航。

此外，水下机器人还需要具备高精度的感知和控制能力。为了解决这个问题，研究团队利用先进的传感器技术和自主控制算法，开发出具有自主避障和定位能力的水下机器人。机器人通过激光雷达、摄像头和声呐等传感器，能够实时感知周围环境，并采取相应的控制策略避开障碍物，准确定位自身位置。

哈尔滨工程大学研发的水下机器人是一个典型的采用越障思维的创新案例。他们将水下机器人设计和制造过程中的技术挑战视为推动创新的机会，通过采用氢能源技术、仿生机器鱼型设计以及先进的感知和控制系统，成功地突破了水下机器人技术的瓶颈，为中国制造业在水下机器人领域的发展做出了重要贡献。这种越障思维的创新方式为解决其他复杂问题提供了启示，鼓励人们在面对障碍时积极寻找创新的解决方案。

资料来源：http：//meec.hrbeu.edu.cn/2022/1111/c12758a300805/page.htm.

第五节 联想思维

一、联想思维的内涵和特征

联想思维是一种通过联结不同的概念、观点或元素来产生新的创意和想法的思维方式。联想思维强调寻找事物之间的关联和联系，通过将不同领域、不同概念或不同经验进行联结和组合，以产生新的见解和创新。联想思维在创新和创意产生过程中发挥着重要作用。人们通过将不同领域的知识、经验和观点相互联结，可以突破思维的边界，发现新的关联和可能性。联想思维常常被应用于设计创新、广告营销、艺术创作和科学发现等领域，为创新提供了源源不断的创意和灵感。联想思维的特征可以体现为以下几个方面。

（1）联想思维强调寻找事物之间的相似性、相互关联和隐含的关系。它要求人们不拘泥于局限的思维范畴，而是跳出传统的思维模式，进行跨界联想和创造性组合。人们通过将不同领域、不同概念或不同经验进行联结和组合，可以产生新的见解和创新。联想思维让人们看到问题和事物之间的潜在联系，从而打开了创新的大门。

（2）联想思维具有开放性和多样性的特点。它鼓励人们放松思维的束缚，积极提出各种不同的想法和观点，包括那些看似不相关或离经叛道的想法。联想思维不拘泥于常规和传统的思维模式，而是追求非线性的思维路径。这种自由联想的过程能够激发人们的想象力和创造力，帮助他们突破思维的局限，发现新的视角和切入点，创造出独特的解决方案。

（3）联想思维强调跳跃性的思考和创意组合。它鼓励人们将不同领域、不同经验和不同概念进行联结，以产生新的联想和创新。人们通过跨界联想和创造性组合，可以将各种看似不相关的元素融合在一起，创造出新的概念、产品或服务。这种跳跃性的思维方式能够打破传统思维的束缚，带来全新的创意和解决方案。

（4）联想思维还强调直观性和感性的思考。它鼓励人们运用直觉和感觉，从感性的角度出发进行联想和创新。联想思维可以激发人们对事物的感知和体验，从而帮助他们发现不同事物之间的联系和共性。人们通过感性的思维过程，可以产生更加独特、有创意的想法，提供新颖的解决方案。

联想思维的应用范围广泛，可以在各个领域和行业中发挥作用。无论是产品设计、艺术创作、市场营销还是科学研究，联想思维都能够激发创新者的灵感和创造力，帮助他们发现新的解决方案，制造出创意产品，找到独特的市场机会。人们通过运用联想思维，能够打破传统思维的框架，开辟创新的道路，推动个人和社会的进步与发展。

二、联想思维的训练

通过训练联想思维，我们能够将各种看似无关的概念、知识和经验联系起来，产生新的观点，找到解决问题的方法。联想思维有助于培养人们的创造力和创新能力，使人们能够超越传统的思维模式，勇于尝试新的想法和方法。联想思维能够打破思维的局限，鼓励不拘一格的思考和行动，从而推动个人和组织的创新发展。

（1）培养知识广度。联想思维需要有广泛的知识储备作为基础。人们通过广泛阅读、学习多个领域的知识，了解不同行业的发展和趋势，可以拓宽思维的边界，并且提供更多的素材用于联想和创新。培养知识广度可以通过持续学习、跨学科研究和与不同领域的专家交流等方式实现。

（2）培养敏感性和观察力。联想思维需要敏锐的观察力和敏感性，能够从细微之处发现不同事物之间的联系和关联。培养观察力，可以留意周围环境和日常生活中的细节，捕捉到可能的联想点。同时，主动思考和提问可以帮助培养对事物的敏感性和深度思考能力。

（3）创造性思维工具的应用。创新思维工具可以帮助激发联想思维。例如，头脑风暴是一种常用的创造性思维工具，可以集思广益，鼓励团队成员提出各种联想和创意。另外，模型和图表的运用，如思维导图、关联图等，可以帮助组织和展示联想的思维过程，促进创新的产生。

（4）跨界思考和类比思维。跨界思考是指从一个领域借用思维模式、概念或解决方案应用于另一个领域。类比思维则是通过找到两个不同领域之间的相似之处，从一个领域中的解决方案中得到启发，用于另一个领域。这些方法可以帮助联想出不同领域的创新解决方案，扩展思维的边界。

（5）创造思维环境和文化。创造一个积极支持创新思维的环境和文化对于培养联想思维至关重要。这包括鼓励自由表达、接纳多样性观点、倡导尝试和失败的文化，以及提供资源和支持的机制。建立一个鼓励团队成员自由发挥想象力和创造力的氛围，激发他们的联想思维。提供资源和培训，帮助员工了解联想思维的重要性和应用方法，并为他们提供尝试新想法的机会。

（6）强化问题导向的思维。联想思维常常从问题出发，寻找不同的解决方案。培养问题导向的思维意味着要学会提出深入的问题，挖掘问题背后的本质和需求。人们通过思考问题的多个方面和不同层面，可以激发联想思维，发现新的解决途径。

（7）激发想象力。想象力是联想思维的核心。为了激发想象力，可以进行创意游戏和练习，如设想未来的场景、发散思维练习等。创造一个鼓励创意表达和冒险尝试的环境，让员工自由地发挥想象力，尝试新的联想和创新思路。

（8）不断反思和改进。联想思维是一种需要不断锻炼和改进的能力。人们通过反思自己的联想思维过程，审查联想的有效性和质量，找到改进的空间和机会。不断追求提高联想思维的能力和技巧，培养对创新的持续追求和学习精神。

综上所述，训练创新思维中的联想思维需要丰富的知识储备、敏感性和观察力，运用创造性思维工具，跨界思考和类比思维，创造积极的创新环境和文化，强化问题导向的思维，激发想象力，持续反思和改进。人们通过这些方法和实践，可以提升联想思维的能力，激发创新潜力，为解决问题和创造新价值提供更多可能性。

专栏——iPhone中的联想思维

iPhone是苹果公司推出的一系列智能手机产品，是联想思维的集大成者。以下是iPhone产品中的一些联想思维的体现。

（1）整合多个功能。iPhone将电话、短信、音乐播放器和互联网浏览等多个功能整合到一个设备中。这种联想思维使得用户无须携带多个设备，实现了便捷的多功能体验。

（2）触摸屏操作。iPhone首次引入了具有触摸屏界面的智能手机设计。这一创新思维打破了传统键盘和物理按键的限制，使用户可以通过直接触摸屏幕进行操作，提供了更直观、灵活的用户体验。

（3）App Store生态系统。苹果推出了App Store，这是一个应用程序的在线商店，允许第三方开发者创建和提供各种应用程序。通过联想思维，苹果为iPhone用户提供了无数的应用选择，从社交媒体到游戏、工具和商务应用，极大地丰富了用户的手机体验。

（4）Siri语音助手。Siri是iPhone上的语音助手，可以根据用户的语音指令执行各种任务。这种联想思维将人机交互推向了新的层次，使用户可以通过语音与设备进行沟通，实现更便捷的操作和信息获取。

（5）生态系统整合。苹果通过联想思维将iPhone与其他苹果产品和服务整合在一起。例如，iPhone与Mac电脑、iPad平板电脑和Apple Watch智能手表等设备之间可以无缝连接和同步，实现多设备的协同工作和数据共享。这种联想思维构建了一个统一的生态系统，为用户提供了一致性和流畅的体验。

通过以上的联想思维，苹果在iPhone产品中创造了一个功能丰富、用户友好且高度整合的智能手机生态系统，引领了智能手机市场的革新和发展。

资料来源：

[1] 韩煜东.面向商业模式创新的移动智能终端用户消费行为研究[D].重庆：重庆大学，2013.

[2] 王迪.基于4P营销理论的企业销售战术研究[D].北京：华北电力大学，2014.

[3] 杨焕.智能手机移动互联网应用的界面设计研究[D].武汉：武汉理工大学，2013.

[4] 张利飞，张运生.智能手机产业操作系统平台竞争战略研究[J].中国软科学，2013,（04）：148-158.

[5] 孙耀吾，翟翌，顾荃.服务主导逻辑下移动互联网创新网络主体耦合共轭与价

值创造研究[J]. 中国工业经济, 2013, (10): 147-159.

[6] 仇婧. 基于市场细分理论的苹果手机在华营销策略研究[D]. 大连: 大连海事大学, 2015.

重要概念

思维定式　权威型思维定式　经验型思维定式　书本型思维定式　从众型思维定式　扩散思维　逆向思维　越障思维　联想思维

复习思考题

1. 什么是思维定式？产生的原因是什么？
2. 扩散思维有哪些特征？如何培养？
3. 逆向思维有哪些特征？如何培养？
4. 越障思维有哪些特征？如何培养？
5. 联想思维有哪些特征？如何培养？
6. 介绍现实中运用到上述思维的创新性案例。

第四章　数字经济时代的思维变革

学习目标

★ 了解数字经济的内涵。

★ 认识数字经济时代的特征。

★ 熟悉数据驱动思维。

★ 熟悉平台运营思维。

★ 熟悉高度连接思维。

随着数字经济时代的到来，创新思维成为关键的驱动力。传统的思维方式已经无法适应新时代的要求，我们需要拥抱创新思维和创业精神，以应对日益激烈的市场竞争和不断变化的商业环境。

> **引例——发展数字经济，共建数字中国**
>
> 党的十八大以来，以习近平同志为核心的党中央作出建设数字中国的重大决策部署，把发展数字经济上升为国家战略。习近平总书记深刻指出，"当今时代，数字技术、数字经济是世界科技革命和产业变革的先机，是新一轮国际竞争重点领域，我们要抓住先机，抢占未来发展制高点"。党的二十大报告对加快发展数字经济，促进数字经济和实体经济深度融合，打造具有国际竞争力的数字产业集群，作出了战略安排。
>
> 数据显示，2022年我国数字经济规模达50.2万亿元，总量稳居世界第二，占GDP比重提升至41.5%。持续夯实的"数字底座"、不断丰富的数据资源、日臻完善的数据安全，为经济社会高质量发展注入澎湃动力。迈上全面建设社会主义现代化国家新征程，发展数字经济、建设数字中国，意义重大。
>
> 一要锚定数字中国建设的新坐标、新方位，把握数字经济发展新机遇，围绕推动数字经济发展的新做法、新成果，深化宣传阐释、加强理论解读，坚定信心、汇聚共识，让数字经济发展理念更加深入人心，数字中国建设更快务实推进。二要讲好数字中国故事，深入挖掘各地区各部门、相关行业企业的鲜活实践、典型经验，为推动数字经济做强、做优、做大营造良好舆论环境。三要做好数字化发展桥梁纽带，进一步加强调查研究，聚焦数字化治理、数据安全保护、弥合数字鸿沟等各界关注的问题，引导全社会不断铸牢数字发展成果造福人民的价值观念，共同建设更有获得感、幸福感、安全感的数字中国。
>
> **资料来源：** 二〇二三数字经济论坛发言摘编（三）.发展数字经济共建数字中国[N].人民日报，2023-06-02.

第一节　数字经济的内涵

数字经济是指以信息和通信技术为基础，以数据为核心，通过互联网和数字化技术推动经济增长、创新和转型的经济形态。它涵盖了数字化、网络化、智能化等方面，对经济、社会、教育等领域产生了广泛而深远的影响。

过去三十多年里，我国数字经济取得长足发展，在总体规模、发展水平与技术能力等方面均已达到或接近全球领先水平。数字经济是新一轮信息技术革命催生的第三种主要经济形态，能够从技术、要素、创新、融合等多个层面促进经济高质量发展。相对于以往以数量、规模、要素投入为主要特征的经济发展模式，数字经济通过数字技术进步、人力资本积累与资源配置优化实现经济发展的质量变革、效率变革、动力变革，是一种更注重社会公平与发展成果共享的新经济模式。

（1）经济角度。企业通过数字技术的应用，能够更快速、精确地响应市场需求，实现生产过程的智能化和自动化。数字经济催生了新的商业模式，如共享经济和平台经济，促进了资源的充分利用和交换。同时，数字经济也打破了地域的限制，促进了全球经济的互联互通和跨境交流。对企业而言，数字经济时代意味着更大的市场潜力和竞争压力。企业通过数字技术的应用，能够实现更精细化的市场定位、个性化的产品和服务提供，并开拓新的商业模式。然而，企业也需要加强创新能力，不断推陈出新，适应市场的变化和消费者的需求。数字经济时代强调数据驱动的决策和运营，企业需要加强数据分析和管理能力，挖掘数据中的价值，为业务发展提供有力支撑。

（2）社会角度。人们通过数字技术，可以随时随地获取各种信息，与他人进行交流和合作。这种信息的开放性和共享性促进了知识的传播和创新的加速。同时，数字经济也带来了新的社交方式和娱乐方式，改变了人们的生活方式和社交行为。数字技术的应用也提高了公共服务的效率和质量，例如电子政务、在线教育和电子商务等，使得社会资源得以更加合理配置和利用。

（3）技术角度。人工智能、大数据分析、物联网等新技术的发展，推动了各行各业的转型和升级。这些技术的应用使得生产和服务更加智能化和个性化，提升了效率和质量。同时，数字经济也催生了新的技术生态系统，形成了技术创新的良性循环。

（4）教育角度。由于技术的快速发展，人们需要持续学习和更新知识，以适应新的工作环境和需求。数字经济时代注重创新和创业，培养创新思维和创业精神成为教育的重要任务。教育机构也需要结合数字技术，提供在线学习和个性化教育的机会，培养适应数字经济时代的人才。

（5）政府角度。政府在数字经济发展中起到引导、监管和服务的作用，制定相关政策和法规，营造公平竞争的市场环境。政府还需要加强数字基础设施建设，提供数字技术的培训和支持，促进数字经济的良性发展。国家需要加强数字基础设施建设，提供良好的网络环境和信息安全保障，为数字经济的发展提供支撑。同时，国家还需要制定相关政策和

法规，引导和规范数字经济的发展，保护消费者权益和数据安全，促进创新和创业。

（6）对个人而言，人们可以通过互联网平台进行创业、自由职业和远程工作，实现更灵活的工作模式和多样化的收入来源。同时，个人也需要加强自身的数字素养，学习和掌握数字技术和数据分析的基本知识和技能，以便更好地适应和参与数字经济的发展。

发展数字经济是加快全面建成社会主义现代化强国的重要支撑。数字经济的底层核心技术包括半导体、信息技术、通信技术和智能硬件，代表着科学技术的前沿。以人工智能、区块链、云计算、大数据为代表的前沿数字技术，正通过工程化和产业化的方式，全面融合渗透到传统产业中去，帮助传统产业进行全方位全链条改造，推动传统农业、工业和服务业的转型升级，重构市场结构和生态，催生新产业、新业态和新模式，显著提高全要素生产率，降低市场摩擦，提升市场效率，为经济增长提供新动能。

发展数字经济是助力打通生产、分配、流通、消费各个环节的重要手段。当前，我国面临的外部环境严峻复杂，必须加快构建以国内大循环为主体、国内国际双循环相互促进的新发展格局。数字技术可以推动产业链上下游企业的整合，有利于生产要素和资源的快速流动和高水平融合，帮助市场主体重构组织模式，突破地理空间限制，从而畅通国内外经济循环。此外，数字经济有助于拉动国内消费，形成国内大循环。在需求端降低消费者的购物成本，提高匹配效率；在生产端助力企业采取个性化定制和柔性化生产，提高供给侧质量；其催生的直播经济、线上办公、互联网医疗等新业态又培养了消费者的新消费习惯，围绕互联网实现的生产和生活需求将逐渐增加，数字经济的巨大发展潜力还将进一步释放。

发展数字经济是扎实推进共同富裕，走好中国式现代化道路的重要举措。具体来看，数字技术具有促进协调发展和共享发展的潜能。在促进协调发展方面，数字经济打破了地理区域空间的限制，更有利于区域的协调发展。例如，农村电商的发展缓解了高质量农产品供需双方的信息不对称，助力乡村振兴，更好实现了城乡的协调发展。在促进共享发展方面，数字技术可以帮助线上线下产业打通，让传统行业、中小企业等弱势经济主体在发展的过程中不掉队。

但也应看到，数字经济的发展还有加大不平等的可能，甚至带来垄断、数字鸿沟、数字技术替代劳动者导致的就业等问题。这些无一不需要在未来引起足够重视，合理加以引导，采取相应措施予以预防或应对。

第二节　数字经济时代的特征

第一，数字经济时代的特征之一是信息和通信技术的广泛应用。数字技术的快速发展和普及使得人们能够更加便捷地获取、处理和共享信息。互联网、移动通信和云计算等技术的普及和应用，改变了人们的生活方式和工作方式，推动了信息的高效传输和交流。

第二，数字经济时代强调数据的重要性。大数据的产生和应用成为数字经济的核心驱动力之一。采集、存储和分析大量的数据，可以揭示隐藏的模式和趋势，为决策提供科学依据。数据成为企业创新和竞争的重要资产，促使企业加强数据管理和分析能力，实现个性化服务和精准营销。

第三，数字经济时代具有网络化的连接和交互特征。互联网的普及和社交媒体的兴起促进了人们之间的连接和交流。人们通过数字平台和社交网络，可以随时随地与他人进行互动和合作，促进信息的传播和共享。这种网络化的连接和交互推动了创新和创业活动的蓬勃发展。

第四，数字经济时代强调智能化和自动化的应用。人工智能、物联网和自动化技术的发展，使得机器和设备能够具备感知、学习和决策的能力，实现自主运行和智能化服务。智能化和自动化的应用提高了生产效率和产品质量，推动了产业升级和创新驱动。

第五，数字经济时代强调创新和创业的重要性。数字技术的快速发展带来了新的商业模式和市场机会，促使企业和个人进行创新和创业。创新和创业成为推动经济增长和就业的重要动力，也为社会带来了更多的选择和可能性。

总的来说，数字经济时代的特征包括信息和通信技术的广泛应用、数据的重要性、网络化的连接和交互、智能化和自动化的应用，以及创新和创业的重要性。这些特征共同推动了数字经济的发展，对个人、企业和社会产生了深远的影响。

数字经济的发展给传统产业带来了新的发展机遇，同时也带来了许多新的挑战。为了适应数字经济时代的变革，企业和组织需要加强数字化转型，积极应用新技术，发掘和利用数据资源，拥抱创新和创业精神。政府应制定相应的政策和支持措施，提供创新环境和基础设施，鼓励创新创业，培养人才，推动数字经济的发展。同时，个人也应积极学习和适应数字经济时代的变化，提升自身的数字技能和创新能力，抓住机遇，迎接挑战。我们通过共同努力，可以共同推动数字经济的发展，实现经济的繁荣和社会的进步。

在数字经济时代，由于信息和通信技术的快速发展，人们需要具备一些特定的思维方式来适应和把握机遇。数据驱动思维、平台运营思维和高度连接思维成为关键的思维模式。这些思维方式能够帮助个人和企业在数字经济的浪潮中获得竞争优势。

中国是数字经济大国，也是全球数字经济健康有序发展的重要推动者。据研究机构测算，截至2021年，中国数字经济规模达45.5万亿元，连续多年稳居世界第二，数字经济占国内生产总值比重达39.8%；电子商务交易额、移动支付交易规模居全球第一。迄今，中国与17个国家签署"数字丝绸之路"合作谅解备忘录，与23个国家建立"丝路电商"双边合作机制，与非洲国家共同制定实施"中非数字创新伙伴计划"，与东盟国家共同建设中国—东盟信息港，建立中国—中东欧国家、中国—中亚五国电子商务合作对话机制，积极为非洲、中东、东南亚国家以及共建"一带一路"国家提供云服务支持，积极推动二十国集团、亚太经合组织、金砖国家、世贸组织等多边框架下的数字经济合作。中国积极参与数字经济国际合作，大力推进信息基础设施建设，为全球数字经济发展作出重要贡献。

专栏——数字经济时代的企业新面貌

美团成立于2010年,最初是一个在线团购平台,但随着数字经济的发展,它迅速转型为一家综合性的本地生活服务平台。美团利用数字技术和大数据分析,连接了消费者、商家和配送员,提供了包括外卖配送、酒店预订、旅游度假、电影票务、生活服务等在内的多种服务。

首先,美团通过移动互联网和智能手机应用程序,将消费者与各类服务提供商连接在一起。消费者可以通过美团APP订购外卖、预订酒店、购买电影票等,享受便捷的线上购物和服务体验。同时,美团还提供了个性化推荐和优惠活动,通过大数据分析消费者的喜好和行为模式,提供个性化的服务和推荐,提升用户体验。

其次,美团通过数字技术和大数据分析,连接了大量的商家和服务提供商。商家可以通过美团平台展示和销售产品,获取更广泛的宣传和客户群体。同时,美团还提供了订单管理、支付结算、数据分析等工具,帮助商家进行业务管理和运营优化。

此外,美团还通过数字化的配送网络,连接了配送员和消费者。它建立了覆盖全国各地的配送网络,实现了高效的外卖配送服务。消费者可以通过美团APP下单,配送员将商品送达消费者手中。这种高度连接的配送网络提供了便利的配送服务,推动了外卖市场的快速发展。

美团还通过与其他行业的合作,拓展了更多的服务领域。例如,与酒店、旅游机构合作,提供酒店预订和旅游度假服务;与电影院合作,提供在线电影票务服务;与生活服务行业合作,提供家政服务、美容美发等服务。这种跨界合作和连接思维进一步扩大了美团的服务范围和影响力。

美团作为一家具备数字经济时代特征的创新企业,通过高度连接思维,构建了一个庞大的本地生活服务平台。它充分利用数字技术、大数据分析和移动互联网,连接了消费者、商家和配送员,创造了新的服务模式和商业机会。美团的成功充分展示了数字经济时代创新企业的力量和潜力。

资料来源:

[1] 魏宗财,魏纾晴,彭丹丽,等.数字经济影响下城市零售空间变化及其规划响应[J].规划师,2021,37(13):24-30.

[2] 郎唯群.平台经济的公平与效率——以外卖骑手为例[J].社会科学动态,2021,(04):40-48.

[3] 莫怡青,李力行.零工经济对创业的影响——以外卖平台的兴起为例[J].管理世界,2022,38(02):31-45+33.

[4] 胡莹.数字经济时代我国的劳动过程分析——基于马克思劳动过程理论的视角[J].社会主义研究,2021,(04):41-48.

[5] 祁大伟,宋立丰,魏巍.互联网独角兽企业生态圈与数字经济环境的双向影响机制——基于滴滴和美团的案例分析[J].中国流通经济,2021,35(02):84-99.

[6] 李昊源.我国互联网交易的税收征管问题研究[D].北京:中央财经大学,2017.

[7] 孙蚌珠,石先梅.数字经济劳资结合形式与劳资关系[J].上海经济研究,2021,(05):25-35.

第三节 数据驱动思维

一、数据驱动思维的内涵和特征

数据驱动思维是指以数据为基础进行决策和行动的思维方式。在数字经济时代，数据被广泛应用于各个领域，从市场营销到运营管理，从产品研发到战略规划，数据的价值愈发凸显。数据驱动思维强调数据的收集、分析和应用，以科学的方法来指导决策和行动，从而实现更精确、更有效的结果。

数据驱动思维首先要求个人和企业具备对数据的敏感性和意识，这意味着要能够识别和捕捉有价值的数据，了解数据的来源、质量和可靠性。数据意识使个人和企业认识到数据是一种重要的资产，有助于发现新的机会、解决问题和改进业务。另外，数据驱动思维需要个人和企业具备数据收集和整理的能力，这涉及选择适当的数据来源，采用合适的方法和工具进行数据收集，包括调研、观察和实验等。同时，数据的整理和清洗也是必要的，以确保数据的准确性和完整性，为后续的分析和应用做好准备。同时，数据驱动思维要求个人和企业能够进行数据分析和解读，提取出有意义的信息和洞察，这包括使用统计学和数据分析工具进行定量分析，运用数据可视化和图表来呈现数据的模式和趋势。数据分析与解读能够帮助个人和企业深入了解用户行为、市场趋势和业务状况，发现潜在的机会和问题。数据驱动思维的核心是将数据作为决策的依据，通过对数据的分析和解读，个人和企业能够基于客观的事实做出决策，而不是凭借主观的猜测和经验。数据驱动决策强调风险管理和结果导向，能够提高决策的准确性和效果。同时，数据驱动思维要求个人和企业持续学习和改进，在不断变化的数字经济环境中，数据和技术的更新速度很快，个人和企业需要不断更新自身的知识和技能，掌握新的数据分析方法和工具。持续学习能够帮助个人和企业更好地理解和应用数据，不断提升数据驱动思维的能力。同时，数据驱动思维也要求个人和企业保持持续的优化和改进的意识，通过数据的反馈和评估，发现存在的问题和改进的空间，进一步提高业务效率和创新能力。数据驱动思维的特征如下。

（1）客观决策。数据驱动思维强调以数据为依据做出决策，摒弃主观臆测和情绪化的因素。人们通过数据的客观分析，决策能够更准确、更可靠，降低决策的风险。

（2）精细化洞察。数据驱动思维能够帮助个人和企业深入了解用户需求、市场趋势和业务情况。人们通过数据的分析和解读，能够获取更精细化的洞察，发现隐藏在数据背后的规律和机会。

（3）实时响应。数字经济时代的数据更新速度快，个人和企业需要具备实时响应的能力。数据驱动思维要求个人和企业能够及时收集、分析和应用最新的数据，及时调整和优化决策和行动。

（4）预测和创新。个人和企业通过数据的分析和趋势预测，能够更好地预测未来的发展，抓住机遇和挑战。数据驱动思维激发创新和创造力，通过数据的发现和洞察，能够帮助个人和企业提出新的想法和解决方案。

（5）持续改进。数据驱动思维要求个人和企业保持持续改进的意识。个人和企业通过数据的反馈和评估，能够识别出问题和瓶颈，并进行优化和改进。持续改进能够提高个人和企业的竞争力和适应能力。

数据驱动思维是在数字经济时代中至关重要的思维方式，它强调以数据为基础进行决策和行动，帮助个人和企业更好地理解和应对挑战，实现持续创新和业务优化。数据驱动思维的特征包括客观决策、精细化洞察、实时响应、预测和创新以及持续改进。个人和企业通过培养和运用数据驱动思维，能够更加有效地利用数据资源，把握机遇，应对挑战，并在竞争激烈的数字经济时代中获得竞争优势。

二、如何培养数据驱动思维

要充分发挥数据驱动思维的作用，不管是从个体角度还是从组织角度都可以采取以下方法。

（1）建立数据文化：将数据驱动思维融入组织文化，强调数据的重要性和应用。鼓励员工关注和利用数据，提供培训和资源来提升数据分析和解读的能力。

（2）采用合适的工具和技术：选择适合的数据分析工具和技术，帮助个人和企业更好地收集、分析和应用数据。这包括统计软件、数据可视化工具、机器学习算法等。

（3）建立数据收集和管理机制：确保数据的质量和完整性，建立规范的数据收集和管理流程。这包括清晰定义数据指标、选择合适的数据源、建立数据存储和处理系统等。

（4）运用数据驱动决策：在决策过程中，充分利用数据分析的结果，将数据作为决策的重要依据，降低主观因素的干扰，提高决策的准确性和效果。

（5）持续学习和改进：随着数据技术的发展，参加培训、研讨会，与行业专家和同行交流，不断改进和优化数据分析的方法和技巧，提升数据驱动思维的能力。

数据驱动思维的实施需要个人和组织的积极参与和不断努力，同时这也是一个长期的过程。人们通过培养数据驱动思维，能够更好地应对数字经济时代的挑战，实现持续创新和业务发展。

专栏——海尔的智能制造

海尔集团是中国最大的家电制造商之一，他们在智能制造领域采用数据驱动思维，通过数据的收集、分析和应用，实现了生产流程的优化和智能化。

首先，海尔集团在生产过程中广泛应用传感器和物联网技术，实现了对生产环节的实时监测和数据采集。海尔通过这些传感器，能够收集到大量的生产数据，包括设备运行状态、生产质量、物料流动等信息。

其次，海尔集团运用大数据分析技术对采集到的数据进行深度挖掘和分析。海尔通过建立数据模型和算法，能够从海量的生产数据中提取有价值的信息和规律，识别潜在的问题和改进点。这些数据分析的结果为决策提供了科学的依据。

在产品设计和研发阶段，海尔集团也运用数据驱动思维。他们通过对市场需求、用户反馈以及销售数据的分析，获取产品改进和创新的灵感。海尔将用户行为数据和产品性能数据进行结合分析，深入了解用户需求和产品使用情况，以此指导产品设计和研发的决策。

海尔集团还将数据驱动思维应用于供应链管理和客户服务方面。他们通过数据分析，能够实时掌握物料和产品的库存情况，优化供应链的配送和库存管理。同时，海尔利用数据驱动的客户关系管理系统，分析用户行为和反馈，提供个性化的产品推荐和定制服务，增强用户满意度和忠诚度。

海尔集团通过数据驱动思维的应用，实现了生产过程的优化、产品的创新和用户体验的提升。数据的收集和分析为他们提供了全面、准确的信息基础，帮助他们做出更加精确和科学的决策。这种数据驱动思维的创新方式推动了海尔集团在制造业的发展，使其成为全球领先的智能制造企业之一。

资料来源：

[1] 金姝彤，王海军，陈劲，等.模块化数字平台对企业颠覆性创新的作用机制研究——以海尔COSMOPlat为例 [J].研究与发展管理，2021，33（06）：18-30.

[2] 王文倩.数字经济背景下移动互联网产业价值转移研究 [D].北京：北京邮电大学，2021.

[3] 段鹏琳.智能工厂：杭州制造业的一场革命 [J].杭州科技，2018，(06)：34-37.

[4] 李超凡.数字化转型对企业业绩的影响路径研究 [D].郑州：郑州航空工业管理学院，2020.

第四节　平台运营思维

一、平台运营思维的内涵和特征

平台运营思维是在数字经济时代中，通过构建和运营数字平台来实现业务增长和价值创造的一种思维方式。它强调了平台经济的特点和运作规律，将个人、企业和用户连接起来，形成多方共赢的生态系统。平台运营思维要求对平台的定位和规划进行深入思考，这包括明确平台的核心业务和服务领域，确定目标用户和市场定位，并设定长期发展目标。平台定位要与市场需求和趋势相匹配，同时考虑到平台的差异化竞争优势和可持续发展的可行性。成熟的平台运营思维体现为以下特征。

（1）用户导向。平台运营思维注重用户体验和用户价值的创造。平台需要深入了解用户需求和行为习惯，通过不断改进和优化平台的功能和服务，提升用户的满意度和忠诚度。平台运营者需要密切关注用户反馈和需求，及时进行调整和改进，以满足用户的期望，并实现用户口碑传播和持续增长。

（2）生态性。平台运营思维强调构建健康的生态系统，使平台成为参与者和用户之间的桥梁和连接点。平台需要吸引和集结供应商、合作伙伴和开发者等多方参与者，形成多元化的服务和产品生态圈。开放的接口和协作机制，促进参与者之间的合作和创新，实现资源的共享和协同效应。

（3）创新和迭代。平台运营思维鼓励持续的创新和迭代。平台需要不断寻求新的商业模式和增值服务，通过技术和用户洞察的创新，开拓新的市场机会。平台运营者要持续关注市场变化和竞争动态，及时调整策略和产品定位，确保平台的持续发展和竞争优势。

（4）数据驱动和智能化。平台运营思维强调数据的收集、分析和应用。平台运营者通过数据的收集和分析，能够深入了解用户行为和市场趋势，为决策提供科学依据。同时，平台运营也借助人工智能和大数据技术，实现智能化的运营和个性化定制。

（5）价值共享和协同效应。平台运营思维强调价值共享和协同效应。平台作为中介者，将供应商和用户连接在一起，实现供需的匹配和交流。供应商通过平台的协同效应，可以更广泛地接触到潜在用户，扩大市场份额和业务规模。同时，用户也可以通过平台获得更多的选择和便利，获得更高质量的产品和服务。

（6）弹性和可扩展性。平台运营思维要求平台具备弹性和可扩展性。随着用户数量和交易量的增加，平台需要能够快速响应和适应变化，保持稳定和高效的运营。平台运营者需要灵活调整资源配置和技术架构，以应对不断增长的用户需求和市场挑战。

（7）风险管理和信任建设。平台运营思维强调风险管理和信任建设。作为中介平台，平台运营者需要建立起供应商和用户之间的信任机制，保障交易的安全和可靠性。同时，平台运营者需要积极管理和规避潜在的风险，包括数据安全、交易纠纷等，以维护平台的声誉和可信度。

（8）合规和社会责任。平台运营思维要求平台遵守法律法规和道德规范，承担社会责任。平台运营者需要关注用户隐私和数据安全的保护，遵循公平竞争的原则，维护公共利益和社会稳定。同时，平台运营者还应积极参与社会公益事业，为社会做出积极贡献。

总的来说，平台运营思维是在数字经济时代中，通过构建和运营数字平台实现业务增长和价值创造的一种思维方式。它强调用户导向、生态系统建设、创新迭代、数据驱动和智能化等特征，通过价值共享和协同效应，实现多方共赢。同时，平台运营思维还注重风险管理、合规和社会责任，促进可持续发展和社会稳定。

二、如何培养平台运营思维

培养平台运营思维需要综合运用多种方法和策略，包括学习知识、研究案例、注重用户导向、数据驱动、合作伙伴关系、创新和优化、风险管理、数据安全与合规性、团队合作和实践经验。这些方法和策略相互关联，相互支持，帮助个体或组织培养出全面且高效的平台运营思维能力，从而在数字经济时代中取得成功。具体可参照以下方法。

（1）学习平台运营知识。深入学习平台运营的理论知识和实践经验，可以通过阅读相关书籍、参加培训课程或者学习在线资源来提升对平台运营的理解和认知。

（2）研究成功的平台案例。研究和分析成功的平台案例，了解它们的运营模式、商业策略和创新实践。学习成功案例，可以获取有价值的经验教训，启发自己的平台运营思维。

（3）增强用户导向意识：平台运营的核心是用户，要始终以用户为中心，关注用户需求和体验。培养用户导向意识，通过调研、反馈和数据分析等手段，深入了解用户需求，提供个性化和优质的服务。

（4）掌握数据驱动能力。数字经济时代，数据是平台运营的重要资源。培养数据驱动思维，学会搜集、分析和应用数据，从数据中发现商机、优化运营策略和改进用户体验。

（5）建立合作伙伴关系。平台运营需要与供应商、合作伙伴和其他利益相关者建立良好的合作关系。培养合作伙伴思维，主动寻求合作机会，共同发展，实现资源共享和协同效应。

（6）不断创新和优化。平台运营需要不断创新和优化业务模式、产品和服务。培养创新思维，关注市场变化和用户需求的变化，积极迭代和改进，保持竞争优势。数字经济时代变化迅速，新技术、新趋势和新模式层出不穷。要保持学习的状态，关注行业动态和前沿知识，不断适应变化，持续提升自己的平台运营思维。

（7）学会风险管理和危机应对。平台运营中存在一定的风险和挑战，需要具备风险管理和危机应对的能力。培养风险意识，学会识别和评估潜在风险，并制订相应的风险管理策略和危机应对预案。

（8）注重数据安全和合规性。数字经济时代涉及大规模的数据流动和处理，平台运营必须注重数据安全和合规性。培养数据安全和合规思维，了解相关的法律法规和政策要求，建立健全的数据保护和隐私保护机制，确保用户数据的安全和合法使用。

（9）培养团队合作和领导能力。平台运营需要与多个团队和部门进行协作，因此培养团队合作精神是至关重要的。学会有效沟通和协调，激发团队的创造力和合作精神，共同实现平台的运营目标。

（10）实践和经验积累。平台运营思维需要通过实践和经验积累逐渐完善和提升。积极参与实际的平台运营工作，不断总结经验教训，发现问题并改进，通过实践不断提高自己的平台运营思维能力。

专栏——哈工大机器人的平台智造

作为中国领先的机器人研发和制造企业，哈工大机器人集团以平台运营思维为基础，构建了一个涵盖机器人研发、生产、应用和服务的综合性平台。以下是哈工大机器人集团运用平台运营思维的主要实践和特点。

（1）平台化的产品开发。哈工大机器人集团将机器人产品开发视为一个平台化过程。他们在机器人核心技术的基础上，构建了一系列的模块化组件，提供了定制化解决方案，以满足不同行业和应用领域的需求。这种平台化的开发模式加快了产品迭代，提高了定制化的能力。

（2）开放的创新生态系统。哈工大机器人集团致力于构建开放的创新生态系统。他们与各类合作伙伴、研究机构和高校建立了合作关系，共同推动机器人技术的研发和创新。他们通过开放平台和资源共享，吸引了众多创新者参与到机器人应用和服务的开发中。

（3）服务驱动的商业模式。哈工大机器人集团注重以服务为导向的商业模式。除了提供机器人产品，他们还提供全方位的技术支持和售后服务，包括培训、维修、升级等。他们通过为客户提供定制化的解决方案和持续的服务，建立了长期稳定的合作关系。

（4）数据驱动的运营管理。哈工大机器人集团运用数据驱动的运营管理方式。他们通过机器人的联网和数据收集，获取大量的运营和使用数据。基于这些数据，他们进行数据分析和挖掘，优化产品性能和用户体验，并根据市场需求调整产品和服务策略。

哈工大机器人集团以其平台运营思维，在中国机器人行业取得了显著的成就。他们通过平台化的产品开发、开放的创新生态系统、服务驱动的商业模式和数据驱动的运营管理，不断推动机器人技术的发展和应用，为客户提供高质量的产品和服务。他们的成功案例表明，平台运营思维在中国工业企业中的应用具有重要的价值和影响力。

资料来源：

[1] 袁洪博.中国机器人职业教育产教联盟成立大会暨首届机器人产教融合高峰论坛在黄河水院举行[J].黄河水利职业技术学院学报，2019，31（02）：2+105-106.

[2] 苑超.哈工大机器人集团发展战略研究[D].哈尔滨：哈尔滨工业大学，2017.

[3] 曹宇.哈工大机器人集团产业运营生态圈及机器人产业发展动向[J].机器人产业，2018，(04)：50-54.

第五节　高度连接思维

一、高度连接思维的内涵和特征

高度连接思维是指在数字经济时代中，能够充分认识和利用各种连接性，通过构建和管理复杂的网络关系，实现创新和价值创造的一种思维方式。它强调多元互联的特征，将不同的资源、人员和信息连接在一起，创造出更大的协同效应和创新机会。

高度连接思维强调跨越不同领域和行业的边界，将各种资源、知识和技术进行整合和融合。它能够发现不同领域之间的相互关联和潜在的合作机会，从而创造出新的商业模式和创新解决方案。同时，高度连接思维注重多元主体之间的协同合作，它鼓励不同组织、个人和团队之间的合作，通过共享资源、经验和技术，实现协同创新和共同发展。高度连接思维通过建立合作伙伴关系和开放平台，促进资源的共享和共赢。另外，高度连接思维基于大数据和智能技术，注重数据的收集、分析和利用。它将数据视为连接不同实体和领域的桥梁，通过数据的共享和交换，揭示潜在的关联和机会。数据驱动的高度连接思维能够更好地洞察用户需求，优化产品和服务，提升运营效率。当然，高度连接思维离不开对开放式创新的倡导，它鼓励各方共同参与创新过程，包括企业、用户、合作伙伴和社区等。高度连接思维通过开放式的创新平台和生态系统，促进创新资源的共享和交流，实现创新的加速和多方共赢。

高度连接思维的特征主要体现在以下几个方面。

（1）敏锐的洞察力。高度连接思维能够洞察到不同领域和行业之间的潜在关联和机会。它能够从大量的信息中提取出有价值的洞见，并将它们应用于创新和决策过程中。人们通过敏锐的洞察力，能够抓住市场的变化和趋势，及时做出调整和应对。

（2）强大的网络能力。高度连接思维注重建立和管理复杂的网络关系。它能够快速建立起与不同组织、个人和团队的联系，并构建起稳固的合作伙伴关系。具备强大的网络能力可以帮助获取更多的资源和信息，实现资源的共享和优化利用。

（3）创新的驱动力。高度连接思维鼓励创新和探索。它能够将不同领域和行业的创新资源整合在一起，促进创新的发生和发展。人们通过创新的驱动力，能够提出新的商业模式、创造出创新的产品，提供更优质的服务，满足用户需求并开拓新的市场。

（4）开放的合作态度。高度连接思维倡导开放的合作态度。它鼓励不同实体之间的合作和协同，包括企业、个人、学术机构、社区等。开放的合作能够带来更多的创新资源和想法，促进共同学习和共同发展。

（5）数据驱动的决策。高度连接思维依赖于数据的收集和分析。它能够将海量的数据转化为有用的信息，并基于这些信息做出智慧的决策。数据驱动的决策能够减少主观因素的干扰，提高决策的准确性和效果。

个体或组织通过培养高度连接思维，能够更好地适应数字经济时代的变革和挑战。它能够促使人们跳出传统的思维模式，寻找创新的可能性和机会。高度连接思维能够帮助个体或组织发现潜在的合作伙伴，整合各种资源，加速创新和增加竞争力。此外，高度连接思维也有助于促进跨界合作和跨学科的交流，推动社会的整体创新和发展。

二、如何培养高度连接思维

高度连接思维的提升将使个体能够更全面、多维度地看待问题，发现不同领域的联系和共同点，并能够将这些知识和思维方法应用于实际创新和解决复杂问题的过程中。同时，高度连接思维的培养将帮助个体在数字经济时代中更好地适应和发展，推动创新和跨领域合作的进程。具体包括以下方面。

（1）多领域学习。拓宽自己的知识领域，学习跨不同领域的知识。通过读书、参加培训、参与行业研讨会等方式，了解不同领域的发展动态和前沿技术，培养对多个领域的兴趣。

（2）拓展人脉网络。积极参与各类社交活动，扩大自己的人脉圈。参加行业会议、社交活动、交流讲座等，与不同领域的人士进行交流和互动，建立广泛的人际关系。同时，可以通过各类社交媒体平台拓展自己的在线社交网络。

（3）跨界合作与项目经验。积极参与跨领域的合作项目，与不同背景的人员合作，共同解决问题。参与多样化的项目可以提供不同行业和领域的经验，培养跨界思维能力和合作能力。

（4）学会寻找共性和联系。学会发现不同领域之间的共性和联系。观察和思考各种事物之间的关联和相互影响，从中发现新的思考角度和创新点。关注行业趋势和发展动态，观察不同领域的创新实践，挖掘可能的合作机会和创新方向。

（5）数据分析和信息收集能力。提升对数据分析和信息收集的能力。学习数据分析方法和工具，培养从大数据中提取有价值信息的能力。关注行业报告、市场调研、学术研究等信息源，及时收集和分析相关信息，了解行业动态和市场趋势。

（6）跨文化交流与学习。积极参与跨文化交流与学习，了解不同地域和文化背景下的思维方式和观念。人们通过旅行、留学、参与国际合作项目等方式，接触不同文化的人群，了解他们的思维方式、价值观念和工作方法，从中汲取启发和灵感。

（7）培养系统思维能力。培养对整体系统的认知和理解能力。将事物看作一个复杂的系统，理解其各个部分之间的相互作用和影响。人们通过系统思维方法，分析问题的根本原因，寻找综合解决方案，促进跨领域思维的发展。

（8）参与跨领域创新项目。积极参与跨领域的创新项目，与不同领域的专业人士协同工作。通过与其他领域的合作伙伴共同解决问题，借鉴其他领域的思维和方法，促进自身高度连接思维的培养。

（9）自我激励和持续探索。保持积极的学习态度和持续探索的动力。自我激励是培养高度连接思维的重要因素，要保持对新知识和新领域的好奇心和渴望。不断追求新的学习机会和挑战，探索未知领域，拓宽自己的思维边界。

专栏——阿里巴巴的新零售战略

阿里巴巴作为中国最大的电商平台之一，通过高度连接思维构建了一个复杂而强大的零售生态系统。他们意识到传统零售模式面临的挑战和机遇，将线上与线下相结合，通过数字技术和大数据分析来创造协同效应和创新机会。

首先，阿里巴巴通过其电商平台淘宝和天猫，连接了大量的线上消费者和卖家。消费者可以通过电子商务平台进行商品搜索、购买和支付，而卖家可以利用平台进行产品展示、销售和物流配送。这种线上线下的连接打破了传统零售模式的边界，创造了更便捷、高效的购物体验。

其次，阿里巴巴通过淘宝、天猫等平台的大数据分析能力，连接了消费者的行为数据和商家的销售数据。他们通过对海量数据的收集和分析，了解消费者的购物偏好、需求和行为模式，帮助商家进行精准营销和商品推荐。同时，商家也可以通过平台上的数据分析工具，深入了解市场需求和竞争情况，优化产品和服务。

此外，阿里巴巴还通过高度连接思维将线上的数字技术和线下的实体店铺相结合,实施了新零售战略。他们与各类零售商合作,通过技术支持和数据赋能,将线下商店打造成数字化的智慧店铺。消费者可以通过扫码支付、线上线下商品互通、虚拟试衣等方式,实现线上线下的无缝连接和体验。

阿里巴巴的新零售战略通过高度连接思维,将线上线下、消费者和商家、数据和技术等多个要素有机地结合在一起,创造出更大的协同效应和创新机会。他们通过构建复杂的网络关系,实现了从传统零售到数字化零售的转变,推动了中国制造业的创新发展。

资料来源:

[1] 韩彩珍,王宝义."新零售"的研究现状及趋势[J].中国流通经济,2018,32(12):20-30.

[2] 鄢章华,刘蕾."新零售"的概念、研究框架与发展趋势[J].中国流通经济,2017,31(10):12-19.

[3] 赵树梅,徐晓红."新零售"的含义、模式及发展路径[J].中国流通经济,2017,31(05):12-20.

[4] 王宝义."新零售"的本质、成因及实践动向[J].中国流通经济,2017,31(07):3-11.

[5] 王坤,相峰."新零售"的理论架构与研究范式[J].中国流通经济,2018,32(01):3-11.

[6] 杜睿云,蒋侃.新零售:内涵、发展动因与关键问题[J].价格理论与实践,2017,(02):139-141.

重要概念

数字经济　数字经济时代　数据驱动思维　平台运营思维　高度连接思维

复习思考题

1. 数字经济的内涵是什么?生活中有哪些事物是数字经济的写照?
2. 数字经济时代下,未来的行业趋势会有哪些特征?
3. 什么是数据驱动思维?举一个运用数据驱动思维的创新案例。
4. 什么是平台运营思维?举一个运用平台运营思维的创新案例。
5. 什么是高度连接思维?举一个运用高度连接思维的创新案例。
6. 举一个现实中的创新创业案例,综合运用到了数据驱动思维、平台运营思维以及高度连接思维,并讨论是否还涉及其他思维。

第五章　TRIZ系统创新方法

学习目标

★ 了解TRIZ理论的起源与内涵。

★ 掌握系统分析方法。

★ 掌握功能分析方法。

★ 了解组件分析的过程。

★ 熟悉因果分析的方法。

★ 掌握资源分析的过程。

引例——超高温陶瓷复合材料创新

中国航天科技集团公司（China Aerospace Science and Technology Corporation, CASC）研发的超高温陶瓷复合材料是创新行为的典范。这项创新使得中国在高温环境下的航空航天应用中取得了重大突破。

（1）创新背景与需求。航空航天领域对材料的要求非常严苛，特别是在高温环境下。传统金属材料在极端高温下容易失去力学性能和结构稳定性，因此需要开发新的材料以满足这一需求。CASC意识到高温陶瓷复合材料在航天器件和发动机等关键部件中的潜在应用价值，决定进行相关研发。

（2）材料研发过程。CASC在材料研发过程中采用了系统性的创新方法和科学技术手段。首先，他们通过分析航空航天应用中的材料需求和限制，明确了超高温陶瓷复合材料的关键性能指标。然后，他们进行了广泛的材料筛选和实验研究，探索不同材料组分和结构设计的组合，以达到预期的高温稳定性和力学性能。

（3）技术突破与创新成果。经过多年的研发和实验验证，CASC成功研发出具有卓越高温稳定性和机械强度的超高温陶瓷复合材料。这种材料能够在超过3000摄氏度的极端高温环境下保持稳定性能，具有优异的抗氧化、耐热膨胀和耐热震性能，适用于航天器件和发动机等关键部件的制造。

（4）应用与推广。CASC的超高温陶瓷复合材料在中国航空航天领域得到了广泛应用和推广。它被应用于火箭发动机喷管、燃烧室等高温部件的制造，提高了航空航天器件在极端条件下的可靠性和性能。该创新成果为中国航空航天事业的发展做出了重要贡献。

中国企业通过系统性的研发过程和创新方法，成功开发出超高温陶瓷复合材料，满足了航空航天领域对高温稳定性和机械性能的需求，推动了中国航空航天技术的发展。这也是一个符合TRIZ创新理论路径的创新案例，通过系统分析和科学研究，找到了解

第五章 TRIZ系统创新方法

决现有材料面临的矛盾和局限性的创新方案，实现了技术突破和商业应用的成功转化。

上述的创新是否有迹可循？其中的TRIZ原理包括了什么？接下来，我们以此为背景，探讨一个非常强大的创新理论体系——TRIZ理论。

资料来源：

[1]http: //www.spacechina.com/n25/n2014789/n2014809/c3851492/content.html.

[2]http: //www.spacechina.com/n25/n2014789/n2014809/c3855711/content.html.

第一节 TRIZ的起源与内涵

一、TRIZ的起源

TRIZ理论是由苏联（今阿塞拜疆）发明家及工程师根里奇·阿奇舒勒（Genrich Altshuller）在20世纪50年代初主导开发的一种系统性的创新方法论。TRIZ的缩写名称源于对俄语缩写"ТРИЗ"（对"发明家式的解决任务理论"的俄文缩写）的拉丁音标化"Teoriya Resheniya Izobreatatelskikh Zadatch"。在英文语境中，TRIZ往往被理解为"Theory of Inventive Problem Solving"（TIPS）理论，即"发明式的问题解决理论"。在中文语境中，TRIZ有时还会被音译成"萃思"，也别有一种意境。TRIZ以解决技术问题为核心，通过分析和归纳历史上大量的专利和发明创造，总结出一套基于创新原理和规律的方法和工具，帮助人们更高效地解决问题，创造新的解决方案。

1946年，20岁的阿奇舒勒时任苏联军方的一名专利审查员，通过对大量的专利接触，阿奇舒勒发现创新发明存在着一定的规律，如果能掌握这种规律则无疑是会让科学发展的效率更上一层。于是，阿奇舒勒与苏联的科学家同事们对数以百万计的专利文献和自然科学知识进行研究、整理和归纳，花费数十年的时间，最终建立起一整套系统化的、实用的、解决发明问题的理论和方法体系。

阿奇舒勒认为，在解决发明问题的过程中，人们遵循的科学原理和技术进化法是客观存在的。大量发明面临的基本问题是相似的，它们所涉及的矛盾（在TRIZ中称为技术矛盾和物理矛盾）本质上也是相同的。因此，同样的技术创新原理和相应的问题解决方案会在后续的发明中不断被应用，只是应用的技术领域不同。人们通过整理和重组已有的知识，形成一套系统化的理论，可以指导后续的发明和创造过程。图5-1展示了TRIZ理论的起源与基本内容。

在冷战期间，TRIZ的内容并未被西方国家熟知。直到苏联解体后，20世纪90年代初到中期，部分TRIZ研究人员移居到西方国家如欧洲和美国，TRIZ才开始在西方得到系统传播，并引起学术界和企业界的关注。特别是TRIZ传入美国后，密歇根州等地成立了TRIZ研究咨询机构，对TRIZ进行深入研究，使其得到了广泛的应用和发展。

在中国的学术界，一些研究专利的科技工作者和学者在20世纪80年代中期就开始初步接触TRIZ，并进行了相关资料的翻译和技术跟踪工作。到了20世纪90年代中后期，国内一些高校开始研究TRIZ，并在本科生和研究生课程中引入TRIZ的内容，开展持续的研究和应用工作。进入21世纪，TRIZ逐渐从学术界走向企业界，开始在企业中推广应用。

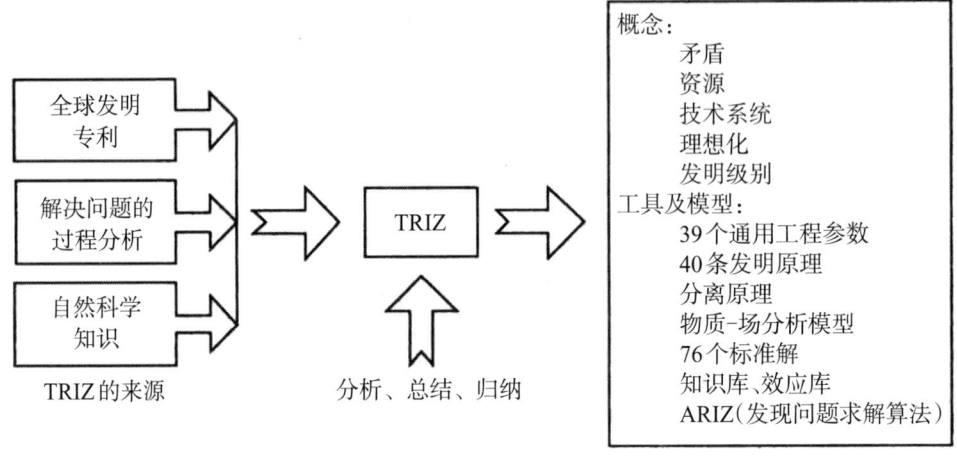

图5-1　TRIZ理论的起源与基本内容

2008年，中华人民共和国科学技术部、发展改革委、教育部和中国科协联合发布了《关于加强创新方法工作的若干意见》文件，明确了创新方法工作的指导思想、工作思路、重点任务以及保障措施等。至今，全国几乎所有省份都已分批开展以TRIZ理论体系为主的创新方法推广和应用工作。TRIZ作为一种重要的创新方法，正在中国得到越来越广泛的关注和推崇。图5-2展示了用TRIZ理论解决创新问题的一种常见流程。

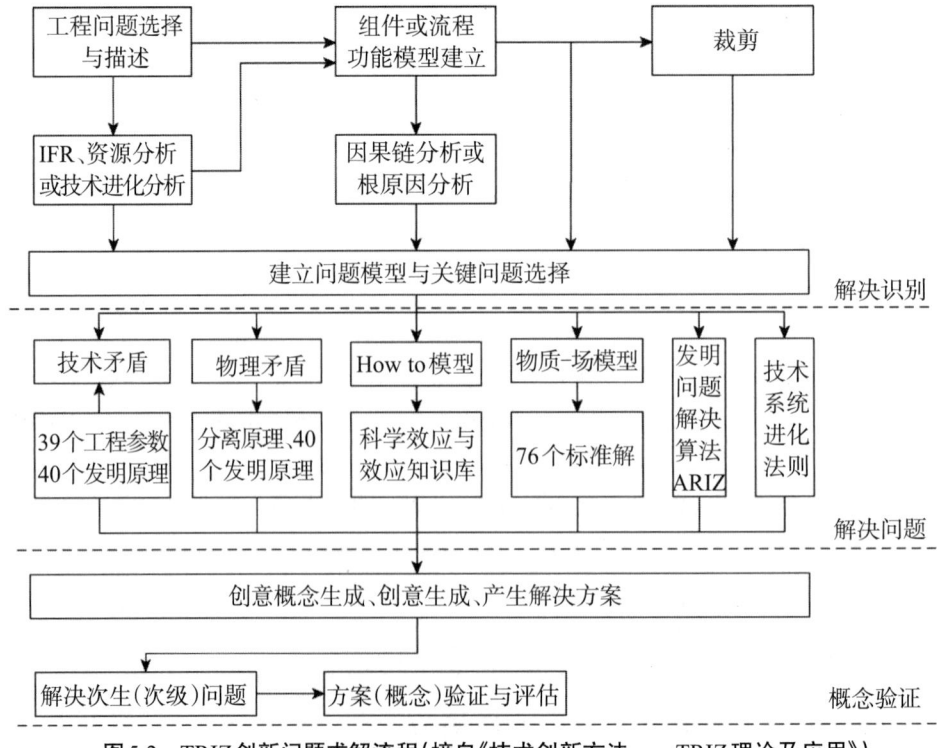

图5-2　TRIZ创新问题求解流程（摘自《技术创新方法——TRIZ理论及应用》）

二、TRIZ 的内涵

据阿奇舒勒的观点，技术系统的进化并非随机发展，而是遵循一定的客观规律，这种规律在不同领域中反复出现。在真正的发明专利中，通常需要解决问题中隐藏的矛盾，而矛盾的存在与否是区分常规问题和发明问题的主要特征之一。发明问题指的是需要解决至少一个矛盾（技术矛盾或物理矛盾）的问题。

在阿奇舒勒的观点的基础上，TRIZ 理论发展出了一些内容简洁但意义深刻的内涵，包括系统性思考、矛盾存在的普遍性、科学原理的有限性、跨领域借鉴以及预测技术趋势。这些思想为创新问题的解决提供了理论基础和实用工具，帮助人们在创新过程中更加高效和有目的地寻找创新方案。

（1）系统性思考。TRIZ 强调将问题置于整个系统的背景中进行思考。它关注系统的各个部分之间的相互关系和相互作用，并通过分析系统的功能和结构，寻找创新的潜力和可能性。

（2）矛盾的普遍性。TRIZ 认为矛盾是创新问题的核心。在解决问题的过程中，常常存在相互矛盾的要求或条件。TRIZ 通过分析矛盾的本质，寻找解决矛盾的方法，从而实现创新的突破。

（3）科学原理的有限性。当人们感叹科技文明的纷繁和伟大时，TRIZ 告诉我们，科学原理是存在"主干"且有限的，这些原理会在解决不同领域的创新问题中反复出现。当抽丝剥茧之后，我们可以运用这些科学原理来指导创新活动，并通过对问题的分析，找到适用的原理进行应用。

（4）跨领域借鉴。TRIZ 强调从不同领域中寻找解决问题的思路和方法。人们通过跨领域的借鉴和类比，可以将已有的解决方案应用到新的领域中，从而实现创新。

（5）预测技术趋势。TRIZ 认为技术发展存在一定的规律和趋势。人们通过对技术发展趋势的研究和预测，可以为创新提供指导和参考，使创新活动更加有针对性和前瞻性。

鉴于 TRIZ 的起源是通过对高水平发明专利的分析，人们曾普遍认为 TRIZ 更适用于解决技术领域中的创新问题。然而，随着 TRIZ 理论的发展和实践的探索，人们逐渐意识到 TRIZ 的原则和方法并不仅限于工程技术领域。在自然科学领域，TRIZ 的思想被应用于解决物理学、化学、生物学等领域的创新问题。在社会科学领域，TRIZ 被用于解决管理、经济、社会学等领域的问题，例如提高组织运作效率、优化资源分配等。在管理科学领域，TRIZ 的思想被应用于解决企业管理、流程改进、创新管理等方面的问题。在生物科学领域，TRIZ 被用于解决生物工程、医药领域等的创新问题。

TRIZ 之所以能够渗透到不同领域并得到应用，是因为其核心思想和方法论具有普遍性和适应性。TRIZ 强调揭示问题中的矛盾，寻找解决矛盾的原则和方法，并通过跨领域的借鉴和类比，将已有的知识和解决方案应用于新的领域。这使得 TRIZ 能够为各个领域的创新问题提供理论指导和实用工具，促进创新的发展，提升解决复杂问题的能力。如今，TRIZ 已经正式成为一个可以跨学科的创新方法，能够为多个领域的问题解决提供启

发和支持。人们通过灵活运用TRIZ的原则和工具，可以在不同领域中更加系统地分析和解决问题，推动创新的发展。

专栏——TRIZ的培训

成立于1997年9月的博实公司是一家上市公司。其主要业务包括石化和化工后处理成套装备的研发、设计、生产和销售，同时为客户提供相关的技术服务。公司拥有一支以博士和硕士为主的专业研发团队，曾承担过多项国家863计划、国防科工委、黑龙江省和哈尔滨市等各级重点科技计划项目。公司在科研开发能力和实际工程应用经验方面具有很强的实力。目前，公司已获得有效授权的专利68项（其中包括23项发明专利）和32项计算机软件著作权，其产品技术水平一直处于国内领先地位。经过多年的努力，博实公司已成为国内少数几家能够独立研制、开发、生产和系统集成石化、化工行业后处理成套装备的厂商之一。公司的系列高新技术产品已覆盖国内除西藏外的所有省区，并在俄罗斯、哈萨克斯坦、泰国、巴基斯坦等十多个国家销售。科学技术部还将该公司认定为"国家高技术研究发展计划（863计划）成果产业化基地"和"国家级创新型试点企业"。

从2008年开始，博实公司的研发人员开始了解TRIZ理论，并派遣一名员工参加由德国柏林现代TRIZ学院的澳尔洛夫教授主讲的TRIZ理论培训班。随后，该员工将培训班的学习内容向公司的所有研发人员进行了初步讲解，从而使得研发人员开始了解和学习TRIZ理论。2011年2月，公司邀请黑龙江省技术创新方法研究会组织的专家团队为研发人员举办了为期4天的TRIZ培训，使研发人员全面系统地学习了TRIZ理论以及如何运用这种创新方法解决实际问题的步骤和工具。参加此次培训的技术人员共计65人。2013年2月，公司再次邀请黑龙江省技术创新方法研究会组织专家团队，为尚未接受过TRIZ理论学习的研发人员举办了为期5天的培训。参加培训的31名学员提出了31个技术问题，并共同产生了179个解决方案和71个可行性方案，其中还包括12个专利预案。

资料来源：http://epaper.hljnews.cn/hljrb/20190528/423077.html。

第二节　系统与系统思维

一、什么是系统

"系统"一词起源于古希腊语，意为"由部分构成整体"。亚里士多德曾说："整体大于部分之和。"这表明对系统的研究在古代就已经开始了。人们认识到"宇宙、自然、人类，一切都在一个统一的运转系统之中。世界是关系的集合体，而非仅仅是实物的集合体"。这是人们对系统最初的认知。朴素的系统观指的是一个能够自我完善、达到动态平衡的元素集合，因此系统可以理解为是一个能够自我完善并保持动态平衡的物体集合。随着人们对自然系统的认识不断深入，从自然系统到人造系统和复合系统的演进过程，系统的概念逐渐成熟。系统的概念发展大致经历了四个阶段：古代整体系统观、近代机械系统观（实现单一功能）、辩证系统观（整体与部分、运动与静止、联系与制约）以及现代复杂系统观（多功能的组合体、多功能相互交互的结果）。例如，气象系统是由季节不断变化形成的，动物种群则依赖于食物链系统、水循环系统等。

我们通过对自然科学和工程技术的研究，发现任何系统（如生物学系统、技术系统、信息系统和社会系统等）的发展本质上都是相通的。人类已经建立了关于生物学系统和经济系统演化的理论，但对技术系统的类似研究才刚刚开始。我们正逐渐认识到系统是相互关联、相互作用的集合体，而系统的理论和方法可以应用于各个领域，为我们理解和解决问题提供了有力的工具。

因此，对系统的研究和应用具有重要意义，它可以帮助我们深入理解事物之间的关系和相互作用，揭示系统的内在规律，并为解决问题和实现创新提供指导。随着对系统思维的不断深入和应用的扩展，我们有望在各个领域中更好地理解和应用系统的原理和方法，推动科学、技术和社会的发展。

二、关于技术系统

在TRIZ理论背景下，我们讨论的系统通常指的是技术系统。技术系统是由人类设计、建立和运行的系统，旨在实现特定的目标或满足特定的需求。它是由各种相互关联的技术要素组成的集合体，包括硬件、软件、工艺、人力资源和管理等方面。技术系统通常涉及工程、科学和技术等领域，它们是人类在实现特定目标时运用技术手段的产物。技术系统首先符合系统的一般性定义，包括系统的五个基本要素：输入、处理、输出、反馈和控制，并具有一般性系统所应具备的所有特性，比如系统中各成分的关联性及结构的层次性等。而作为一种特殊的系统形式，与自然系统相比，技术系统还具有人造性与功能性等特征，具体可以体现为以下几方面。

（1）人为设计和创造。技术系统是人类根据特定目标和需求，通过设计、创造和组织各种技术要素而形成的。人类对技术系统的设计和运作具有主导作用。

（2）可预测性和可控性。由于技术系统是人为创建的，它们通常具有可预测性和可控性的特点。人们可以通过对技术系统的设计和操作进行控制，以实现预期的目标和效果。

（3）可修改和可优化性。技术系统通常具有可修改和可优化的特点。随着技术的发展和需求的变化，人们可以对技术系统进行改进、升级和优化，以提高其性能、效率和可靠性。

（4）目标导向性。技术系统的存在是为了实现特定的目标和满足特定的需求。它们通常以某种方式服务于人类的目标，例如提供便利、提高效率、改善生活质量等。

（5）可持续性和环境影响。技术系统的设计和运行应考虑到可持续性和环境影响。人们在构建技术系统时需要平衡经济、社会和环境的需求，以确保其长期的可持续发展和对环境的影响最小化。

总的来说，技术系统是人类根据特定目标和需求设计、建立和运行的系统，具有可预测性、可控性、可修改性、目标导向性以及可持续性和环境影响等特征。它们在现代社会中扮演着重要的角色，推动着科技文明的发展。

三、系统分析

系统分析在TRIZ方法中扮演重要角色，通过运用系统分析，人们可以更全面地理解和分析问题，找到系统性的解决方案。它有助于发现隐藏在问题中的矛盾，识别系统的瓶颈，从而提供更创新和更高效的解决方案。人们通过系统分析，能够对复杂的技术和创新问题有更深入的洞察，并能够预测和调控系统的行为和发展。TRIZ理论中的系统分析流程如图5-3所示。

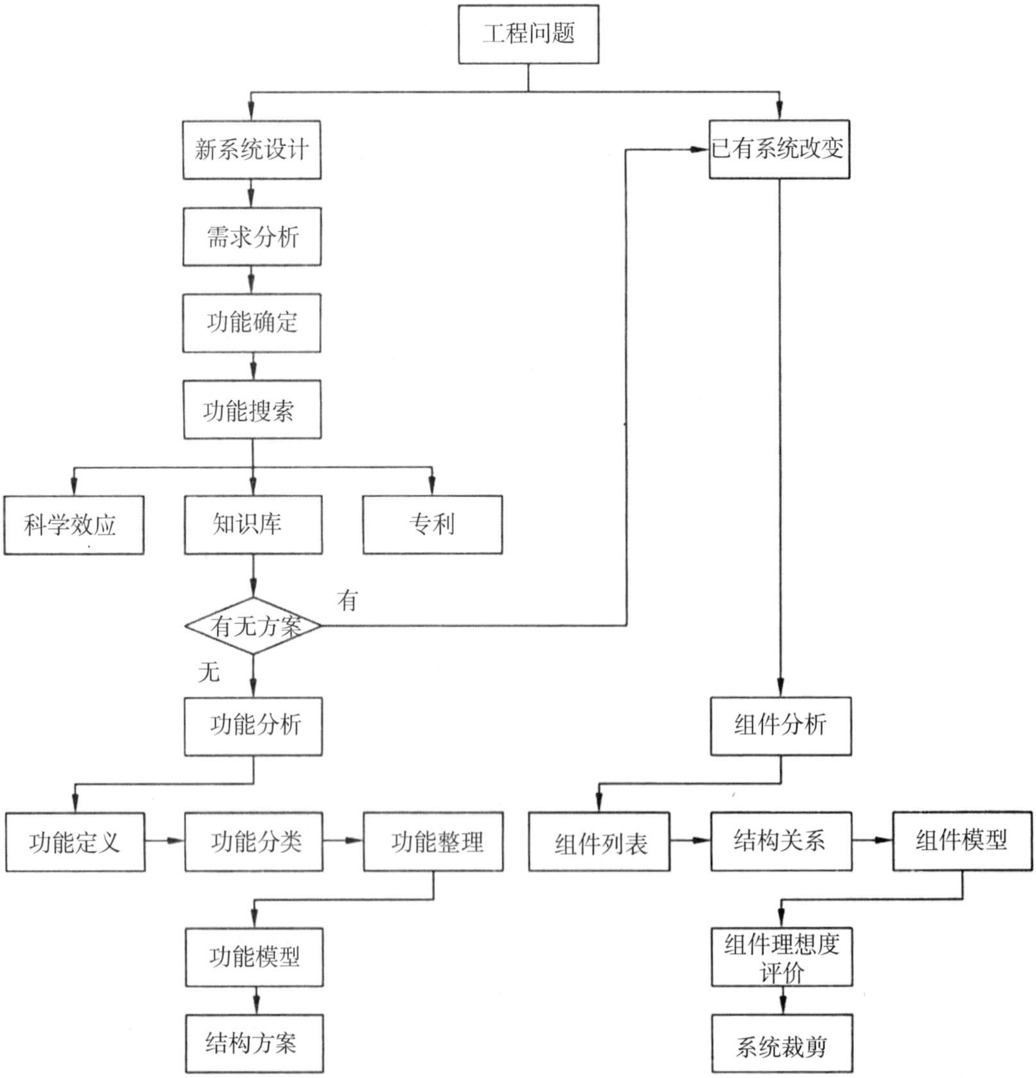

图5-3　TRIZ理论中的系统分析流程

在 TRIZ 系统中，系统思维是在技术创新中一种不可或缺的思维方式。系统思维强调将问题看作一个整体系统，而不是孤立的个体或部分。它关注系统内部各个组成部分之间的相互关系和相互作用，以及系统与外部环境之间的互动。系统思维涉及以下几个方面的主张。

（1）综合思维。系统思维强调从综合的角度看待问题，关注系统整体的特征和性质。它要求人们超越单一因素的局限，考虑各个要素之间的相互影响和相互作用，从而更全面地理解问题的本质。

（2）系统边界思维。系统思维要求明确界定系统的边界，确定系统所包含的要素和范围。人们通过界定边界，可以将问题从复杂的整体中分离出来，更好地进行分析和解决。

（3）关联思维。系统思维关注系统内部各个组成部分之间的相互作用。它强调变量之间的关联性和相互依赖关系，认识到改变一个变量可能会对整个系统产生连锁反应。

（4）反馈思维。系统思维考虑反馈机制对系统行为的影响。反馈可以是正向的，加强某种行为或状态，也可以是负向的，抑制某种行为或状态。分析和调整反馈机制，可以引导系统朝着预期的方向发展。

（5）目标导向思维。系统思维强调系统的整体目标和局部目标之间的关系。它要求解决问题的努力与整体目标相一致，通过优化系统的各个要素来达到更好的整体性能。

> **专栏——交通系统中的"乾坤"**
>
> 一个运用系统分析的创新案例是智能交通系统的设计与优化。智能交通系统旨在提高交通流量的效率、减少交通拥堵、增强交通安全和改善出行体验。人们通过系统分析，能够全面了解交通系统的复杂性，并提供创新的解决方案。
>
> 在交通系统中，系统分析起到了关键的作用。首先，人们通过对交通系统的各个组成部分进行分析，包括道路网络、交通信号、车辆、行人和乘客等，可以了解它们之间的相互作用和影响。这有助于识别出潜在的矛盾和瓶颈，例如道路拥堵、交通信号不协调等。
>
> 接下来，系统分析可以帮助建立模型来描述交通系统的行为和性能。这些模型可以基于实时数据收集和分析，以及预测未来的交通需求和变化。人们通过对模型的分析，可以预测交通流量的分布、拥堵点和瓶颈，从而制定相应的优化策略。
>
> 基于系统分析的结果，人们可以提出创新的解决方案来优化智能交通系统。例如，通过调整交通信号配时，优化车辆流动和减少停车时间；通过智能导航系统提供实时路况信息，引导驾驶员选择最佳路径；通过智能公交系统优化公交车的运行计划，提高运行效率等等。这些创新的解决方案可以在实际中应用，并通过不断的优化和改进来提升交通系统的性能。
>
> **资料来源：**
> [1] 金茂菁.我国智能交通系统技术发展现状及展望[J].交通信息与安全，2012，30（05）：1-5.

> [2] 赵娜，袁家斌，徐晗.智能交通系统综述 [J].计算机科学，2014，41（11）：7-11+45.
>
> [3] 许爱国.城市轨道交通再生制动能量利用技术研究 [D].南京：南京航空航天大学，2009.
>
> [4] 王笑京，沈鸿飞，汪林.中国智能交通系统发展战略研究 [J].交通运输系统工程与信息，2006，（04）：9-12.
>
> [5] 张生瑞.公路交通可持续发展系统分析与评价 [D].西安：长安大学，2002.
>
> [6] 《中国公路学报》编辑部.中国交通工程学术研究综述·2016 [J].中国公路学报，2016，29（06）：1-161.

一个实际的例子是中国深圳的交通系统。深圳作为一个快速发展的城市，交通拥堵一度成为其面临的严重问题。深圳通过系统分析和创新的解决方案，采取了一系列措施来改善交通状况，包括优化交通信号配时、建设地铁和公交系统、推广共享单车和电动汽车等。这些措施的实施显著提高了深圳交通系统的效率和可持续性，并为其他城市提供了借鉴和参考。

可以看出，系统分析在智能交通系统设计与优化中发挥了重要作用。它帮助人们全面理解交通系统的复杂性，发现问题并提供创新的解决方案。人们通过系统分析，能够改善交通流量的效率、减少交通拥堵、增强交通安全和改善出行体验，为城市的可持续发展做出贡献。

第三节　功能分析

一、功能分析的内涵

功能的原始概念最早可以追溯到亚里士多德的哲学思想，他认为事物的本质是由其所能实现的功能所决定的。这种观点强调了事物存在的目的和功能，并将功能视为事物存在的根本原因和特征。

"功能"是一个广泛应用于不同领域的概念，它描述了一个系统或物体所具备的实现特定目标、完成特定任务的能力或行为。在工程学、设计、创新和系统思考等领域中，功能分析和优化是一种常用的方法和工具，用于理解系统的目标和作用，发现问题并找到解决方案。在工程和创新领域，功能的概念得到了进一步发展和应用。在TRIZ理论中，功能分析是解决问题和创新的关键概念之一。人们通过分析系统或物体的功能，可以揭示出问题和矛盾，并寻找创新的解决方案。TRIZ系统将功能分为主功能和次功能两种类型，主功能是系统或物体的核心目标和关键功能，次功能是额外的、附加的功能。

需要注意的是，TRIZ系统理论中对功能概念的解读与日常生活中人们对功能含义的理解有所区别。在TRIZ系统理论中，功能的概念与产品或技术系统的特定工作能力密切相关，它是对这种能力的抽象化描述。这种对功能的定义与产品的用途、能力和性能等概念有所区别。具体而言，TRIZ 系统对功能的理解是指产品或技术系统所能实现的特定任务或完成的特定工作，它描述了产品或系统在实际运行中具备的能力和特性，而不仅仅是产品的一般用途或目的。功能可以看作是产品存在的理由，它们为产品提供了实际的使用价值。举例来说，以钢笔为例，其用途是写字，但功能是存送墨水。这意味着钢笔的功能不仅仅是用于书写，还包括了将墨水从墨囊中输送到笔尖的能力。类似地，铅笔的用途是写字，但功能是摩擦铅芯，即通过摩擦来使铅芯磨损并留下痕迹。毛笔的用途也是写字，但功能是浸含墨汁，即能够吸取墨汁并在纸上留下墨迹。

功能分析在 TRIZ 系统中的应用包括功能分析矩阵、功能模块图等工具和方法。这些工具帮助工程师和创新者识别系统的功能，发现功能之间的冲突和矛盾，并提供解决问题的启示和创新的方向。TRIZ 系统强调功能的抽象化描述，这使得人们可以更深入地理解产品或系统的工作原理和能力，并从中获得更多的创新启示。TRIZ 系统通过准确定义和分析功能，提供了解决问题和改进设计的方法和工具，帮助人们更好地理解产品和技术系统的核心特性，并寻找创新的解决方案。

二、功能分析的特征

在 TRIZ 理论中，功能的描述应该满足以下要求。

（1）抽象化描述。功能应以抽象的方式描述，而不是具体的物体或操作。它应该描述系统或组件所执行的特定工作能力，而不是涉及具体的实现细节。

（2）独立性。功能应该独立于特定的解决方案或技术。它应该描述系统或组件所需的工作能力，而不依赖于特定的方法或手段。

（3）目标导向。功能描述应明确指出所追求的目标或结果。它应该表明功能的目的是什么，以及所要实现的效果是什么。

（4）系统角度。功能描述应从系统的角度来考虑，而不仅仅是单个组件或部件的功能。它应该涉及系统中各个组件之间的相互关系和互动。

（5）因果关系。功能描述应明确说明功能之间的因果关系。它应该表达某个功能是为了实现另一个功能而存在的。

（6）约束条件。约束条件在功能描述中的作用是指明了系统或组件在实现功能时所受到的限制和限定。这些约束条件可以包括资源的限制、技术的限制、环境的限制、成本的限制等。将约束条件纳入功能描述，可以更全面地考虑问题的实际情况和限制因素，从而寻找创新的解决方案。

（7）清晰简明。功能描述应具备清晰、简明的特点，以确保理解和传达的准确性。它应该避免模糊或含糊不清的表述，使人们能够准确地理解其意义。

阿奇舒勒在对功能的研究中发现了以下规律。

（1）所有功能可以分解为三个基本元件。

（2）一个已存在的功能必定由三个基本元件构成。

(3) 将相互作用的三个基本元件进行有机组合，将产生一个功能。

作为TRIZ的基础理论之一，阿奇舒勒的这些定律强调了功能的基本结构和组成方式。根据他的研究，任何功能都可以被看作是由三个基本元件相互作用而成。这些基本元件可能是物质、能量、信息或其他形式的实体。他的研究还指出，一个已存在的功能必然由这三个基本元件构成，没有例外。这些定律的发现表明功能的普遍性和一致性，它们提供了在TRIZ中进行功能分析和创新的基础。理解和应用这些定律，人们可以更好地理解系统的功能结构，并通过有机组合这三个基本元件来创造新的功能。这为问题解决和创新设计提供了一种系统性的方法和思路。

TRIZ中将功能分为以下五类。

有效完整功能（Effective Full Function）：该功能的三个元件都存在且都有效，能够实现设计者所追求的预期效果，是设计的理想状态。

不完整功能（Incomplete Function）：组成功能的三个元件中，部分元件缺失或不存在，需要增加额外的元件才能实现有效完整功能，或者可以通过引入新的功能来替代缺失的元件。

非有效完整功能（Ineffective Full Function）：功能中的三个元件都存在，但设计者所追求的作用无法完全实现。例如，产生的力不够大或温度不够高，需要进一步改进以达到要求。

过剩完整功能（Excessive Full Function）：功能中的三个元件都存在，但设计者所追求的作用超出了实际需要。例如，产生的力过大或温度过高，需要进行优化以满足要求。

有害功能（Harmful Function）：功能中的三个元件都存在，但产生的结果与设计者所追求的目标相冲突，对系统造成负面影响。创新的过程中需要消除有害功能，以实现更好的设计。

这些分类帮助设计者识别功能的特点和问题，指导他们在创新设计和问题解决过程中进行改进和优化。分析不同类型的功能，可以发现潜在的矛盾和改进方向，从而实现更高效、更可靠的系统设计。

三、功能模型分析

功能模型分析是对系统进行分解的方法，旨在获得系统中的标准功能、不足功能、过剩功能和有害功能，从而帮助工程技术人员更加详细地理解工程系统中各组件之间的相互作用。从设计的角度来看，系统中的每个组件都有其存在的目的，即提供特定的功能。通过功能模型分析，可以重新发现系统组件的目的和其性能表现，进而发现问题的核心，并运用其他方法进一步改进。

功能模型分析将已有产品或基础产品以模块化的方式表示，并明确功能和组件之间的关系。建立功能模型的过程分为以下两个步骤。

(1) 确定元件、制品和超系统：在功能模型中，需要明确系统中的各个组件，包括功能元件和产品制品。同时，还需要考虑超系统，即系统所嵌入或所依赖的更大范围的系统。

（2）进行作用（或连接）分析：在这一步骤中，对系统中的功能进行详细分析，明确各个功能之间的作用关系或连接关系。这有助于揭示系统中各个功能的依赖性和相互作用方式。

功能模型分析的目的是更好地理解系统的功能结构和相互关系，以便找到系统中存在的问题和改进的机会。工程技术人员通过对功能模型的建立和分析，可以识别系统中的弱点和瓶颈，并提供指导和支持，以实现系统的优化和创新。

专栏——小米手机的诞生

中国企业小米的创新案例中应用了功能模型分析方法。在设计和改进其首款小米手机时，小米工程团队使用了功能模型分析方法来深入了解系统组件之间的相互作用，发现问题和寻求创新的解决方案。

小米工程团队通过功能模型分析，可以识别出手机的标准功能（如通话、短信、上网等），不足功能（如电池续航、摄像头质量等），过剩功能（如多余的预装应用、复杂的用户界面等），以及有害功能（如过度发热、信号干扰等）。

基于这些分析结果，小米工程团队可以对手机的设计进行改进。例如，他们注重用户反馈和市场需求，针对电池续航问题进行优化，采用更大容量的电池和节能技术。同时，他们关注摄像头质量，引入更先进的摄像技术和图像处理算法，提供更好的拍照体验。此外，他们也致力于简化用户界面，减少预装应用的数量，提升用户的操作体验。

小米通过功能模型分析，能够更加全面地了解手机系统的各个方面，并找到改进和创新的机会。他们将用户需求和技术创新结合起来，不断改进产品的功能和性能，提供更具竞争力的产品给消费者。

首款小米手机成功推入市场后，设计团队继续应用功能模型分析的方法，通过深入分析系统组件的功能和相互作用能够识别问题并提供创新的解决方案，从而不断改进他们的产品和服务。这种方法帮助小米保持了市场竞争力，并赢得了广大消费者的青睐。

资料来源：

[1] 黄艳，陶秋燕.迭代创新：概念、特征与关键成功因素 [J].技术经济，2015，34（10）：24-28.

[2] 王铁男，涂云咪.管理创新能力调节下技术创新能力对企业绩效的影响 [J].技术经济，2012，31（10）：25-32.

[3] 戚英华.轻资产运营模式下的企业财务战略——以小米手机为例 [J].财会通讯，2017，(08)：58-62.

[4] 张燚，李冰鑫，刘进平.网络环境下顾客参与品牌价值共创模式与机制研究——以小米手机为例 [J].北京工商大学学报（社会科学版），2017，32（01）：61-72.

[5] 宝凯馨，林刚.基于互联网思维的品牌传播策略研究——以小米手机为例 [J].品牌（下半月），2014，（06）：78-80.

第四节　组件分析

组件分析的意义体现在以下四个方面。

（1）明确组件之间的相互关系和匹配：通过组件分析，可以清晰地了解各个组件之间的相互关系，找到合适的组件匹配方案，优化系统的结构。

（2）降低成本、提高组件价值：通过组件分析，可以识别出系统中的低价值组件或冗余组件，并进行剪裁或替换，从而降低系统的成本，并提高组件的价值。

（3）厘清系统的功能结构：组件分析有助于理清系统的功能结构，揭示系统中各个组件的作用和功能，帮助识别系统中存在的问题和瓶颈。

（4）优化系统功能：通过组件分析，可以减少实现系统功能所需的资源和消耗，实现以较小的代价获得更大价值的系统的目的，从而提高系统的理想度。

组件分析的主要步骤：建立组件列表、建立结构关系、建立组件模型。

一、建立组件列表

组件在技术系统中扮演着重要的角色，它们具备一定的功能，可以被视为系统的子系统。同时，系统作用对象是系统功能的承受体，是一种特殊的超系统组件。以眼镜为例，它是一个技术系统，由镜片、镜框和镜脚组成。而镜脚又由金属杆和塑料套构成。同时，手、眼睛、耳朵、鼻子和光线则是系统作用对象。建立组件列表的目的是更好地理解技术系统的组成，明确各组件之间的关系。建立组件列表，可以系统地分析和描述系统的组件结构，为问题解决和改进方法提供基础。组件列表的使用可以帮助工程设计人员和创新团队更好地理解技术系统，并在不同阶段对系统进行有效管理和优化。

在进行组件分析时，首先需要建立组件列表，描述系统的组成和各个组件的层级关系。这一步骤回答了技术系统由哪些组件组成，包括系统作用对象、技术系统组件和子系统组件，以及与系统组件相互作用的超系统组件。至少需要将技术系统分为两个组件级别，即系统级别和子系统级别。超系统指的是包括系统在内的更大系统，具有以下特点：

（1）超系统无法被删除或重新设计；

（2）超系统可能对系统产生问题或影响；

（3）超系统可以为解决系统中的问题提供资源；

（4）超系统是分层级的，只有对系统产生影响时才被列入考虑范围。

通过组件分析，可以更好地理解系统的组成部分，并确定其层级关系。这有助于揭示系统中的问题，优化组件结构，并利用超系统资源解决系统问题。组件分析是TRIZ理论中常用的方法之一，帮助工程设计人员和创新团队深入理解和改进技术系统。

建立组件列表时应参考以下原则：

（1）在特定条件下分析具体的技术系统；

（2）根据技术系统组件的层次建立组件列表；

(3) 进一步分析和完善组件列表；
(4) 针对技术系统的不同生命周期阶段，可以建立独立的不同组件列表。

二、建立结构关系

建立结构关系是指描述组件之间的相互关系，并基于组件列表建立组件的结构关系。建立组件结构关系通常使用结构矩阵和结构表格两个模板，其中矩阵用于检查每对组件之间的关系，表格用于详细描述这对组件之间的相互作用关系。建立组件结构关系的原则如下。

（1）基于组件列表绘制系统组件之间以及组件与超系统组件之间的相互关系，进而建立组件的结构关系。

（2）使用矩阵和表格依次建立结构关系，根据组件列表明确组件之间的相互关系。

（3）在技术系统生命周期的不同阶段，可以建立独立且不同的组件结构关系；通过分析系统组件之间以及组件与超系统组件之间的相互作用，发现技术系统的新功能。

（4）在填写作用表格时，需要对组件之间的相互作用进行功能质量评价。根据每个功能对系统主要功能的关系，将其分为有用作用（充分、不足、过度）和有害作用。

（5）在结构关系中，组件之间的作用可以有多个。

（6）如果结构关系中的某个组件只与一个组件直接相连，应将该组件从结构关系中去除，并将其作为与其有关系的组件的子系统。

（7）如果在组件列表中存在某个组件与系统中的其他组件没有关系，应从作用关系中将该组件删除。

建立组件的结构关系，可以更清晰地了解系统中组件之间的相互作用，为问题解决和改进提供基础。这种分析方法可以帮助工程技术人员优化组件的配置和组织，提高系统的功能效能和价值。

三、建立组件模型

建立组件模型是指使用规范化的功能描述，揭示整个技术系统中所有组件之间的相互作用关系以及实现的系统功能。在组件模型中，不同功能类型采用不同的线段表示，将各组件之间的所有功能关系展示出来，形成系统组件模型图。建立组件模型的原则如下：

（1）针对特定条件下具体的技术系统进行功能描述；
（2）功能是通过作用来体现的，在功能描述中必须使用动词来反映该功能；
（3）功能存在的条件是作用改变了功能受体的参数；
（4）功能陈述应包括作用和功能体，使用能表明功能受体要做什么的作用动词；
（5）在陈述功能时可以增添补充部分，指明功能的作用区域、作用时间、作用方向等。

建立组件模型，可以清晰地描述系统中各组件之间的功能关系，以及功能的作用效果。这样的模型有助于工程技术人员全面理解系统的结构和功能，为问题解决和创新设计提供指导。组件模型图可以提供系统功能的整体视图,帮助人们分析和优化系统的性能,从而实现系统的改进和创新。

> **专栏——智能家居中的各个"组件"**
>
> 一个运用组件分析的创新案例是智能家居系统设计。智能家居系统通过将各种智能设备和传感器连接到一个中心控制系统,实现家庭设备的自动化控制和智能化管理。在设计智能家居系统时,使用组件分析可以帮助明确系统的具体组件、组件之间的层级关系以及功能关系,从而构建系统的功能模型。在智能家居系统设计中,组件分析可以从以下几个方面进行。
>
> (1)硬件组件。对智能家居系统中的各种硬件设备进行分析和确定。例如,安全监控摄像头、智能灯具、温度传感器等。对硬件组件进行分析,可以明确每个组件的功能和特性,以及它们之间的连接方式和交互方式。
>
> (2)软件组件。智能家居系统通常需要运行软件来实现自动化控制和智能化管理。通过组件分析,可以确定所需的软件组件,包括中心控制系统、移动应用程序、远程监控平台等。对软件组件进行分析可以明确每个组件的功能和交互方式,以及它们与硬件组件的连接方式。
>
> (3)通信组件。智能家居系统中的各个组件需要进行通信和数据交换。通过组件分析,可以确定所需的通信组件,例如无线通信模块、网络路由器等。分析通信组件可以帮助确定数据传输的方式和通信协议,确保系统各个组件之间的正常通信和数据交换。
>
> (4)功能关系。组件分析还可以帮助确定系统中各个组件之间的功能关系。例如,通过分析和定义组件之间的输入和输出接口,可以明确各个组件的功能和相互之间的依赖关系。这有助于确保系统的各个组件协同工作,实现预期的智能家居功能。
>
> 通过组件分析,设计智能家居系统可以更加系统化和有序,明确各个组件之间的联系和功能关系。这有助于提高系统的稳定性和可靠性,并为智能家居系统的创新提供基础。
>
> **资料来源:**
>
> [1] 邓昀,李朝庆,程小辉.基于物联网的智能家居远程无线监控系统设计[J].计算机应用,2017,37(01):159-165.
>
> [2] 邓中祎.智能家居控制系统设计与实现[D].哈尔滨:哈尔滨工业大学,2015.
>
> [3] 王朝华,陈德艳,黄国宏,等.基于Android的智能家居系统的研究与实现[J].计算机技术与发展,2012,22(06):225-228+233.
>
> [4] 王凯明.智能家居系统的研究[D].西安:西安科技大学,2005.
>
> [5] 李鸿.几种智能家居网络控制系统方案的分析与比较[J].现代电子技术,2010,33(03):143-146.
>
> [6] 俞文俊,凌志浩.一种物联网智能家居系统的研究[J].自动化仪表,2011,32(08):56-59.

第五节 因果分析

因果分析法是一种用于确定问题根本原因和解决方案的方法。它帮助人们深入分析问题，找出问题发生的根本原因，以及解决问题的可能途径。这种方法有助于避免仅仅处理问题的表面症状，而是关注问题背后的根本因素，从而实现更有效的问题解决。

常见的因果分析方法有五个"为什么"：故障树分析、鱼骨图分析、因果矩阵分析、失效模式与后果分析等。这些分析方法在问题解决、故障排除、风险评估和系统优化等领域都有广泛的应用。每种方法都有其特定的应用场景和优势，选择适当的方法取决于具体的问题和目标。

一、五个"为什么"

五个"为什么"是一种追溯问题根本原因的方法。通过反复提问"为什么"来逐层深入分析问题，找出潜在的根本原因。这个方法的起源可以追溯到日本的质量管理专家、丰田汽车公司前董事长丰田喜一郎。丰田喜一郎认为通过不断提问"为什么"可以揭示隐藏在表面问题背后的根本原因，从而避免问题再次发生。

这个方法的基本思路是：当面临一个问题时，首先提出一个问题的原因，然后问自己"为什么"这个原因会发生，继续追问下去，直到找到问题的根本原因或根源。通常使用五个问题作为一个经验性的指导，但实际上可能需要更多或更少的问题。

五个"为什么"方法的应用广泛，特别是在质量管理、问题解决和持续改进领域。它可以帮助识别问题的根本原因，而不仅仅是解决表面症状。深入分析问题，找到根本原因，可以采取更有针对性的措施来解决问题，并避免问题再次发生。此外，这种方法还可以培养团队的问题解决能力和批判性思维，促进团队的学习和改进。

五个"为什么"方法不仅在制造业和工程领域得到广泛应用，也可以应用于其他领域，如服务行业、管理领域和个人生活。它不仅适用于单个问题的分析，也可以用于复杂问题和系统性问题的解决。以下重点介绍故障树分析和鱼骨图分析。

二、故障树分析

故障树分析是一种用于分析系统故障原因和影响的可靠性工具，是一种自上而下的演绎式失效分析方法，通过使用布尔逻辑来组合低级事件，分析系统中不希望出现的状态。它通过构建故障树图，从系统级别到组件级别，逐步追溯和分析故障事件的根本原因，以确定导致故障的基本故障事件和条件。故障树分析的起源可以追溯到20世纪60年代，最初由美国国防部的军事和航天项目使用。后来，在核能、航空航天、汽车工业等领域得到广泛应用。故障树分析的发展得益于可靠性工程和系统安全的研究和实践。

故障树分析的基本思想是将系统故障事件表示为一棵树状结构，其中根节点表示最终的故障事件，分支节点表示可能的故障原因或事件发生条件，叶节点表示最基本的故障事件。故障树分析通过定义逻辑门（如与门、或门）来描述事件之间的关系，从顶部根节点开始，通过逻辑门和事件之间的逻辑关系，逐级分解和追溯，直到找到最基本的故障事件。

总而言之，故障树分析是一种强大的因果性分析工具，通过自上而下的方法，帮助分析人员理解系统中不希望发生的失效状态，并通过识别潜在的故障路径和原因来降低风险和提高系统的可靠性。它在多个行业中发挥重要作用，并在安全工程、可靠性工程和风险管理等领域得到广泛应用。

故障树分析的应用主要包括以下几个方面。

（1）可靠性分析：故障树分析可以识别系统中可能导致故障的基本事件和条件，评估系统的可靠性指标，如失效概率、失效模式和影响等，以指导可靠性改进措施。

（2）故障排除：故障树分析可以帮助确定系统故障的根本原因，并找出可能的故障路径和相关的故障事件，以支持故障排除和修复工作。

（3）风险评估：分析系统中的故障树，可以评估和量化各种故障事件的风险和潜在后果，以指导风险管理和决策。

（4）设计优化：故障树分析可以帮助设计工程师识别和分析系统设计中的潜在故障路径和关键组件，以提供改进设计的建议和指导。

（5）安全分析：故障树分析在安全工程中广泛应用，用于识别和分析可能导致事故和灾难的故障事件和条件。通过构建故障树，可以评估系统安全性，并提供改进安全性的建议和措施。

（6）可用性分析：故障树分析可以帮助评估系统的可用性和维修策略。通过分析故障树，可以确定导致系统不可用的故障事件和条件，从而指导制订维修计划和优化可用性。

（7）决策支持：故障树分析提供了系统故障和风险的可视化显示，可以为决策者提供直观的信息，帮助他们在复杂的决策环境中做出明智的选择。

尽管故障树分析在可靠性工程和系统安全领域有着广泛的应用，但也有一些限制和挑战。其中包括故障树的构建和分析需要准确的数据和专业知识，且在复杂系统中构建故障树可能会很复杂和耗时。此外，故障树分析也受到数据不确定性和模型假设的影响。

三、鱼骨图分析

鱼骨图分析也称为因果图，是一种用于问题分析和原因识别的工具。它通过图形化的方式将问题的可能原因分成多个类别，帮助团队系统地思考问题，并找出潜在的根本原因。鱼骨图的名称源自其形状，它看起来像是一条鱼的骨架，其中问题或目标被放在图形的中心，而与问题相关的可能原因则通过鱼骨状的分支展开。这种分析方法最初由日本质量管理专家石川馨（Kaoru Ishikawa）于20世纪60年代提出，并在质量管理领域广泛应用。石川馨将其作为质量改进工具的一部分，以帮助团队识别和解决问题。

鱼骨图分析方法是一种将问题和原因以类似鱼骨的图样进行连接的方法。在鱼骨图中，鱼头代表问题点，鱼骨则代表问题的原因，而鱼骨又可以分为大鱼骨、小鱼骨和细鱼骨。小鱼骨是大鱼骨的支骨，细鱼骨是小鱼骨的支骨，如果需要，还可以进一步细分。大鱼骨表示问题的主要方向，小鱼骨是大方向的子因，而细鱼骨则是小鱼骨的子因。鱼骨图分析可以将问题和其可能的原因整理和分类，以便更好地理解问题的本质和影响因素。

鱼骨图分析法通常与头脑风暴法结合使用，是一种比较有效的寻找问题原因的方法之一。团队成员可以通过头脑风暴的方式，自由讨论和提出各种可能的原因，并将这些原因归纳到鱼骨图的相应部分。这种结合方法能够激发团队的创造力和想象力，帮助他们全面地考虑和分析问题，并找到潜在的根本原因。

根据不同类型的问题，可以采用不同的鱼骨图模板。根据问题的性质和领域，可以选择合适的鱼骨图模板来组织和展示问题及其原因。这些模板可以根据需要进行定制，以适应特定问题的分析和解决过程，图5-4展示两种常见的鱼骨图类型。

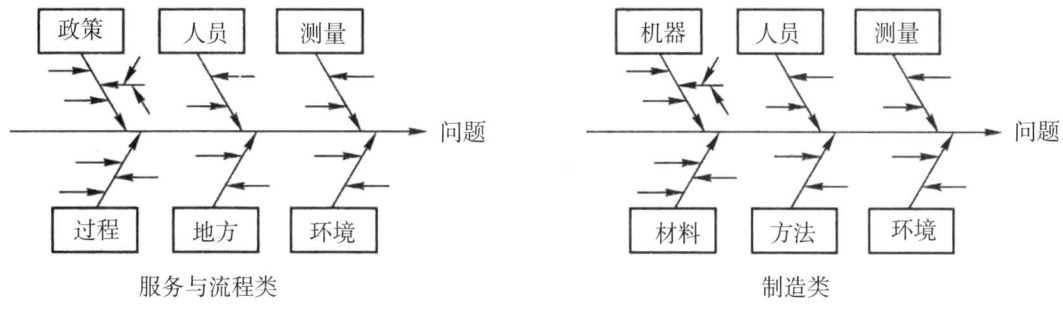

图5-4 两种常见的鱼骨图

在使用鱼骨图进行分析时，一般遵循以下步骤。

（1）确定问题或目标。明确要解决的问题或达成的目标，并将其写在鱼骨图的中心。

（2）确定主要类别。根据问题的性质和领域，确定适当的主要类别。常见的类别包括人员、方法、机器、材料、环境、测量等，这些类别将作为鱼骨图分支的主干。

（3）细分原因。在每个主要类别下，团队成员开始思考可能的原因，并将其作为分支与主干相连。这些原因可以是直接的、表面的原因，也可以是间接的、潜在的原因。团队可以通过头脑风暴、讨论和数据分析来确定各个分支下的具体原因。

（4）分析原因。团队成员对每个分支下的原因进行分析和评估，以确定其是不是问题的真正根本原因。团队成员可以使用进一步的数据分析、实证研究和专家意见来支持这个过程。

（5）优先排序。对确定的原因进行优先排序，以确定哪些原因对问题的影响最大，哪些原因可以通过改进来解决问题。这有助于团队集中精力解决最关键的原因。

团队通过鱼骨图分析，可以全面地探索问题的潜在原因，并将其以视觉化的方式呈现出来。这有助于团队成员共享知识、理解问题的复杂性，并推动解决方案的制定和实施。鱼骨图还可以促进团队的协作和沟通，使团队成员从不同的角度思考问题。

总之，鱼骨图分析是TRIZ理论中常用的工具之一，它提供了一种结构化的方法来识别问题的根本原因，帮助团队在问题解决和改进过程中做出明智的决策。团队通过系统地分析和理解问题的因果关系，能够找到创新和改进的机会，推动持续的发展和进步。

> **专栏——学会鱼骨图，问题无遁形**
>
> GQ集团是中国一家领先的汽车制造企业，致力于提供高质量的汽车产品。在生产过程中，GQ集团面临着一些质量问题，例如某车型的制动系统存在制动力下降的情况。为了解决这个问题，他们采用了鱼骨图分析方法。
>
> 首先，GQ集团组织了一个跨部门的团队，包括生产、质量控制、设计和供应链等相关部门的专家和工程师。然后，他们共同绘制了一张鱼骨图，将问题放在图的右侧，并在图的左侧绘制出造成问题的各个可能因素的分支。
>
> 在分析过程中，团队使用了经验和专业知识，逐步追溯可能的因素。他们将问题的根本原因分为几个主要类别，如工艺参数、材料质量、设备故障、操作人员等。然后，他们进一步细分这些类别，详细考察每个类别中可能导致问题的具体因素。
>
> GQ集团团队通过鱼骨图的分析，最终确定了制动力下降问题的主要原因是工艺参数的不准确和操作人员的技能不足。基于这些发现，他们采取了以下措施来解决问题。
>
> （1）工艺参数优化：GQ集团对制动系统的工艺参数进行了全面的评估和调整，确保每个环节的参数设置准确，以提高制动系统的性能和稳定性。
>
> （2）培训和技能提升：他们组织了培训课程，向操作人员提供了关于制动系统的更深入的知识和技能培训，以提高其对制动系统操作的准确性和专业水平。
>
> （3）质量控制和检测：GQ集团加强了对制动系统质量的监控和检测，引入更严格的质量控制措施，确保每个制动系统都符合规定的质量标准。
>
> GQ集团通过鱼骨图分析和相应的改进措施，成功解决了制动力下降的问题，提升了其车型的质量和性能表现。这个案例展示了鱼骨图分析在解决实际问题中的应用，通过深入分析问题的根本原因，并采取相应的改进措施，企业能够有效地解决质量问题，提升产品和生产过程的质量水平。

第六节 资源分析

一、资源的分类及特征

资源是指在特定环境中可用于生产、创造或满足需求的各种物质、能量、信息和能力等可利用的要素。在TRIZ理论中，资源是指用于解决问题、实现功能和创造创新的各种可用资源。

资源可以根据其性质和特点进行分类，常见的分类包括以下几种。

（1）物质资源：包括原材料、零部件、工具、设备等实体物质，它们可以被直接使用或加工转化为其他形式的物质。

（2）能量资源：包括燃料、电力、热能等各种形式的能量，用于驱动机械设备、提供动力或进行各种能量转换。

（3）信息资源：包括数据、知识、技术文献、专利等信息形式的资源，用于提供参考、指导决策和支持创新活动。

（4）人力资源：包括人员的知识、技能、经验和创造力等个体能力，用于进行思考、设计、生产和创新等活动。

（5）资金资源：包括资金、财务支持、投资等金融资源，用于购买设备、支付成本、开展研发等经济活动。

当然，资源的分类方式多种多样，还可以从时间与空间、功能性等角度进行划分。资源分析是TRIZ理论中的一种重要方法，旨在识别问题解决过程中可利用的各种资源，并寻找资源的最优配置和利用方式。资源分析可以发现问题解决的潜在资源瓶颈和局限性，进而寻求创新的资源利用方式。

资源具有以下基本特征。

（1）生成性。资源在特定的自然和社会条件下生成。我们应该积极创造条件，培育和发展人文资源和社会资源，满足生产活动的需要。

（2）存在的过程性。资源有始有终，具有有限性和时效性。在开发利用资源时，需要把握时机，抓住合适的时机。

（3）社会性。资源是人们开发出来的，是劳动的产物，反映人的利益和要求，用于生产产品满足消费需求。在市场交换中，资源会影响价格、分配、实际利用以及资源本身的开发与利用，从而影响环境问题的发生。

（4）数量的短缺性。资源相对于社会生产的需要呈现不足的现象。自然资源日益枯竭，社会资源和人文资源同样短缺。我们需要克服盲目消耗和浪费资源的情况，合理配制、合理利用资源，提高资源使用效率。

（5）使用的连带性。不同形态的资源在使用上相互连带、制约。对于任何具体资源形态的考察，都应放到大资源背景中，具备系统观、大局观、整体观。资源之间呈现相互依赖、抵触、销蚀的关系。资源功能、开发利用条件及效果等方面需要综合考察，以获取全面有效的建议和对资源趋势的预见。

为实现可持续发展，我们需要积极创造资源、合理利用资源，并在资源管理中采取综合考虑的方法。

二、资源分析方法

资源分析是从系统的角度对资源进行研究和分析的过程，旨在挖掘系统中的隐性资源，将其显性化，并对资源进行系统化的组合、配置和优化。资源分析强调资源之间的联系和配置，以提升系统资源的应用价值或理想度。资源分析的目标是识别和利用系统中的各种资源,包括物质资源(如原材料、设备、工具等)、能源资源、信息资源和人力资源等。人们通过资源分析,可以找到解决问题所需的资源,并在众多可能的方案中找到理想度相对较高的解决方案。

资源分析的步骤可以扩展为以下四步:寻找及发现资源、挖掘及探究资源、整理及组合资源以及评价及配置资源。

(一)发现及寻找资源

在资源分析过程中,首先需要寻找并发现潜在的资源。这包括通过调研、观察、数据收集等方式,确定可能存在的资源类型和来源。人们通过广泛的信息收集和调查,可以发现新的资源潜力和机会。

利用多屏幕法和组件分析法等工具进行资源分析。

(1)多屏幕法。多屏幕法是一种系统性的思考方法,通过时间和系统层次两个维度来全面考虑情境。它强调系统性、动态性和相关性,帮助我们对事物进行综合思考。在资源分析中,可以利用多屏幕法来系统地收集和整理资源,并将其填入表格或模型中,见表5-1所列。

表5-1 多屏幕方法资源列表

项目	物质资源	能量资源	信息资源	时间资源	空间资源	功能资源
系统						
子系统						
超系统						
系统过去						
系统未来						
子系统过去						
子系统未来						
超系统过去						
超系统未来						

(2)组件分析法。组件分析法是指从系统的组成组件入手,明确层级关系,建立组件之间的联系,并明确功能关系,以构建系统功能模型。在资源分析中,组件分析法侧重于从功能的角度寻找资源。我们可以将发现的资源与相应的组件进行对应,并填入表格或模型中,见表5-2所列。

表5-2　组件分析法资源列表

项目	物质资源	能量资源	信息资源	时间资源	空间资源	功能资源
工具						
系统						
子系统						
超系统						
系统作用对象						

我们通过运用这些工具，可以更全面地进行资源分析，有助于识别、整理和理解资源，从而更好地利用它们来满足需求和实现目标。

（二）挖掘及探究资源

一旦资源被发现，下一步是深入挖掘和探究资源的内部特性和潜力。这涉及对资源的详细调查、分析和评估，以了解其特点、品质、数量和可用性。人们通过实地考察、实验研究或数据分析等方法，可以进一步揭示资源的价值和潜在用途。

挖掘资源是指向纵深获取更多有效、新颖、潜在和有用的资源。探索资源是对资源进行分类，针对系统进行聚集，并以问题为中心寻找更深层级的资源区域。派生资源可以通过改变物质资源的形态来获得，主要包括物理方法和化学方法两种。

（1）物理方法。改变物质的物理状态（如相态的变化），包括物理参数的变化（如形状、大小、温度、密度、重量等）以及机械结构的变化（包括直接相关的材料、形状、精度以及间接相关的位置、运动等）。

（2）化学方法。改变物质的化学状态，包括物质分解的产物、燃烧或合成物质的产物。

其中，派生资源可以依据以下方式得到：

（1）如果按照问题描述无法直接获取所需的物质粒子，可以通过分解更高一级的结构来获得；

（2）如果按照问题描述无法直接获取所需的物质粒子，可以通过构造或集成更低一级的结构来获得。

（三）整理及组合资源

资源整合是指工程师对来自不同来源、不同层次、不同结构和不同内容的资源进行识别、选择、汲取、配置，并使其具有较强的系统性、适应性、条理性和应用性的复杂动态过程。

在资源分析的过程中，将不同类型的资源进行整理和组合是至关重要的。这意味着将相关的资源进行分类、组织和结合，以创建更具综合性和协同效应的资源组合。合理的资源整理和组合，可以最大程度地发挥资源的效益和优势。资源整合通过组织和协调，将系统内部相互关联但又相互分离的资源以及系统外部既参与共同使命又具备独立功能的相关资源整合成一个大系统，实现价值溢出的效果。

资源整合是优化配置的过程,根据系统的发展和功能要求重新配置相关资源,以突显系统的核心能力,并寻求资源配置与功能要求的最佳结合点。其目的是通过整合和配置来增强系统的竞争优势,提高资源的利用价值。资源的整合包括资源的整理和组合两个方面。资源整理使用关联图法,旨在将资源与问题联系起来。资源组合使用矩阵图法,旨在将与解决问题相关的资源组合在一起。

(四)评价及配置资源

资源分析的最后一步是对资源进行评价和配置,以确定最佳的资源利用方式和分配方案。这包括对资源的经济、环境和社会影响进行综合评估,以确保资源的可持续利用和最大化价值。同时,根据不同需求和优先级,对资源进行合理的分配和配置,以满足各项活动和目标的要求。

在解决问题的过程中,最佳利用资源的理念与理想度的概念密切相关。事实上,当某一解决方案中使用的资源越少时,解决问题的成本就越低,理想度的指数就越高。这里所说的成本应该理解为广义的成本,而不仅仅是指具体可见的采购价格。

在资源选择方面,资源评估从数量上可以分为不足、充分和无限,从质量上可以分为有用的、中性的和有害的;资源的可用度从应用准备情况来看,可以分为现成的、派生的和特定的,从范围来看可以分为操作区域内、操作时段内、技术系统内、子系统中和超系统中,从价格来看可以分为昂贵的、便宜的和免费的等。最理想的资源是取之不尽、用之不竭、无须付费的资源。

资源配置是指在经济中各种资源(包括人力、物力、财力)在不同的使用方向之间的分配。资源配置的三个要素是时间、空间和数量。在技术系统中进行资源配置时,我们应关注资源的利用效率和系统资源的开放性,区域间资源的充分流动性,并遵循可持续发展的原则。

资源配置的过程不是简单地将资源分配到各个方向,而是需要考虑各种因素的综合影响。我们需要综合考虑资源的稀缺性和可替代性,资源的关联性和互补性,资源的时序性和空间性等因素,以实现最佳资源配置的目标。我们通过科学的资源整合和优化配置,可以实现资源的最大化利用,提高经济效益和竞争力,促进可持续发展的目标实现。

总之,资源的最佳利用和合理配置对于解决问题、提高效率和可持续发展至关重要。我们应该积极寻求创新的资源获取方式,提高资源利用效率,注重资源保护和环境友好型,以实现资源的可持续利用,推动社会经济的可持续发展。

遵循资源分析的四个基本步骤,可以帮助我们更好地管理和利用资源,实现可持续发展的目标。

专栏——TRIZ理论中的40个发明原理

自1946年开始,阿奇舒勒研究网阅读了超过20万份发明专利文献,并从中筛选出了4万份属于第二、第三和第四级别的发明专利。阿奇舒勒通过对这4万份发明专利进行深入的统计和分析，发现尽管这些专利解决的是不同领域的问题，但它们使用的方法和技巧有很多是相同的，即某种方法可以解决不同工程技术领域中类似的问题。因此，阿奇舒勒通过归纳和总结，在1946年至1971年期间从这4万份专利中提取出了40种最常用的解决发明问题的方法，这就是TRIZ理论的40个发明原理（见表5-3所列）。

表5-3 TRIZ中的40个发明原理

序号	原理名称	规则内容
1	空间度量法	利用物体的体积、表面积或长度等特征进行改进
2	时间度量法	利用物体的运动速度、持续时间等特征进行改进
3	分割	将物体或系统分为不同的部分，使其更易处理或进行改进
4	反馈	使用反馈机制来改善系统的性能或控制其行为
5	逆运动	改变物体或系统中的运动方向或轨迹，以达到改进的目的
6	惰性	减少或消除物体或系统的活动或能量消耗
7	键合	使用键合或融合来改进物体或系统的结构或性能
8	静态或动态变换	利用物体或系统的静态、动态特性进行改进
9	逆化或倒转	反转物体或系统的某些特性、操作，以实现改进
10	预先改变	提前准备或改变物体、系统的状态，以适应未来需求
11	存在复制	利用物体或系统中的副本或复制件来实现改进
12	有序性或配对	利用有序排列或配对来改进物体或系统的性能
13	特殊结构	利用特殊的结构形式来改善物体或系统的功能或性能
14	等压或变压	利用不同的压力水平或变压技术来实现改进
15	动态平衡	通过动态平衡来改进物体或系统的稳定性和性能
16	逆用	逆向使用物体或系统的某些部分或特性，以实现改进
17	更换	更换物体或系统中的元素、部件或环境，以实现改进
18	物质的嵌入	在物体或系统中嵌入其他物质或能量，以实现改进
19	物理场的变化	改变物理场的性质或强度，以实现改进
20	过度扩展	过度扩展物体或系统的功能或性能，以满足更高的需求
21	转移	转移物体或系统的位置、方向或环境，以实现改进
22	多功能性	利用物体或系统的多功能性来实现改进
23	逆向化合	逆向组合物体或系统中的元素、部件或特性，以实现改进
24	过程参数的变化	改变过程中的参数或条件，以实现改进
25	焦点转移	将焦点从一个方面转移到另一个方面，以实现改进
26	变化质量	改变物体或系统的质量或特性，以实现改进
27	原位反应	在物体或系统的原位进行反应或改变，以实现改进

续表

序号	原理名称	规则内容
28	透明化	使物体或系统的内部结构或过程可见或可理解,以实现改进
29	粗糙化	改变物体或系统的表面形态或纹理,以实现改进
30	松弛	放松物体或系统的限制、要求或条件,以实现改进
31	过程中断	在过程中引入中断或间隙,以实现改进
32	可调整性	使物体或系统的某些特性可调整或可变化,以实现改进
33	阻尼或阻碍	引入阻尼或阻碍来控制物体或系统的运动或行为,以实现改进
34	理想化	追求物体或系统的理想化状态,以实现更高效的改进
35	参数结构的改变	改变物体或系统的参数或结构,以实现改进
36	相位转换	进行相位转换或变化,以实现改进
37	热传导	利用热传导的特性来改善物体或系统的性能
38	空间弹性	利用物体或系统的弹性特性来实现改进
39	液体或气体压力调整	调整液体或气体的压力来实现改进
40	复合材料的改进	利用复合材料的特性和组合方式来改进物体或系统的性能

资料来源:

[1] 杜洁.基于TRIZ理论的大学生创新创业能力影响要素研究[D].西安:西安科技大学,2014.

[2] 李敏,张明勤,张瑞军,等.TRIZ理论在产品概念设计中的应用研究[J].起重运输机械,2010,(03):20-23.

[3] 张辉.基于TRIZ的新产品创新冲突矩阵的构建[D].天津:河北工业大学,2012.

[4] 张彩丽,杨帆,任工昌.产品创新设计方法中TRIZ和QFD的集成模式研究[J].机械设计与研究,2014,30(05):30-33+37.

[5] 崔憧遥,张简一,杜强,等.TRIZ理论的40个发明原理在儿童家具设计中的应用[J].包装工程,2017,38(02):175-179.

[6] 姚莉娟.基于TRIZ理论的产品创新设计研究及应用[D].广州:广东工业大学,2015.

重要概念

TRIZ理论 系统 技术系统 系统分析 功能 功能分析 组件分析 因果分析 五个"为什么" 故障树分析 鱼骨图分析 资源分析

复习思考题

1. TRIZ方法的起源可以带给我们哪些思考?
2. 用系统分析的方法介绍一项创新发明的设计思路。
3. 用组件分析的方法介绍一项创新发明的设计思路。
4. 用五个"为什么"方法分析一个商业问题的归因。
5. 用鱼骨图分析官渡之战袁绍失败的原因(或其他历史著名战役)。
6. 用资源分析方法探讨现实中一个产品是否存在优化空间。

第六章　国家自主创新体系

学习目标

★ 了解国家自主创新体系的内涵和要素。
★ 了解知识创新的驱动因素和条件。
★ 了解技术创新的要素和过程。
★ 熟悉知识产权的申请流程。
★ 了解知识产权的法律法规。

引例——洛阳理工学院大学科技园

洛阳理工学院大学科技园成立于2015年7月，是由河南省省属全日制本科院校——洛阳理工学院全资兴建的创新创业服务平台，是河南省科技厅、教育厅重点培育的全省五所高校大学科技园之一。2015年12月，学校设立洛阳理工学院大学科技园管理委员会。2018年，洛阳理工学院大学科技园有限公司董事会成立，进一步规范了法人治理结构。科技园公司作为大学科技园市场化运作主体，基于科技园管委会的指导以及学校董事会的意见，按照科技部、教育部对国家大学科技园的管理办法和绩效评价指导意见，明确大学科技园的建设运营、入园孵化项目企业管理、科技成果转化、投融资等市场化运作职能。

2021年6月，洛阳理工学院大学科技园获批为国家级大学科技园。洛阳理工学院国家大学科技园紧紧围绕学校"行业性、地方性、应用性"办学定位，确立了"融入全球创新网络、融汇高端科技资源、融合科教与经济""创意发生、创新引领、创业支持"的三融三创建设发展思路，倡导"创新、开拓、开放、共享"的双创理念，营造良好的创新创业环境，依托学校的学科和科技资源优势，以"科技成果转化、科技企业孵化、创新创业人才培养"为核心功能，以"新材料、机器人与智能制造、大数据与人工智能、文化创意"为重点发展领域，结合学校校区专业分布，采取"一园三区两基地"的建园模式，打造了苗圃（千度创客空间）—孵化器（大学科技园）—加速器（宜阳高科）全链条孵化体系，形成了"空间运营+产业孵化+创新投资+社群运营"一体的综合性创新社区生态。

园区先后获批"国家备案众创空间""国家大学科技园""国家小型微型企业创业创新示范基地"三个国家级创新创业服务平台，三次获评河南省科技企业孵化器绩效评价优秀（A类），同时拥有"河南省首批省级创新创业学院""河南省科技企业孵化器""河南省青年创业创新示范园区""河南省双创基地""河南省技术转移示范机构"等21个省、市级科技产业化服务平台。

第六章 国家自主创新体系

> 2023年，园区在孵企业85家，累计孵化科技型中小微企业281家，其中高校衍生企业122家，占总孵化企业的43.4%。累计培育高新技术企业13家、新四板企业1家，国家备案科技型中小微企业93家，知识产权贯标企业4家，创新型中小企业6家，市级企业研发中心16家，有效知识产权547件，累计孵化毕业企业27家，园区在孵企业累计产值超4亿。
>
> 园区先后举办承办和参与了"洛阳市机器人公开赛""中国第七届大学生机械创新设计大赛河南区决赛""洛阳市第一届大学生创新创业大赛""中国洛阳第三届网商大会""洛阳创业之星创新创业大赛""洛阳直通硅谷创新创业大赛""2021中国机器人大赛""第五届豫创天下创新创业大赛"等赛事。举办了6期"大学生创客CEO集训营"活动。组织和参与省、市、区创新创业论坛及竞赛活动近50余场，组织创业辅导讲座70余场10000余人次，辅导创业团队260余支，举办项目路演60余场次，组织投融资对接40余场次，申报省市各类扶持项目80余项，选送100多个项目及团队、300多名学生参加国家、省、市各类创新创业大赛30余场次，获得市级以上奖励50余项，带动就业1500余人。省委常委、市委书记江凌等20余位省市领导先后莅临考察调研，并作出重要指示。光明日报、经济日报、人民网、腾讯网、搜狐网、河南电视台、洛阳日报、洛阳电视台等各级主流媒体刊发各类新闻稿件500余篇，极大地鼓舞了师生的创新创业热情。

第一节 国家自主创新体系内涵及构成

在这个瞬息万变的时代，自主创新不仅是国家和企业发展的引擎，更是人类进步的阶梯。党的十八大正式提出实施创新驱动发展战略；党的十八届五中全会，提出"创新、协调、绿色、开放、共享"的发展理念；党的十九大报告，提出创新是引领发展的第一动力；党的十九届五中全会，强调坚持创新在我国现代化建设全局中的核心地位，把科技自立自强作为国家发展的战略支撑；党的二十大，提出科技、人才、创新"三个第一"的重要论断，强调"实施科教兴国战略，强化现代化建设人才支撑"。

从把创新作为引领发展的第一动力到把科技自立自强作为国家发展的战略支撑，从建设创新型国家到建设世界科技强国，从"三个面向"到"四个面向"，习近平总书记科学回答了为什么要加快科技创新、科技创新的方向路径是什么、科技资源如何优化配置等一系列重大问题，为推动我国科技事业发生历史性变革、取得历史性成就提供了科学指引，注入了强大动力。

一、自主创新的概念和重要性

2023年1月31日，习近平总书记在主持中共中央政治局第二次集体学习时强调，加快构建新发展格局，是立足实现第二个百年奋斗目标、统筹发展和安全作出的战略决策，是

把握未来发展主动权的战略部署。

站在新的历史关口，感受格外深切。正如习近平总书记指出："构建新发展格局最本质的特征是实现高水平的自立自强。"加快构建新发展格局，迫切需要以科技自立自强推动国内大循环、畅通国内国际双循环，通过科技创新、制度创新，突破供给约束堵点、卡点、脆弱点，提高供给体系质量和水平，以新供给创造新需求，保障产业链供应链安全稳定。科技自立自强是全面建成社会主义现代化强国的必然要求。从识变、应变看求变，坚持发挥好创新引领发展的第一动力作用，新的征程，新的出发。

自主创新是指在科技领域中，国家、企业或个人依靠自身的力量，通过自主研发和创新，获得技术突破和创新成果的过程。它强调的是独立思考、自主发展和自我创新，旨在提升创新能力和核心竞争力。自主创新的重要性在于推动国家和企业的可持续发展，提升经济竞争力，实现科技进步和社会进步，具体可以体现在以下几个方面。

（1）加强科技创新能力。自主创新是国家和企业提升科技创新能力的关键路径。国家通过自主创新，可以培养和吸引优秀的科研人才，建立创新型企业，促进科技成果转化和商业化应用，从而推动科技进步。

（2）提高核心竞争力。自主创新可以帮助国家和企业培育和拥有核心技术和核心知识产权，从而在市场竞争中获得优势地位。拥有自主创新能力的企业能够更好地满足市场需求，开拓新的市场空间，降低对外依赖性，实现可持续发展。

（3）促进产业升级和转型。自主创新可以推动产业结构调整和转型升级。国家和企业通过自主创新，可以在传统产业中引入新技术、新产品和新服务，提高生产效率和产品质量，降低生产成本，增强竞争力。

（4）增强国家安全和自主可控能力。自主创新对国家的安全和发展具有重要意义。依靠自主创新，国家可以减少对外技术的依赖，保护自己的核心利益和核心技术，提高自主可控能力，在关键领域实现国家安全和经济安全。

（5）推动知识经济和创新型社会建设。自主创新是构建知识经济和创新型社会的基石。在知识经济时代，创新成为经济增长和社会发展的主要动力。国家和企业通过自主创新，可以不断积累知识资本、人力资本和创新资源，推动社会创新能力的不断提高，建设具有竞争力和创新力的社会。

为把我国早日建设成创新型国家，几代国家领导人都极为重视。江泽民同志指出："创新是一个民族进步的灵魂，是一个国家兴旺发达不竭的动力。各国之间的竞争，说到底，是人才的竞争，是民族创新能力的竞争。"胡锦涛同志指出："我们必须坚持人才资源是第一的战略思想，把培养造就创新型人才作为建设创新型国家的战略举措"。习近平同志指出："综合国力竞争说到底是创新的竞争。要深入实施创新驱动发展战略，推动科技创新、产业创新、企业创新、市场创新、产品创新、业态创新、管理创新等，加快形成以创新为主要引领和支撑的经济体系和发展模式。"

二、国家自主创新体系的定义与特点

党的十八大以来，以习近平同志为核心的党中央观大势、谋全局、抓根本，作出"必

第六章 国家自主创新体系

须把创新作为引领发展的第一动力"的重大战略抉择,实施创新驱动发展战略,坚持创新在我国现代化建设全局中的核心地位,把科技自立自强作为国家发展的战略支撑,走出了一条从人才强、科技强,到产业强、经济强、国家强的发展道路。

习近平总书记在党的二十大报告指出:"必须坚持科技是第一生产力、人才是第一资源、创新是第一动力,深入实施科教兴国战略、人才强国战略、创新驱动发展战略,开辟发展新领域新赛道,不断塑造发展新动能新优势。"

国家自主创新体系是指一个国家或地区建立起的协调、完备的组织结构和机制,旨在推动科技创新、知识创新和产业创新的全面发展,并提升国家在科技领域的自主创新能力和核心竞争力。它是国家层面上对创新活动的整体规划和组织,具有以下几个特点。

(1)综合性与系统性。国家自主创新体系是一个综合性的体系,涵盖了知识创新、技术创新、管理创新等各个方面,并通过相互协调和支持的机制来推动创新的全面发展。它不仅关注科学研究和技术开发,还注重创新成果的转化和应用。

(2)体制性与机制性。国家自主创新体系建立在一系列的制度和机制之上,包括政策法规、创新基金、科研机构、企业研发中心等,以确保创新活动的顺利进行和创新资源的有效配置。这些体制和机制为创新提供了组织保障和资源支持。

(3)整合性与协同性。国家自主创新体系通过整合各种创新资源和要素,实现资源的共享和协同,促进科研机构、高校、企业等不同主体之间的合作与互动。它强调跨领域、跨机构的协同创新,实现优势互补、合力发展。

(4)长期性与可持续性。国家自主创新体系是一个长期的建设过程,需要持续地投入和积累,形成稳定的创新环境和创新文化。它注重培养创新人才、保护知识产权、完善创新政策等,以促进创新的可持续发展。

(5)面向未来与开放性。国家自主创新体系要紧密结合国家的发展战略和需求,面向未来的科技前沿和产业发展方向,积极引进和吸收国际先进技术和经验,在开放合作中实现创新突破和优势提升。

一个国家通过建立和完善国家自主创新体系,能够调动全社会的创新活力,提升国家的科技创新能力和核心竞争力,实现经济的高质量发展和可持续发展。国家自主创新体系的定义与特点体现了国家对创新的高度重视和战略规划,它为创新活动提供了系统性的支持和指导,促进了科技进步、产业升级和经济转型。

首先,国家自主创新体系的特点使其成为推动国家发展的重要引擎。它有利于提升国家的科技创新能力。国家自主创新体系通过整合各类创新要素和资源,能够激发科研机构、高校和企业的创新活力,培养高水平的科研人才,加强科技成果的转化和应用,推动科技进步和产业升级。

其次,国家自主创新体系有助于提高国家的核心竞争力。在全球经济竞争中,创新能力是国家获取竞争优势的关键。国家通过建立自主创新体系,能够在关键领域掌握核心技术和知识产权,提升自主创新的能力和水平,从而在国际竞争中占据有利地位。

再次,国家自主创新体系有助于推动经济可持续发展。创新是实现经济转型和可持续

发展的重要驱动力。国家自主创新体系的建设能够促进技术进步和产业升级，推动经济结构的优化和转型，提高资源利用效率和环境可持续性，实现经济的高质量发展。

最后，国家自主创新体系的开放性和合作性也是其重要特点。创新不是孤立的，需要借鉴和吸收国际先进经验和技术。国家自主创新体系注重国际交流与合作，积极引进和融合全球创新资源，实现优势互补和合作共赢。

总之，国家自主创新体系是现代国家发展的重要战略。它通过整合资源、激发创新活力、提升科技创新能力和核心竞争力，推动经济转型和可持续发展。国家自主创新体系的建设需要政府、企业、科研机构和社会各界的共同努力，形成合力，为国家的繁荣和进步注入持久的创新动力。

三、国家自主创新体系的构成要素

习近平总书记明确指出："科技自立自强是国家强盛之基、安全之要。我们必须完整、准确、全面贯彻新发展理念，深入实施创新驱动发展战略，把科技的命脉牢牢掌握在自己手中"。当前，我国在一些关键核心技术方面受制于人的局面尚未根本改变，创造新产业、引领未来发展的科技储备远远不够，不少产业还处于全球产业链价值链中低端。加快构建新发展格局，加快建设以实体经济为支撑的现代化产业体系，要求我们在科技自立自强上取得更大进展，不断提升我国发展独立性、自主性、安全性。

国家自主创新体系的构成要素是多方面的，它涵盖了人力资源、科研机构、企业、政策支持和创新文化等要素。下面是国家自主创新体系的主要构成要素。

（1）人力资源。人力资源是创新活动的核心要素，包括高水平科学家、工程师、技术人才和创新团队。他们具备专业知识、创新能力和团队合作精神，能够推动科技研究和技术创新的开展。

（2）科研机构。科研机构是国家创新体系中的重要组成部分，包括高校、研究院所和科研中心等。这些机构承担着科学研究和技术开发的任务，为创新提供理论支持和实验平台。

（3）企业。企业是创新的主要承担者和应用者，包括大型企业、中小微企业和创业公司等。它们通过技术研发、产品创新和市场推广等方式，将科技成果转化为实际生产力，推动产业创新和经济发展。

（4）政策支持。政策支持是国家自主创新体系的重要保障，包括财政投入、税收优惠、知识产权保护和科技创新政策等。政府通过出台相关政策和措施，引导和支持创新活动的开展，提供资源和环境条件，推动创新发展。

（5）创新文化。创新文化是国家自主创新体系中的软环境因素，包括鼓励创新思维、尊重知识和创造力、包容失败和鼓励风险等。良好的创新文化能够激发人们的创新激情和创造力，形成积极向上的创新氛围。

（6）科技基础设施。科技基础设施包括实验室、测试设施、科研设备和信息技术平台等。它们为科研和创新提供必要的硬件条件和技术支持，提高研究和开发的效率和质量。

（7）创新合作网络。创新合作网络是国家自主创新体系中的联结纽带，包括产学研合

第六章 国家自主创新体系

作、产业联盟、创新平台和科技交流合作机制。

（8）技术转移与推广机制。技术转移与推广机制是国家自主创新体系中的关键环节，它促进科技成果的转化和应用，将研发的新技术、新产品和新服务推向市场。这包括技术转让、技术引进、技术培训和技术服务等机制。

（9）创新金融支持。创新金融支持是国家自主创新体系的重要支撑，它提供资金支持、风险投资和创业孵化等金融服务，为创新项目和创新企业提供资金保障，推动科技创新的落地和发展。

（10）国际合作与交流。国际合作与交流是国家自主创新体系的重要组成部分，它通过开展科技合作、人才交流、技术引进和经验借鉴等方式，吸收和借鉴国际先进科技和管理经验，提升自主创新能力。

这些构成要素相互交织、相互促进，形成了一个协同作用的国家自主创新体系。只有各要素之间协调有序、相互配合，才能够实现科技创新的高效运转和国家创新能力的提升。国家自主创新体系的构建是一个系统性、综合性的工程，需要政府、企业、科研机构和社会各方的共同努力与支持。

（一）科技创新主体

在国家自主创新体系中，科技创新主体是推动创新活动的核心力量。它们在科技研究、技术开发和创新应用等领域发挥着重要的作用。以下是国家自主创新体系中的几个主要科技创新主体。

（1）政府机构。政府在国家自主创新体系中扮演着重要的角色，它负责制定和实施科技创新政策、提供研发经费支持、组织科技项目评估和监管等。政府机构通过引导和推动创新，为科技创新主体提供良好的创新环境和政策支持。

（2）科研机构。科研机构包括高校、科研院所、实验室等，在国家自主创新体系中承担着科学研究和技术开发的任务。它们进行基础研究、前沿技术研究和应用技术研究，为科技创新提供了理论和实验基础，并产出科研成果。

（3）企业机构。企业是国家自主创新体系中的重要创新主体。它们通过技术研发、产品创新和商业模式创新，推动科技创新向市场应用转化。企业具有资源优势和市场导向，能够将科研成果转化为实际生产力，推动经济发展和社会进步。

（4）创新团队与创业者。创新团队和创业者在国家自主创新体系中起到了重要的推动作用。他们通常由具有创新意识和创新能力的科研人员、工程师和创业者组成，致力于解决技术难题、开发新产品和探索新市场。创新团队和创业者通过创新创业活动，推动科技创新与经济发展的结合。

这些科技创新主体相互联系、相互依赖，在国家自主创新体系中形成了协同创新的网络。他们各自发挥着自己的优势和作用，共同推动科技创新的不断发展和进步。

（二）创新要素供给体系

在国家自主创新体系中，创新要素供给体系扮演着重要的角色。它是为促进创新活动提供必要资源和条件的基础性支撑系统，旨在满足创新主体的需求，激发创新活力，推动科技创新的持续发展。创新要素供给体系包括以下几个要素。

（1）人才供给。人才是创新活动的核心要素，国家自主创新体系需要建立完善的人才供给机制。这包括培养高水平的科研人才、技术人才和管理人才，引进国际一流的科学家和专家，激励人才的创新潜能和创业精神，形成人才队伍的稳定和可持续发展。

（2）科研基础设施供给。科研基础设施是创新活动进行的物质条件，包括实验室、测试设备、科研仪器等。国家自主创新体系需要建设和完善科研基础设施，提供先进的研发平台和技术支持，为科学家和创新团队的研究提供必要的条件和便利。

（3）科技信息资源供给。科技信息资源是创新活动的重要支撑，包括科技文献、专利信息、技术资讯等。国家自主创新体系需要建立科技信息资源的共享和传播机制，提供科技信息的获取渠道和服务，促进知识的交流和技术的传播，为创新提供信息支持和智力资源。

（4）资金投入供给。资金是创新活动的重要保障，国家自主创新体系需要提供充足的资金支持。这包括政府的财政投入、企业的研发投资、风险投资的引导等，以确保创新项目和创新企业有稳定的资金来源，推动创新成果的转化和产业化。

（5）创新政策环境供给。创新政策环境是国家自主创新体系的重要支持，政府需要出台鼓励创新的政策和法规，为创新提供有利的政策环境和法律保障。这包括知识产权保护、税收优惠、创业支持等政策，为创新主体提供良好的创新氛围。

（6）创新合作与交流供给。创新合作与交流是国家自主创新体系中的重要环节，促进不同主体之间的合作与交流有助于知识的共享和创新成果的互补。国家自主创新体系需要建立广泛的创新合作网络，包括产学研合作、跨部门合作、国际合作等形式，促进资源共享、技术交流和经验借鉴，提高创新效率和成果转化率。

（7）创新文化与价值观供给。创新文化与价值观是国家自主创新体系的软环境，它对创新活动的激励和引导起着重要作用。国家自主创新体系需要培育积极向上的创新文化，倡导勇于探索、敢于创新的价值观，鼓励创新思维和创新行为的形成，营造尊重知识、尊重创造的社会氛围。

这些创新要素供给体系相互交织、相互依存，构成了国家自主创新体系的基础框架。充分供给这些要素，国家自主创新体系能够提供有力的支持和保障，促进创新主体的创新活动，推动科技创新的快速发展，并最终实现经济社会的可持续发展。

（三）创新组织和平台

在国家自主创新体系中，创新组织和平台扮演着重要的角色，它们为创新活动提供了组织、协调和支持的框架，推动科技成果的转化和应用，促进创新链条的畅通。常见的创新组织和平台有以下几种形式。

（1）创新研究机构。创新研究机构是国家自主创新体系中的核心组成部分，如科研院所、大学研究机构等。它们承担着基础研究和应用研究的任务，开展前沿科学探索和技术创新，为国家创新能力提供强大的支撑。

(2) 创新企业。创新企业是国家自主创新体系中的重要参与者，包括高科技企业、科技型中小企业等。它们通过自主研发、技术创新和市场开拓，推动科技成果的商业化和产业化，引领行业的创新发展。

(3) 创新园区。创新园区是创新组织和平台的集聚地，它们提供了科技创新的孵化、转化和集聚环境。这些园区通常设有研发中心、孵化器、加速器等创新载体，为创新企业和科研机构提供场地、资源和服务支持，促进创新要素的交流与协同。

(4) 技术创新中心。技术创新中心是专注于特定领域或行业的技术创新组织，如国家级技术创新中心、企业内部的创新中心等。它们集聚了优秀的科研人才和创新资源，致力于解决关键技术难题，推动相关领域的创新发展。

(5) 创新联盟和联合实验室。创新联盟和联合实验室是不同机构之间的合作平台，旨在促进跨机构、跨领域的创新合作。这些联盟和实验室通过共享资源、协同研发和共同推进项目，加强了创新主体之间的合作关系，提高了创新效率和成果转化的可能性。

这些创新组织和平台相互协作、相互支持，构成了国家自主创新体系中的创新网络。它们在提供创新资源、促进技术交流和协同创新方面发挥着关键的作用。国家通过建立创新组织和平台，能够集聚各方优势，提高创新效率，推动科技成果的转化和应用，促进产业升级和经济发展。

除了上述提到的创新组织和平台，国家自主创新体系还包括科技创新基地、科技成果转化机构、科技创新资金和政策支持等要素。科技创新基地是创新活动的地域集聚区域，提供了科技创新的生态环境和基础设施支持。科技成果转化机构则专注于科技成果的转化和推广应用，加强了科研机构和市场之间的连接。科技创新资金和政策支持则为创新活动提供了必要的经济支持和政策保障，鼓励创新投入和创新成果的产出。国家自主创新体系中的创新组织和平台是实现国家自主创新目标的重要组成部分。它们通过协同合作、资源共享和技术交流，推动创新要素的集聚和创新能力的提升，为国家科技创新和经济发展提供了坚实的支撑。

(四) 创新政策和法规体系

国家自主创新体系中的创新政策和法规体系是支持和引导创新活动的重要保障。它包括一系列的政策文件和法律法规，旨在提供政策指导、法律保障和制度支持，为创新主体提供良好的环境和条件，激发创新潜力，推动科技创新和技术转化。

创新政策是指国家针对创新活动制定的具体政策措施。这些政策可以涵盖多个方面，包括财政支持政策、税收优惠政策、科技项目评审与资助政策、创新人才培养政策、知识产权保护政策等。国家通过这些政策的制定和实施，能够引导和支持创新主体，促进科技成果的产出和转化。

法规体系是指国家制定的法律法规来规范和管理创新活动。其中包括创新法律、知识产权法律、科技合同法律、科技成果转化法律等。这些法律法规的制定旨在保护创新者的合法权益，规范科技成果的转化和运用，维护创新市场的公平竞争秩序。国家自主创新体系中的创新政策和法规体系具有以下重要作用。

（1）激励创新活动：通过财政支持、税收优惠等政策，鼓励企业和个人积极参与创新活动，提高创新动力和积极性。

（2）促进技术转化：制定科技成果转化政策和法规，推动科技成果从实验室走向市场，促进科技成果的应用和产业化。

（3）保护知识产权：加强知识产权法律的保护，鼓励创新者进行创新并享受其合法权益，提高知识产权保护的力度，维护创新者的创新积极性。

（4）促进国际合作与交流：制定科技合作政策和法规，积极开展国际科技合作与交流，吸引国际先进科技和管理经验，推动自主创新与国际接轨。

（5）加强监督与管理：建立健全的创新监管体系，规范创新市场秩序，维护创新环境，保障创新活动的诚信和合规性。

（五）创新环境和文化建设

一个良好的创新环境和鼓励创新的文化氛围可以为科技创新提供有利条件，激发创新活力，推动科技进步和国家发展。以下是国家自主创新体系中创新环境和文化建设的几个重要方面。

（1）政策和法规支持。政策和法规的制定对于创新环境的塑造至关重要。国家应制定一系列支持创新的政策，包括研发经费的投入、知识产权保护、税收优惠和创新创业的扶持等，为创新提供有力支持和保障。

（2）科技创新基础设施建设。优质的科技创新基础设施是创新的重要支撑。国家需要加大对科研机构、实验室、技术中心等基础设施的建设和投入，提供先进的研发设备、实验条件和科研资源，为科技人才的创新提供良好的条件和平台。

（3）人才培养和引进。人才是创新的核心驱动力。国家应加大对人才培养和引进的力度，建立完善的人才培养体系和引才机制，吸引和培养具有创新能力和创业精神的科技人才，为科技创新提供强大的人力资源支持。

（4）创新投资和金融支持。创新需要充足的资金支持。国家应积极引导和鼓励社会资本进入创新领域，设立创新投资基金和风险投资机构，提供创新项目的资金支持。同时，建立创新金融体系，为创新企业提供融资、贷款和风险保障等金融服务，降低创新风险，促进创新成果的转化和应用。

（5）创新文化建设。创新文化是激发创新活力和培育创新精神的重要因素。国家应倡导并培育积极向上、勇于探索的创新文化，鼓励创新思维和实践，提倡开放、包容、合作的创新氛围，营造尊重劳动、尊重知识、尊重人才、尊重创造的社会氛围。这可以通过加强创新教育、推动科技普及、宣传创新典型和成功案例等方式来实现。

（6）创新合作与交流。国家自主创新体系需要加强国内外的创新合作与交流。国家应积极参与国际科技合作项目，建立科技创新交流平台，促进科学研究成果的共享和交流。

同时,加强国内不同地区、不同产业、不同学科之间的协同创新,推动创新要素的流动和融合,形成创新生态系统。

(7) 创新评价与激励机制。建立科学合理的创新评价与激励机制是激发创新活力的重要手段。国家应建立科技成果评价体系,通过评价和奖励机制来激励科研人员的创新热情和创新能力。同时,鼓励知识产权保护和运用,确保创新者的合法权益,提高创新的回报和收益,增加创新投入的积极性和动力。

国家自主创新体系的创新环境和文化建设需要政策、基础设施、人才、资金、文化、合作、评价与激励等多方面的支持和协同。只有在良好的创新环境和文化氛围下,才能激发科技人才的潜能,促进科技创新的蓬勃发展,推动国家经济社会的持续进步和竞争力的提升。

专栏——碳纤维的自主创新之路

在现代工业系统中,合金是各行各业不可或缺的重要材料。然而,与传统金属合金相比,碳纤维在航空发动机叶片、新一代飞机机身、民用飞机等领域的性能远远优于合金的各项性能,并且随着日后的发展,碳纤维将成为一种新的工业材料。

碳纤维是一种被称为"黑金"的珍贵材料,现在被广泛用于制造手机壳、航空航天和超级跑车。早在几年前的中国,碳纤维的价值仍然是"黑黄金"。

1892年,爱迪生发明了碳纤维这种特殊材料。然而,由于当时技术条件的限制,碳纤维材料在性能上没有显示出优势。直到20世纪50年代,碳纤维才在太空中得到开发和使用。

随着时代的进步和工业水平的提高,碳纤维的制备工艺逐渐改进,生产的碳纤维材料具有良好的密度和质量。碳纤维的强度可以达到近3500 Pa,抗拉强度大约是钢的6倍,这也更加突出了碳纤维的优异性能。

碳纤维制备过程中,还可以添加其他特殊材料,以进一步增强其特性。然而,碳纤维的生产技术非常复杂,需要高水平的工业技术。只有生产的碳纤维质量越高,强度就越大。因此,碳纤维产业需要不断的研发和技术创新。

除了航空航天和军事工业领域的应用,碳纤维还广泛应用于日常生活中的运动器材、羽毛球拍、网球拍等。它还用于风力发电行业、医疗领域的假肢、轮椅和床等领域。碳纤维已经成为新材料领域的佼佼者,具有强大的弹性、高温低温抵抗性、耐腐蚀性和热膨胀抗性等优点。

中国的碳纤维产业起步较晚,在20世纪60年代开始研究碳纤维技术,但受到国外技术封锁和工业化限制的影响,中国的碳纤维行业长期处于低端市场。然而,自2005年起,中国开始涌现出一批碳纤维企业,如威海拓、江苏恒神、上海石化等。中国通过技术创新和努力打破了对高端碳纤维的垄断,现在已经具备自主生产高性能碳纤维的能力,并且相关产能已达到全球规模的15%。

中国在2021年9月投产了第一条具有自主知识产权的千吨级干喷湿纺碳纤维工业

生产线，这标志着中国碳纤维产业迈入新的发展阶段。中国的碳纤维产业理论产能居世界第二，技术水平稳居前列，成为名副其实的"碳纤维产业第三梯队"。

资料来源：

[1] 黎小平，张小平，王红伟.碳纤维的发展及其应用现状 [J].高科技纤维与应用，2005，(05)：28-34+44.

[2] 李威，郭权锋.碳纤维复合材料在航天领域的应用 [J].中国光学，2011，4(03)：201-212.

[3] 张晓虎，孟宇，张炜.碳纤维增强复合材料技术发展现状及趋势 [J].纤维复合材料，2004，(01)：50-53+58.

[4] 岳清瑞.我国碳纤维（CFRP）加固修复技术研究应用现状与展望 [J].工业建筑，2000，(10)：23-26.

[5] 吴刚，安琳，吕志涛.碳纤维布用于钢筋混凝土梁抗弯加固的试验研究 [J].建筑结构，2000，(07)：3-6+10.

第二节　知识创新

一、知识创新的概念和特征

知识创新是国家自主创新体系中的一个重要组成部分，它指的是通过对现有知识的整合、创造和应用，推动科学技术的进步和创新。知识创新的特征如下。

（1）知识驱动。知识创新是以知识为核心的创新过程，它依赖于科学研究、技术开发和知识产权的积累与运用。在知识经济时代，知识的获取、传播和应用成为创新的重要基础。

（2）学科交叉。知识创新涉及多个学科领域的交叉与融合。通过跨学科的合作和知识的交流，可以促进不同学科领域之间的创新思维和方法的碰撞，产生新的创新成果。

（3）开放共享。知识创新强调开放和共享的理念。在国家自主创新体系中，开放的科研合作、共享的科研资源和开放的科学数据等，有助于加速知识的流动和创新的产生。

（4）长期积累。知识创新是一个长期的积累过程，需要科学家、研究机构和企业等持续地进行科学研究、技术开发和创新实践。只有在长期的积累和不断的探索中，才能够取得重大的科技突破和创新成果。

（5）创新驱动经济增长。知识创新对于国家经济的增长和发展起着至关重要的作用。知识的创新和应用，可以提高产业的竞争力和技术水平，推动经济结构的升级和转型。

知识创新是国家自主创新体系中的核心要素之一，它通过整合和创造知识，推动科技进步和经济发展。知识创新的特点包括知识驱动、学科交叉、开放共享、长期积累和创新驱动经济增长等。国家通过不断地加强知识创新，可以在全球科技竞争中保持竞争优势，实现可持续发展和长远的繁荣。

二、知识创新的主要途径

国家自主创新体系中的知识创新主要通过以下方式和途径展开。

（1）科学研究。科学研究是知识创新的核心。国家鼓励和支持科研机构、高校和企业进行基础研究和应用研究，推动前沿科技的突破和新知识的发现。科学研究能探索未知领域，发展新理论、新概念和新方法，为创新提供知识基础。

（2）技术研发。技术研发是将科学知识转化为实际应用的关键环节。国家鼓励企业、研发机构和高校进行技术创新和开发，推动新技术、新产品和新服务的研发。技术研发可将科学知识转化为实际应用，满足社会和市场的需求。

（3）创新平台建设。国家通过建设创新平台，为知识创新提供有力支持。创新平台包括国家级实验室、工程技术研究中心、创新创业园区等，提供先进的研发设备、科研条件和技术支持，促进科技人员的合作与交流，加快知识创新的速度和效果。

（4）人才培养和引进。人才是知识创新的重要驱动力。国家加强人才培养和引进工作，培养具备创新意识和创新能力的科技人才。通过高水平的教育培训、科研项目支持和人才引进政策，吸引和培养一流的科研人员和创新团队，提升国家的创新实力。

（5）学术交流和合作。学术交流和合作是知识创新的重要途径。国家鼓励科研机构、高校和企业开展学术交流、合作研究和技术转移，促进国内外科研人员的互动与合作，借鉴和吸收国际先进的科技成果和经验，提高自主创新的水平和能力。

三、知识创新的驱动因素和条件

在国家自主创新体系中，知识创新是推动科技进步和经济发展的关键要素之一。以下是知识创新在国家自主创新体系中的驱动因素和条件的简要介绍。

（1）科技人才和创新团队。具备高水平科技人才和创新团队是知识创新的基础。国家自主创新体系需要培养和吸引一批具有创新能力和实践经验的科技人才，并组建跨学科、跨领域的创新团队，激发创新思维和合作精神。

（2）科研机构和创新平台。国家自主创新体系需要建立健全的科研机构和创新平台，提供优质的研究设施和资源支持。科研机构应具备良好的科研环境和创新氛围，为科技人才提供开展研究和创新的条件和支持。

（3）技术研发和创新投入。国家自主创新体系需要加大对技术研发和创新活动的投入。政府应加大对科技研发的支持力度，提供资金、设备和项目资助，鼓励企业增加研发投入，推动科技成果的转化和应用。

（4）知识产权保护。知识产权保护是激励创新的重要条件。国家自主创新体系需要建立健全的知识产权法律体系和保护机制，保护创新者的知识产权，鼓励知识产权的创造、运用和转化，提高知识创新的回报和收益。

（5）创新文化和创新意识。创新文化和创新意识是推动知识创新的重要因素。国家自主创新体系需要培育创新文化，倡导勇于创新、敢于冒险的精神，鼓励科技人才具备创新意识和创新能力，推动创新思维在各个领域的传播和应用。

（6）创新合作与交流。国家自主创新体系需要促进创新合作与交流。国内外的合作与交流可以促进知识共享和创新资源的互补，加速科技成果的转化和应用，推动创新的跨越式发展。

这些因素和条件相互作用，构成了国家自主创新体系中知识创新的驱动力量。它们共同促进了科技进步和经济发展，为国家的创新能力和竞争力提供了有力支持。在国家自主创新体系中，知识创新的驱动因素和条件是相互依存的，缺一不可。科技人才和创新团队是知识创新的主体和基础，他们通过科研机构和创新平台进行科技研发和创新活动。同时，知识产权的保护和创新文化的培育提供了创新的环境和条件。创新投入和合作交流则为知识创新提供了资源和机会。

在实践中，国家自主创新体系需要注重整体协同和有机结合，通过政府引导和支持，激励创新主体的积极性和创造力，优化资源配置，提升创新的整体效能。同时，也要注重持续创新环境和文化的建设，鼓励开放合作，共享创新成果，提升创新能力和核心竞争力。

专栏——光伏之路

2022年11月19日，中国的隆基绿能科技股份有限公司（以下简称"隆基绿能"）发布了一项重大成就：德国哈梅林太阳能研究所（ISFH）的最新认证报告显示，隆基绿能自主研发的硅异质结（HJT）电池转换效率达到了26.81%。这一数字刷新了全球光伏史上的纪录，也成为中国太阳能科技企业首次创造的硅电池效率世界纪录。

这个消息迅速引起了业界的热议，央视财经频道的《对话》栏目推出的《光伏勇闯"无人区"》一期节目更进一步让人们认识到了这个数字"26.81%"背后的意义。事实上，这讲述了一个关于中国创新从追赶到领先的故事。在光伏电池技术创新领域，中国从这一刻开始走在了世界前列。

隆基绿能创造的新世界纪录是中国光伏产业20多年来积累的一个缩影。目前，中国在光伏产业链的各个环节都占据着世界第一的位置，成为与高铁、特高压、风机制造等齐名的中国名片。而这些举世瞩目的成就离不开像隆基绿能这样的"弄潮儿"们的共同努力。

曾任英特尔前董事长兼首席执行官的安迪·格鲁夫提出过一个"尾灯理论"，他说："在雾中驾驶时，跟着前面的车的尾灯灯光行路会容易很多。"这种"尾灯"战略的优势在于可以借助前人的经验和成果来指引自己前进。然而，它也有一个危险之处，一旦赶上并超越了前面的车辆，就没有尾灯可以继续指引前进的方向，失去了找到新方向的信心和能力。只是追随别人是没有前途的，真正有影响力、能够制定游戏规则的公司是那些能够早早行动的公司。因此，中国光伏产业已经意识到"尾灯"战略已经不再适用，学会如何引领全球才是他们面临的新课题。

隆基绿能创造的"26.81%"不仅仅是一项技术突破，更是一种全新的引领能力。这一数字向世界展示了中国制造业在创新方面的表率。在过去的20年里，中国光伏产业逐渐形成了独特的创新体系。与国外光伏行业相比，中国的行业领军企业成为中国式创新的主力军。

在与秦朔的对话中，钟宝申提到："创新就是隆基生存的基本保障，如果没有技术创新就没有隆基。"随着越来越多的光伏公司将创新作为公司的"生命线"，隆基绿能作为代表的光伏龙头企业在"善谋"与"实干"之间找到了完美的平衡点。

值得一提的是，隆基绿能所创造的26.81%的新世界纪录并非只停留在实验室阶段，而是已经具备了量产的条件。李振国在《对话》中表示："从目前看，我们给自己定的目标是2~3年内一定要实现低成本量产化。"这一目标再次显示出隆基绿能在光伏领域持续创新的决心和能力。

资料来源：https://tv.cctv.com/2022/12/17/VIDEoZQAhde5HvAMPUpJZJ8b221217.shtml.

第三节 技术创新

一、技术创新的概念和类型

技术创新是国家自主创新体系中的重要组成部分，它涉及对技术的研发、应用和推广等方面的创新活动。技术创新的核心目标是通过引入新的技术，改进现有技术或将已有技术应用于新领域，提升经济和社会的发展水平。

技术创新可以分为以下几种类型。

（1）基础研究创新。基础研究是技术创新的基础，它通过对科学原理、基本规律和理论模型的探索，为后续的技术研发提供理论和知识支持。基础研究创新的目标是推动科学前沿的拓展，深化对事物本质的认识。

（2）应用研究创新。应用研究是将基础研究成果转化为实际应用的过程，通过对具体问题和需求的分析，开展技术研发和实验验证，将科学成果转化为创新产品、技术或服务。

（3）工程技术创新。工程技术创新是在实际工程项目中，通过改进设计、优化工艺、提升制造能力等方式，实现技术的进步和效率的提高。工程技术创新关注的是实际应用场景下的技术问题和解决方案。

（4）结合商业模式创新。商业模式创新是指通过改变产品、服务、分销渠道、市场定位等方面的商业模式，创造出全新的商业模式，从而在市场竞争中获取差异化竞争优势。商业模式创新重点关注商业运营和市场营销方面的创新。

（5）结合制度创新。制度创新是在法律、政策、管理体制等方面进行创新，以推动技术创新的发展。制度创新包括创新的政策导向、创新的知识产权保护机制、创新的科技管理体制等。

这些类型的技术创新相互关联、相互作用，在国家自主创新体系中共同发挥着推动经济和社会发展的重要作用。国家通过不同类型的技术创新，可以提升科技实力，推动产业升级，提高经济竞争力，并为社会进步和可持续发展做出贡献。

科技创新是永无止境的探索实践，是国家富强、民族振兴、人民幸福的强大引擎。迈上全面建设社会主义现代化国家的新征程，在以习近平同志为核心的党中央坚强领导下，坚持创新在我国现代化建设全局中的核心地位，把科技自立自强作为国家发展的战略支撑，必将为实现第二个百年奋斗目标，实现中华民族伟大复兴的中国梦提供更强劲的动力。

二、技术创新的要素和过程

（一）技术创新的要素分析

在国家自主创新体系中，技术创新是至关重要的要素之一。技术创新是指通过引入新的科学知识、技术方法和工程实践，创造出新的或改进现有产品、服务、生产过程和管理方法的过程。以下是国家自主创新体系中技术创新的基础要素。

（1）科学研究。科学研究是技术创新的基础，它涉及对基础科学的深入研究、理论模型的构建和验证等。科学研究为技术创新提供了理论支撑和前沿知识。

（2）技术研发。技术研发是将科学研究成果应用于实际问题解决的过程。它包括对新技术、新产品或改进现有技术的研发与验证，以满足市场需求和提高产品性能。

（3）创新人才。技术创新需要具备专业知识和技能的人才支持。国家自主创新体系注重培养和吸引优秀的科学家、工程师和技术人才，激发其创新潜能，提供持续的人才支持。

（4）创新资金。技术创新需要资金的支持。国家自主创新体系通过设立专项基金、提供贷款和税收优惠等方式，为技术创新提供资金保障，促进研发投入和创新活动。

（5）创新平台。创新平台是促进技术创新的基础设施和资源集聚地。它可以是研发机构、实验室、科技园区、创新孵化器等，为技术创新提供场地、设备、专业知识和合作机会。

（6）技术转移与应用。技术创新的最终目标是将创新成果转化为实际应用，为经济社会发展带来效益。国家自主创新体系致力于加强技术转移机制，促进创新成果的推广应用和产业化。

（二）技术创新的过程

技术创新的过程是一个循序渐进的过程，包括问题定义、解决方案设计、实验验证、优化改进和推广应用等环节。创新过程中需要不断地尝试、实践和反馈，通过不断的迭代和优化，实现技术创新的突破和进步。

在技术创新的过程中，以下是一般的步骤和流程。

（1）问题定义：明确需要解决的问题或面临的挑战，从市场需求或技术难题中确定创新的目标和方向。

（2）研究和调研：进行相关领域的研究和调研，了解已有的知识和技术，掌握最新的科学进展和市场趋势。

（3）创意生成：通过头脑风暴、创新工具和方法，生成多样化的创意和解决方案，并筛选出最具潜力的创新点。

（4）概念设计：在选定的创新点基础上，进行初步的概念设计和方案构思，包括技术路线、产品规划和市场定位等。

（5）实验验证：将概念转化为实际的原型或实验样品，进行实验验证和技术测试，评估其可行性和可靠性。

（6）优化改进：根据实验结果和反馈意见，对原型进行改进和优化，解决存在的问题和不足，提高技术的性能和可操作性。

（7）商业化考虑：在技术的基础上考虑商业化的因素，包括市场需求、竞争分析、商业模式和盈利能力等，为技术的商业化做铺垫。

（8）推广应用：将技术创新成果推向市场和社会应用，并进一步推广和落地实施，实现技术的商业化和社会效益的落地。

技术创新是一个复杂而多元化的过程，需要不同要素的协同作用和持续的努力。创新人才、科学研究、创新资金、创新平台等要素的充分发挥和有效整合，有助于推动技术创新的顺利进行，并为国家自主创新体系的建设奠定坚实基础。

三、技术创新的管理和评价

在国家自主创新体系中，技术创新的管理和评价是实现创新目标和提高创新效能的关键环节。技术创新的管理涉及组织结构、资源配置、项目管理和风险控制等方面，而技术创新的评价则是对创新成果和效果进行客观、全面地评估和分析。

1. 技术创新的管理包括的范畴

（1）组织结构与领导：建立适应技术创新的组织结构，明确各个创新主体的职责和权限，同时配备专业的创新领导和管理团队，提供战略指导和决策支持。

（2）资源配置：合理配置创新资源，包括人力、物力、财力和信息资源，确保创新项目的顺利进行和持续发展。

（3）项目管理：建立科学有效的项目管理体系，包括项目选题、计划制订、进度控制、风险管理和团队协作等，确保项目按时完成、质量可控。

（4）风险控制：识别和评估创新过程中的风险，并采取相应的措施进行控制和应对，确保创新活动的可持续性和成功率。

2. 完整的技术创新评价包括的范畴

（1）技术成果评估：对技术创新成果进行评估，包括技术的先进性、实用性、可行性和市场潜力等方面的评价，以确定其在市场竞争中的地位和价值。

（2）经济效益评估：对技术创新带来的经济效益进行评估，包括创新成果的市场价值、利润贡献、成本节约和产业链效应等方面的评价，以衡量创新的经济效益和可持续性。

（3）社会影响评估：对技术创新的社会影响进行评估，包括对产业结构、就业、环境保护、社会福利等方面的影响评价，要综合考量创新的社会效益和可持续发展。

（4）创新绩效评价：对技术创新的过程和管理进行评价，包括创新速度、创新效率、创新质量和创新文化等方面的评估，以提高创新管理的效能和水平。

专栏——中国5G，连接无限

2022世界移动通信大会在西班牙巴塞罗那举行，大会主题为"连接释放无限可能"，在为期4天的大会中，来自全球约150个国家和地区1500家企业的业界人士就第五代移动通信技术（5G）、人工智能和云网络等焦点议题展开了探讨。

近年来，中国在5G建设和应用领域保持着旺盛的发展势头。根据中国工业和信息化部的最新数据，截至目前，我国的5G基站数量已经超过了142万个，5G手机终端连接数达到了5.2亿户，5G网络已经覆盖了全国所有的地市一线城市、所有县城城区，以及87%的乡镇镇区。此外，今年还计划新建60万个以上的5G基站，预计到今年年底，基站总数将达到200万个。

全球移动通信系统协会会长葛瑞德表示，近年来，中国在移动通信领域的重要性越来越凸显。中国不仅是一个庞大的市场，也是一个巨大的创新市场。

在本次展会上，除了发布和展示最新的终端产品外，华为、中兴等企业还展示了它们在促进相关行业节能减排和实现数字化转型等领域的合作方案和成果。在碳减排领域，华为的移动通信绿色解决方案将帮助运营商持续提升网络容量并降低单位比特能耗，实现绿色发展。在赋能垂直行业数字化转型方面，中兴通讯与超过500个合作伙伴开展了超过60个示范项目，这些合作项目遍布全球。

中兴通讯的执行副总裁兼首席运营官谢峻石在接受记者采访时表示："我国5G网络建设采取了适度超前的节奏。中国拥有良好的数字经济基础、庞大的消费者市场和丰富的行业类型，人口红利和产业红利相互促进，推动了创新和整个产业的蓬勃发展。目前，中国的5G行业应用已经超过1万个，包括交通、医疗、教育、工业等领域都有大量成熟规模化的应用。"

他还表示，在此次大会上，他们展示了中国大规模5G网络建设和商用中积累的丰富经验和行业应用成果，并与海外客户分享。他们通过这一平台，希望将这些具备可复制性的案例与各国当地市场需求相结合，共同推动全球客户共建蓬勃发展的数字经济新生态。

中国在5G建设和应用领域取得的成就不仅推动了通信技术的进步，也为相关行业的创新与发展提供了巨大的机遇。这一创新势头的持续推进将为全球数字经济的繁荣做出积极贡献。

资料来源：《人民网》http://world.people.com.cn/n1/2022/0309/c1002-32371018.html。

第四节 管理创新

一、管理创新的概念和重要性

管理创新是指在组织和管理领域进行的创新活动，旨在改变和优化组织内部的管理方式、流程和机制，以提高创新效率和创新成果的质量。管理创新关注的是如何在科技创新过程中合理配置资源、组织人力、协调各方合作，以及提供良好的创新环境和文化。

管理创新的重要性体现在以下几个方面。

（1）提高创新效率。管理创新可以优化组织内部的工作流程，简化决策程序，提高资源配置的效率，从而加快创新项目的进展速度。引入新的管理理念和方法，能够减少冗余环节和资源浪费，使科技创新更加高效、精准。

（2）优化资源配置。管理创新能够有效地整合和利用各种创新要素和资源，包括人力资源、财务资源、技术资源等，使其发挥最大的作用。合理的资源配置和管理，能够提高科技创新的产出效益，最大限度地实现资源的价值。

（3）促进创新文化建设。管理创新不仅关注创新的技术方面，还注重创新的组织文化和价值观念的塑造。建立积极支持创新的组织文化，鼓励员工的创新思维和行为，能够激发员工的创造力和潜力，增强组织的创新能力和竞争力。

（4）推动科技成果转化。管理创新在科技成果的转化和应用过程中起到关键作用。建立有效的技术转移机制和科技成果转化平台，能够促进科研成果的商业化和市场化，推动科技创新与经济发展的有机结合。

（5）优化创新生态系统。管理创新不仅关注单个组织内部的管理创新，还强调协同创新和合作创新。建立良好的创新合作网络和创新生态系统，能够促进不同组织之间的资源共享、协同创新和创新要素的流动，形成创新生态的良性循环。

二、管理创新的主要内容

在国家自主创新体系中，管理创新是其中一个重要的要素。它涉及管理理念、管理体制和管理方法的创新，旨在提高组织和资源的有效利用，推动科技创新和经济发展。

管理创新的主要内容包括以下几个方面。

（1）管理理念创新。这涉及对传统管理观念的挑战和革新，鼓励开放、包容和创新的管理思维方式。管理者需要具备敏锐的市场洞察力和战略眼光，积极迎接变革和挑战，以适应快速变化的环境。

（2）组织结构创新。组织结构创新包括创新的组织架构设计和管理模式。灵活的组织结构可以提高信息流动率和决策效率，促进跨部门合作和创新团队的形成。同时，引入扁平化管理、项目管理和网络化组织等方式，打破传统的层级体系，促进组织的敏捷性和创新能力。

(3) 创新激励机制。建立激励机制，激发员工的创新热情和创造力。这包括提供良好的薪酬福利体系、设置科技创新奖励和职称评定制度等，以及鼓励员工参与创新项目和知识产权的保护与运用。组织通过激励机制，可以激发员工的积极性和主动性，推动管理创新的实施。

(4) 创新管理方法。创新管理方法包括项目管理、风险管理、知识管理和质量管理等。项目管理可以有效地组织和协调创新活动，确保项目按时、按质、按量完成。风险管理可以识别和应对创新过程中的风险和不确定性，降低创新活动的风险。知识管理可以促进知识的共享和转化，提高组织的学习和创新能力。质量管理可以保证创新成果的可靠性和稳定性，提高产品和服务的质量水平。

三、管理创新的实施策略和方法

在实施管理创新时，可以采用以下几种方式提升创新的质量。

(1) 引进创新管理理念和方法。学习和借鉴国际先进的管理理念和方法，结合本国国情进行改进和创新。可以通过培训和学习等方式，引进先进的管理理念和方法，提高管理者的创新意识。

(2) 建立创新管理体系。制定和完善相关的管理制度和规范，建立科学、规范的管理体系。这包括制定创新管理的政策和指导文件，明确创新目标和任务，明确各级管理层的责任和权限，确保创新管理的有效实施。

(3) 培养创新管理人才。加强对管理人才的培养和引进，提高管理者的创新管理能力。可以通过组织培训、交流学习、项目实践等方式，培养管理人员的创新意识、创新能力和创新管理技能，以推动管理创新的落地和实施。

(4) 激励创新管理行为。建立激励机制，鼓励和奖励具有创新管理行为的个人和团队。可以通过设立创新管理奖励和评优机制，为那些在管理创新方面取得显著成绩的个人和团队提供激励和认可，激发更多的人参与和支持管理创新。

(5) 加强信息化支撑。借助信息技术，建立和优化创新管理的信息化平台和系统。通过信息化手段，实现对创新项目、资源、进展等信息的全面管理和实时监控，提高管理的精细化和智能化水平，为创新管理提供更好的支持和决策依据。

(6) 推动创新文化建设。培育积极的创新文化和氛围，鼓励员工提出新的想法和创新思路。可以通过组织创新活动、开展创新教育和培训、营造宽松开放的工作环境等方式，打造鼓励创新、尊重创新的文化氛围，使创新成为全员参与的共同行动。

通过以上方式，国家自主创新体系中的管理创新能够在组织层面上提升创新能力和竞争力，推动科技创新的发展。管理创新不仅关乎组织的内部运作和资源配置，还对创新活动的整体效果和成果具有重要影响。因此，在国家自主创新体系中，加强管理创新的实践和探索，对于构建创新型国家和实现可持续发展具有重要意义。

第六章 国家自主创新体系

专栏——深圳应该如何提升文化软实力、谋篇布局，建设城市文明典范？

"深圳特区"报记者采访了长期关注和研究深圳文化发展的南方科技大学党委书记李凤亮教授。李凤亮教授提到，深圳要通过软实力与硬实力要素相融合，形成推动新一轮城市文明发展的内在动力。他指出，文化软实力对城市发展意味着城市需要有高速发展的经济基础、工业制造业的强大实力、新兴高科技产业等物质基础，同时还需要具有个性鲜明的文化、开放包容的环境和凝聚人心的精神等精神文化层面的积累。这种软实力能够激发城市中每个人的发展潜能，让优秀的人才愿意留在这座城市，从而形成城市的内生动力。

深圳自建立以来一直坚持物质文明和精神文明并重的原则，不断推动各项文化事业和文化产业的发展。李凤亮教授认为，在建设先行示范区的过程中，深圳需要通过软实力与硬实力要素相融合，互为表里、互相支撑、互作补充，形成高能力要素组合，才能不断激发深圳的活力，推动新一轮城市文明发展。

要提升城市文化软实力，关键在于提升城市的文明程度。李凤亮教授指出，城市文明主要包含提振城市精神文化、优化公共文化服务、完善现代文化产业体系、提升城市文化品牌、推动对外文化交流、创新现代文化传播等方面。这些方面是深圳在文化建设和城市文明提升方面的着力点。此外，深圳还需要在学术文化方面进一步提升，成为现代化国际化创新型城市和未来全球标杆城市的思想引擎和学术高地。

公共文化服务是文化软实力的重要内容，优化公共文化服务可以大幅提升市民的文化获得感和幸福感。李凤亮教授认为，深圳应该进一步提升公共文化服务供给，满足市民多样化和差异化的文化需求。他提出，深圳需要在文化供给的质量和内涵上下功夫，提升文化市场的活力和开放程度，打造一个既有创意强、消费强、品牌强的文化创意先锋城市和全球区域文化中心。同时，深圳还需要构建多元参与平台，形成多元化的文化活力，让政府、企业、大学和社会团体等广泛参与和融入，共同推动城市的文化建设，形成良性生态，促进文化繁荣昌盛。

在发展文化产业方面，深圳应该重点打造具有特色的文化产业，提升文化产业的竞争力，推动文化产业的高质量发展。李凤亮教授指出，深圳文化产业依托数字技术发达和文化创意资源集聚的优势，应该大力推动文化产业的数字化发展。特别是数字创意产业具有快速发展、规模领先的特点，深圳已经培育了一批数字创意领军企业和新兴文化企业，初步形成了较为完整的产业链条。此外，深圳还需要强化原创能力，加强文化版权打造和转化，通过新的手段和业态将丰富的中华优秀传统文化资源转化为文化产品和文化资本，打造中国自己的文化IP，输出中国的文化和价值观。李凤亮教授还提到，深圳应该抓住新机遇，包括双循环发展格局、粤港澳大湾区的机会以及创新驱动和跨界融合等方面。此外，深圳还需要找准新定位，走向国际，打造文化产业高质量发展的新高地，并创造新的模式，强化原创能力和文化版权的打造和转化。

综上所述，深圳要提升文化软实力、谋篇布局，建设城市文明典范，需要通过软实力与硬实力要素相融合，形成推动城市文明发展的内在动力。重点在于从提升城市的文明程度，优化公共文化服务，完善现代文化产业体系，推动城市文化品牌建设，推动对外文化交流，创新现代文化传播等方面展开工作。同时，在发展文化产业方面，深圳应该重点打造特色文化产业，提升竞争力，推动高质量发展，并强化原创能力和文化版权打造和转化。这些举措将有助于深圳打造文化产业高质量发展的新高地，提升城市的软实力和影响力，成为城市文明的典范。

资料来源：赵鑫，周国和.深圳：以创新思维推动城市文明典范建设[J].新思想引领新时代理论特刊，2022-07-26.

第五节 知识产权的申请与保护

一、知识产权的概念和种类

知识产权是指个人或组织在创造或发明某种知识、技术、创意或作品时所获得的法律保护权利。它是一种对创新成果的独占权，可以保护知识产权持有者对其创造物的使用、制造、销售和授权等权益。在国家自主创新体系中，知识产权的保护和运用具有重要的意义，可以促进创新活动的持续进行和经济的可持续发展。

常见的知识产权主要包括以下三种类型。

（1）专利权。专利权是一种对发明的独占权，它保护发明者对其发明的技术、方法或产品的独立权利。发明者通过获得专利权，可以在一定时间内享有对发明的独占权，防止他人在未经许可的情况下制造、使用或销售该发明。

（2）商标权。商标是用于区分商品或服务来源的标识，它可以是文字、图形、图案、颜色、声音等形式。商标权保护商标所有人对其商标的使用权，并确保消费者能够识别和区分不同商品或服务的来源。

（3）著作权。著作权是保护文学、艺术和学术作品的权利。它包括文字、音乐、绘画、雕塑、电影、软件等各种表达形式的作品。著作权保护作品的原创性和独立性，确保作者对其作品的复制、发表、演出、展示和改编等权益。

除了上述三种常见的知识产权形式，一些商业秘密、集成电路布图设计权等也包括在知识产权的保护范围之内。

二、知识产权的申请

依据我国《专利法》，发明专利的审批流程包括申请受理阶段、初步审查阶段、申请公布阶段、实质审查阶段、授权阶段，这五个阶段通过后，还需处理缴纳年费问题。

（一）申请受理阶段

专利申请实行书面申请原则。因此，在申请专利时，申请人必须向专利机关提交规定的书面申请文件。根据我国专利法的规定，申请发明或实用新型专利的文件主要包括请求书、说明书及其摘要、权利要求书等，而附图在必要时也可包括在说明书中。申请外观设计专利的文件主要包括请求书和外观设计的图片或照片等。在特殊情况下，还需要按规定提交优先权的申请文件副本、国际展览会证明书以及代理人委托书等文件。请求书是专利申请人正式向专利机关提交的一份法律文件，用于请求授予专利权。请求书必须使用专利局制定的统一表格，并需提供两份副本。请求书中的主要内容包括：

（1）发明创造的名称；

（2）申请人、代理人或代表人的身份，包括姓名、国籍、住址、电话等，若多人共同提出某一专利申请，应指定代表人；

（3）发明人或设计人的姓名；

（4）如要求优先权，需注明原申请日和原申请国；

（5）若涉及分案或转让的申请，应说明并标出原申请号；

说明书是一种专利申请文件，以文字形式详细说明所请求专利保护的发明或实用新型的内容。根据我国专利法规定，说明书应对发明或实用新型进行清晰、完整的说明，以使技术领域内的专业人士能够实施该发明或实用新型。说明书是专利申请中最基本的文件之一。以下是说明书的内容：

（1）发明或实用新型的名称，该名称应与请求书中的名称一致；

（2）技术领域，说明所请求保护的技术方案所属的技术领域；

（3）背景技术，详细说明与发明或实用新型相关的背景技术，包括对发明或实用新型的理解、检索和审查等，并引用反映这些背景技术的文献资料；

（4）发明内容，描述发明或实用新型所要解决的技术问题以及采用的技术方案，并与现有技术进行对比，说明发明或实用新型的有益效果；

（5）附图说明，若说明书有附图，需对每幅附图进行简略说明；

（6）具体实施方式，详细描述申请人认为实现发明或实用新型的最佳方式。

说明书的内容对确定专利权利要求的保护范围起着重要作用。因此，说明书必须能够阐述发明创造关键技术的实质，并公开发明创造的基本内容。

（二）初步审查阶段

专利申请人按照规定缴纳申请费的，自动进入初审阶段。发明专利在初审前，首先要进行保密审查，需要保密的应按保密程序处理。实用新型和外观设计专利申请，在初审以前还应给申请人留出2个月的时间，主动修改申请。

在初审程序中，要对申请是否存在明显缺陷进行审查。主要审查以下申请内容：

（1）是否明显违反国家法律、社会公德或妨碍公共利益；

（2）是否明显属于不授予专利权的主题；

（3）是否明显缺乏技术内容，不能构成技术方案；

（4）是否明显缺乏创新性；

(5) 外国人申请是否符合资格要求；
(6) 说明书和权利要求书的撰写是否符合要求；
(7) 经补正是否超出原申请的范围。

实用新型和外观设计专利申请还要审查申请是否明显与已经批准的专利相同，是否明显不是一个新的技术方案或设计。

初审中还要对申请文件是否齐备及其格式是否符合要求进行审查。主要包括以下内容。

(1) 审查各种文件是否采用国家知识产权局专利局制定的统一格式，申请的撰写、表格的填写或附图的绘制是否符合实施细则和审查指南规定的要求。
(2) 应当提交的证明或附件是否齐备，是否具备法律效力。
(3) 说明书、权利请求书、说明书摘要、附图或外观设计图或照片是否符合出版要求。不符合要求的，国家知识产权局将通知申请人在规定的期限内补正或陈述意见，逾期不答复的申请将被视为撤回。经申请人答复后仍未消除缺陷的，将予以驳回。

发明专利申请初审合格的，将发给初审合格通知书。实用新型和外观设计专利申请经初审未发现驳回理由的，将直接进入授权程序。由于发明专利申请还有后续程序，所以初审一般只进行是否有明显不符合要求的审查。

(三) 申请公布阶段

发明专利申请从收到初审合格通知书开始，进入等待公布的阶段。如果申请人提出提前公布的请求，申请将立即进入公布准备程序。经过格式复核、编辑校对、计算机处理、排版印刷等步骤，大约经过几个月的时间，专利公报上将公布并出版说明书的单行本。未提出提前公布请求的申请，需等待申请日满15个月后进入公布准备程序。要求优先权的申请（包括外国优先权和本国优先权），从优先权日起满15个月进入公布准备程序。申请进入公布准备程序后，即使申请人要求撤回专利申请，该申请仍会在专利公报上公布。申请公布后，申请人获得了临时保护的权利，即自申请公布之日起，申请人可以要求实施其发明的单位或个人支付适当的费用。申请公布后，申请中记录的内容成为现有技术的一部分。

(四) 实质审查阶段

发明专利申请公布以后，如果申请人已经提出实质审查请求并已缴纳了实质审查费，国家知识产权局将发出进入实审程序通知书，申请进入实审程序；否则应等待申请人办理实审请求手续。国家知识产权局将在3年期限届满前发出警告通知书通知申请人，告知逾期不提出实质审查的后果。从申请日起满3年，申请人未提出实审请求的或者实审请求未生效的，申请即被视为撤回。

进入实审程序的申请将按照进入实审程序的先后排队等待实审。在实审中，审查员将在检索的基础上对专利申请是否具备新颖性、创造性、实用性以及专利法规定的其他实质性条件进行全面审查。经审查，认为不符合授权条件的，或者存在各种缺陷的，应当通知申请人在规定的时间内（第一次审查意见通知书一般给予4个月的答复期限）陈述意见或进行修改。申请人逾期不答复的，申请被视为撤回。经至少一次答复或修改后，申请仍不符合要求的，将予以驳回。由于实审的复杂性，审查周期一般需要1年或更长时间。

发明专利申请在实质审查中未发现驳回理由的，或者经申请人修改和陈述意见后消除了缺陷的，审查员将制作授权通知书，申请按规定进入授权准备阶段。

（五）授权阶段

实用新型和外观设计专利申请经过初步审查，发明专利申请经过实质审查未发现驳回理由时，审查员会发出授权通知书，申请进入授权登记准备阶段。在授权形式下，审查人员会对授权文本的法律效力和完整性进行复核，对专利申请的著录项目进行校对和修改确认无误。国家知识产权局专利局会发出授权通知书和办理登记手续通知书。申请人收到授权通知书和办理登记手续通知书后，需在2个月内按照通知要求办理登记手续并缴纳规定的费用。若在期限内办理了登记手续并缴纳了规定费用，国家知识产权局专利局将授予专利权，颁发专利证书，在专利登记簿上记录，并在专利公报上公告。专利权从公告日起生效。未按规定办理登记手续或逾期办理的将被视为放弃取得专利权的权利。

三、知识产权的保护

（一）立法渊源

中国知识产权立法起步较晚，但经过迅速发展，现已建立起符合国际先进标准的法律体系。知识产权法的渊源可分为国内立法渊源和国际公约两部分。其中国内立法渊源包括以下内容。

（1）知识产权法律，如著作权法、专利法、商标法等。

（2）知识产权行政法规，如著作权法实施条例、计算机软件保护条例、专利法实施细则、商标法实施条例等。

（3）知识产权地方性法规、自治条例和单行条例，例如深圳经济特区企业技术秘密保护条例。

（4）知识产权行政规章，例如国家工商行政管理局关于禁止侵犯商业秘密行为的规定。

（5）知识产权司法解释，例如《最高人民法院关于审理专利纠纷案件适用法律问题的若干规定》《最高人民法院关于诉前停止侵犯注册商标专用权行为和保全证据适用法律问题的解释》等。

国际条约方面，中国在制订国内知识产权法律法规的同时，加强了与世界各国在知识产权领域的交流与合作，加入了十多项知识产权保护的国际公约。主要的国际公约包括《与贸易有关的知识产权协定》（简称"TRIPS协定"）《保护工业产权巴黎公约》《保护文学和艺术作品伯尔尼公约》《世界版权公约》《商标国际注册马德里协定》《专利合作条约》等。其中，世界贸易组织中的TRIPS协定被认为是当前世界范围内知识产权保护领域涉及面广、保护水平高、保护力度大、制约力强的国际公约，对中国相关知识产权法律的修改起到了重要作用。

（二）知识产权法律法规

知识产权法具有综合性和技术性的特征。在知识产权法中，既有私法规范，也有公法规范；既有实体法规范，也有程序法规范。尽管如此，从法律部门的归属上来看，《知识产权法》仍属于《中华人民共和国民法典》（以下简称"《民法典》"）的范畴，是《民法典》的特别法。大部分《民法典》的基本原则、制度和法律规范同样适用于知识产权领域，并且《知识产权法》中的公法规范和程序法规范都是为确认和保护知识产权这一私权服务的，不占主导地位。

在现代社会中，知识产权作为一种私权在各国普遍得到认可和保护。知识产权制度作为划分知识产品公共属性和私人属性的界限，并调整知识创造、利用和传播中形成的社会关系，已在各国普遍确立，并随着科学技术和商品经济的发展不断拓展、丰富和完善。尤其是在经济全球化的背景下，知识产权制度得到了快速发展和不断创新。当前的世界经济正处于知识经济时代，技术创新已成为社会进步和经济发展的主要动力。与此相应的是，知识产权越来越成为提升市场核心竞争力和实施市场垄断的手段。因此，知识产权制度成为基础性制度和社会政策的重要组成部分。自20世纪末以来，许多国家已从国家战略的高度考虑、制定和实施知识产权战略，并将其与经贸政策相结合。知识产权战略成为国家发展总体战略的重要组成部分，对实现国家总体目标具有重大意义。

中国于2005年成立了国家知识产权战略制定工作领导小组，正式启动了国家知识产权战略制定工作。同时，中国政府也不断加大对知识产权保护的力度。从中国的立法现状来看，《知识产权法》并非一部具体的法典，而只是一个学科概念。我国的知识产权法律制度主要由《中华人民共和国著作权法》《中华人民共和国专利法》《中华人民共和国商标法》《中华人民共和国反不正当竞争法》等若干法律行政法规或规章、司法解释以及相关国际条约等构成。随着知识产权领域的制度创新、法律修订以及理论研究的引人注目，知识产权保护涉及的新问题和新案例不断出现，这极大地丰富了知识产权法学的研究内容，使其获得了长足的发展和丰富的积淀。目前将知识产权法律规范纳入《民法典》。

与知识产权法律制度相关的制度主要有以下几项：

（1）著作权法律制度；

（2）专利证书专利权法律制度；

（3）版权法律制度；

（4）商标权法律制度；

（5）商号权法律制度；

（6）产地标记权法律制度；

（7）商业秘密权法律制度；

（8）反不正当竞争法律制度。

第六章 国家自主创新体系

专栏——石墨烯的发展

石墨烯是一种由碳原子构成的单层薄片,具有出色的导电性、热导性和力学性能。它被认为是一种革命性的材料,有望在能源、电子、医疗等领域带来重大突破。中国科学家在石墨烯领域的研究和创新上取得了显著成果,并且在知识产权方面也有重要突破。

中国科学院苏州纳米所(Suzhou Institute of Nano-Tech and Nano-Bionics, SINANO)是中国科学院下属的研究机构,致力于纳米科技和纳米生物学的研究。该机构在石墨烯材料技术方面进行了深入研究,并且取得了一系列的知识产权成果。

2014年,中国科学院苏州纳米所的研究团队成功获得了一项关于石墨烯制备和应用的发明专利。该专利涵盖了一种高效制备石墨烯的方法,并且为石墨烯在能源存储和传感器等领域的应用方面提供了创新解决方案。

这项专利的获得不仅证明了中国科学院苏州纳米所在石墨烯技术上的创新能力,也为中国在石墨烯领域的发展提供了重要的知识产权支持。同时,该专利的保护也为中国科学院苏州纳米所带来了经济效益和技术竞争优势,进一步推动了该机构在石墨烯材料领域的研究和应用。

资料来源:

[1] 苏州纳米技术与纳米仿生研究所.苏州纳米所电化学法高产率制备石墨烯研究获进展[J].人工晶体学报,2014,43(05):1049.

[2] 胡耀娟,金娟,张卉,等.石墨烯的制备、功能化及在化学中的应用[J].物理化学学报,2010,26(08):2073-2086.

[3] 李旭,赵卫峰,陈国华.石墨烯的制备与表征研究[J].材料导报,2008,(08):48-52.

[4] 徐秀娟,秦金贵,李振.石墨烯研究进展[J].化学进展,2009,21(12):2559-2567.

[5] 傅强,包信和.石墨烯的化学研究进展[J].科学通报,2009,54(18):2657-2666.

第六节 知识产权的应用与转化

一、知识产权的价值和作用

(1)保护创造者权益。知识产权的核心作用是保护知识创造者的权益。它赋予创作者、发明家、设计师等创造者对其作品或发明的独占权,确保他们能够获得应有的回报和利益。这种保护鼓励和激励创新,促进知识的产生和分享。

（2）促进经济发展。知识产权在经济领域发挥着重要的推动作用。它可以激发创新活动，促进科技进步和技术创新，推动产业升级和经济转型。通过保护知识产权，创新者和企业能够获得市场竞争优势，吸引投资，提高产品质量和市场份额，从而推动经济的持续发展。

（3）促进技术交流和合作。知识产权的保护有助于促进技术交流和合作。创新成果得到充分的保护和回报后，创新者更愿意分享知识和技术，与其他企业、研究机构进行合作。这样可以加速技术传播和应用，推动全球创新和进步。

（4）提升市场竞争力。知识产权的保护能够帮助企业建立独特的品牌形象和市场地位。商标和商号权保护确保消费者能够识别和选择自己喜爱的品牌，帮助企业在竞争激烈的市场中树立品牌价值和信誉。同时，商业秘密权的保护也使得企业能够保护自身核心技术和商业机密，保持竞争优势。

（5）推动社会进步和文化繁荣。知识产权保护有助于推动社会进步和文化繁荣。著作权的保护促进文化创作和传承，激发艺术家和作家的创造力，丰富社会文化生活。通过保护地理标志和原产地标记，保护了传统工艺和地方特色产品，促进了地方经济和文化的发展。

综上所述，知识产权的价值和作用体现在保护创造者权益、促进经济发展、促进技术交流和合作、提高市场竞争力、推动社会进步和文化繁荣。

二、知识产权的运营与交易

知识产权的运营与交易是指将知识产权作为一种资产进行管理、运营和交易的活动。具体可以包括如下活动。

（1）运营知识产权。知识产权的运营包括对知识产权进行有效管理和保护，以实现其最大化的价值。这包括建立知识产权管理体系、监测侵权行为、维护知识产权的合法权益等。企业通过运营知识产权，可以保护自身的创新成果和竞争优势，提高市场竞争力。

（2）商业化运作。知识产权的商业化运作是将知识产权转化为商业价值的过程。企业可以通过授权、许可和转让等方式将自身的知识产权转让给其他企业，实现知识产权的商业化价值。这样可以扩大知识产权的影响力和利润回报，同时促进技术传播和市场拓展。

（3）授权与许可。知识产权的授权与许可是指知识产权所有者授权他人使用其知识产权的权利。知识产权所有者通过授权与许可，可以将自己的技术、品牌、作品等许可给其他企业使用，获取使用费用或特定条件下的回报。这种方式可以帮助企业拓展市场，提高知识产权的价值。

（4）转让与收购。知识产权的转让与收购是指将知识产权的所有权从一方转移到另一方的过程。企业可以通过购买他人的知识产权或将自己的知识产权出售给其他企业来实现价值的转移和利益的获取。这种方式可以帮助企业获取新的技术或市场份额，同时提供资金支持和战略合作的机会。

（5）联盟与合作。知识产权的联盟与合作是指企业之间基于知识产权进行的合作关系。企业通过共享知识产权，可以共同开发新技术、拓展市场，实现资源优势互补和风险共担。这种方式可以促进创新和技术进步，提高企业的竞争力。

三、知识产权的应用与转化

知识产权的应用与转化是指将知识产权所涵盖的技术、创意和商业模式应用于实际生产和商业活动，并通过创新和转化创造经济价值。以下是对知识产权应用与转化的介绍。

（1）技术应用与转化。知识产权涵盖了许多技术领域的发明和创新成果，如专利技术、实用新型、集成电路布图等。将这些技术应用于实际生产和工程项目中，可以促进技术的传播和应用。企业可以将专利技术转化为实际产品或解决方案，提升产品品质，降低成本，改善生产效率，从而获得竞争优势和商业利益。

（2）创意应用与转化。知识产权还包括版权作品，如文学、艺术、音乐、影视作品等。这些创意作品可被应用于文化创意产业、娱乐产业、广告营销等领域。通过授权、许可和合作等方式，可以将创意作品转化为衍生产品、品牌推广、广告宣传等商业活动，创造文化价值和商业利益。

（3）商业模式创新与转化。知识产权还涉及商业模式和商业秘密的保护。企业可以通过创新商业模式，利用知识产权为基础，开展新的商业活动。企业通过对商业模式的创新和转化，可以实现市场定位的突破、业务模式的优化，提供独特的产品或服务，从而获得市场份额和商业价值。

（4）技术转让与合作。知识产权的应用与转化还包括技术转让和技术合作。技术转让是指将一方的技术知识产权转让给另一方，以获取技术使用费或特定条件下的回报。技术合作是指企业之间基于知识产权进行的技术交流和合作，通过共享技术资源和专业知识，加快技术创新和市场应用。

（5）创业与创新。知识产权对于创业和创新具有重要的推动作用。创业者可以基于自身的创新成果和知识产权开展创业活动，开发新产品、提供优质服务或运行新的商业模式。知识产权的保护可以提供创业者的合法权益保障，激励创新创业行为，推动经济增长和社会进步。

知识产权的应用与转化可以促进技术创新、推动经济发展、激励创业创新，并为企业创造商业价值和竞争优势。合理运用和转化知识产权，可以在商业环境中获得更多机会和利益，同时也需要遵守相关法律法规，确保知识产权的合法权益。

四、知识产权的管理和维护

知识产权的管理和维护是指有效管理和保护知识产权的过程，旨在确保知识产权的权益得到充分保护和实现。以下是对知识产权管理和维护的介绍。

（1）知识产权管理策略。建立适合企业需求的知识产权管理策略是管理和维护知识产权的基础。该策略应包括对知识产权资产的评估、分类和管理方法的确定，以及知识产权的监控和维护计划的制订。明确管理目标和流程，企业可以更好地控制知识产权的运营和维护。

（2）知识产权保护措施。保护知识产权的有效措施是知识产权管理的核心。这包括申请适当的知识产权保护，如专利、商标、版权等，并遵守相关法律法规。另外，加强内部安全措施、保密制度和合同管理，防止知识产权泄露和侵权行为，也是保护知识产权的重要手段。

（3）知识产权监测和维权。监测市场和竞争对手的行为，及时发现潜在的知识产权侵权行为，是维护知识产权的重要环节。一旦发现侵权行为，应采取适当的维权措施，如发出警告信函、提起诉讼、寻求行政执法等，以保护知识产权的合法权益。

（4）知识产权合作和许可。知识产权管理也包括积极寻求合作和许可机会，以增加知识产权的价值和影响力。企业通过与其他企业或组织进行合作、交叉许可或许可授权，可以实现知识产权的共享和优化利用，推动创新和市场应用。

（5）培训和意识提升。加强员工的知识产权意识和培训，有助于提高知识产权的管理水平和保护意识。企业可以开展相关培训和教育活动，向员工普及知识产权的重要性、保护方法和维权手段，提高整体的知识产权管理素质。

（6）国际知识产权保护。对于涉及国际市场和跨国合作的企业，国际知识产权保护显得尤为重要。了解和遵守不同国家和地区的知识产权法律法规，申请国际知识产权保护，参与国际知识产权合作和争端解决机制，是有效管理和维护知识产权的关键。

企业通过科学、系统地管理和维护知识产权，可以保护自身的创新成果，提高竞争力，并在知识经济时代中获得持续的商业成功。

专栏——国家大学科技园的相关政策

国家大学科技园是指由国家支持和管理的、依托高等学校建设的科技创新平台。以下是一些与国家大学科技园相关的政策。

（1）国家级政策支持：国家大学科技园享受国家级政策支持，例如国家高新技术企业认定、国家科技型中小企业培育等政策，以鼓励和促进科技创新。

（2）税收优惠政策：国家大学科技园可以享受税收优惠政策，例如减免企业所得税、增值税、城市维护建设税等，以降低企业负担，促进创新发展。

（3）科技创新资金支持：国家大学科技园可以获得科技创新资金的支持，包括国家科技计划项目、科技成果转化引导基金、科技创新创业资金等，以支持科技创新和技术转移转化。

（4）人才引进和培养政策：国家大学科技园可以享受人才引进和培养政策的支持，包括引进高层次人才、培育创新创业人才、提供人才住房等措施，以吸引和培养科技创新人才。

（5）产学研合作支持：国家大学科技园鼓励和支持产学研合作，提供产业需求对接、技术转移转化、科研成果转化等支持，促进产学研深度融合，推动科技成果转化为实际生产力。

（6）市场准入和知识产权保护政策：国家大学科技园可以享受市场准入和知识产

权保护政策的支持，包括简化企业注册登记、便利市场准入、加强知识产权保护等，为科技创新企业提供更好的经营环境和法律保障。

重要概念

自主创新　科技创新　知识创新　技术创新　管理创新　知识产权　专利　发明专利　实用新型专利　外观设计专利　专利申请　知识产权保护

复习思考题

1. 自主创新的"自主"是如何体现的？自主创新有什么意义？
2. 自主创新体系包括了哪些要素？
3. 知识产权包括哪些类型？有哪些令你印象深刻的知识产权？
4. 专利的申请流程包括哪些？
5. 知识产权相关法律有哪些？
6. 介绍一个著名的知识产权纠纷案例，并分析避免类似纠纷的方法。

第七章 创业思维与创业活动

学习目标

★ 了解创业活动的内涵和本质。
★ 了解创业活动和认识的演进过程。
★ 熟悉创业活动的类型。
★ 掌握创业思维与逻辑。

> **引例——小米：创业永远在路上**
>
> 小米科技成立于2010年，是一家总部位于中国的全球领先的智能手机和消费电子产品制造商。小米的创始人雷军在创建小米之前曾是一家互联网公司的创始人和高管，他将创业思维带入了小米的发展过程中。
>
> 首先，小米秉承了创新和用户导向的理念。它致力于为用户提供高品质、高性能的智能手机和消费电子产品，以满足用户的需求和期望。小米注重用户反馈和市场需求，不断改进和创新产品，为用户带来更好的体验。创新是小米的核心竞争力之一，它不断推出具有创新功能和设计的产品，如全面屏手机、智能家居设备等，引领行业的潮流。
>
> 其次，小米具备敏捷的市场反应和快速决策的能力。小米采用了"互联网+供应链"的商业模式，建立了高效的供应链体系和快速决策机制。这使得小米能够更快地将产品推向市场，捕捉市场机遇，并在竞争激烈的手机行业中保持竞争优势。小米的供应链管理和生产调度能力也为其提供了成本优势，使得产品能够以相对较低的价格提供给用户。
>
> 此外，小米注重品牌建设和用户社区的发展。小米通过创新的营销策略和互联网推广，建立了强大的品牌认知度和用户忠诚度。小米还致力于与用户建立紧密的联系，通过线上线下活动、社交媒体等方式与用户互动，听取用户的意见和反馈，并根据用户需求进行产品调整和优化。这种与用户的密切互动使小米能够更好地了解市场需求，并快速响应。
>
> 最后，小米具备良好的团队合作精神和创业文化。小米鼓励员工积极创新和追求卓越，并提供广阔的发展空间和机会。小米的创始人雷军也在公司内部倡导创业精神和激励员工不断进取。小米的团队成员都具备创业思维，他们敢于冒险、勇于尝试新事物，并且愿意迎接挑战。
>
> 小米科技作为一家具备创业思维的中国制造业企业，通过创新、快速决策、品牌

第七章 创业思维与创业活动

> 建设和团队合作等方式,成功地在竞争激烈的市场中脱颖而出,成为全球知名的科技企业之一。它的成功经验对其他中国制造业企业也提供了借鉴和启示,鼓励他们拥抱创新和创业精神,实现可持续发展和全球竞争力的提升。
>
> **资料来源:**
> [1] 贺林.小米手机公司的发展战略研究[D].北京:北京邮电大学,2013.
> [2] 曾锵.大数据驱动的商业模式创新研究[J].科学学研究,2019,37(06):1142-1152.

第一节 创业的内涵及本质

一、创业的社会联系

创业是一种长期存在的社会现象,尽管人们在很长一段时间内并不知道他们正在从事创业活动。后来,人们开始注意到这个相对特殊的群体,并逐渐将其称为企业家,通过观察企业家的行为,形成了对创业活动的基本认识。随着社会的变迁,对企业家及其创业活动的认识也在不断深化。

创业一词源于法语"entreprendre",最初的含义是"承相"(toundertake),最早见于16世纪,指的是参与军事征战的人们。18世纪初,法国人将该词用于从事探险活动的人。1755年,法国经济学家理查德·坎特龙出版了名为《一般商业之性质》的著作,首次将企业定义为承担某种风险的活动,因为企业要以确定的价格购买商品,然后以不确定的价格售出商品。坎特龙将从事经济行为的人称为企业家,因为这些人是不能按固定的价格买卖的,他们要面对不确定的市场而承担风险。这应该是经济领域对创业的最早描述,从此创业就与风险紧密地联系在一起。

18世纪后期,重农学派的经济学家如弗朗索瓦·魁奈和魁奈平·鲍杜,将从事农业栽培的人称为企业家。他们认为,唯有农业是社会产品的来源,从事农业的企业家是至关重要的。这样,他们第一次将企业家与产业联系在一起,并将其含义由"承担风险"扩展到"承担风险"和"创新"两个方面。

到19世纪初,企业家的含义又从农业扩展到工业以及整个经济活动中。让·巴蒂斯特·萨伊在其1803年出版的《政治经济学论文》和1815年出版的《政治经济学精义》中指出,企业家是"将一切生产手段(劳动、各种形式的资本或土地等)组合起来的经济行为者,是在作为使用生产手段的结果(产品)的价值中,能够发现有可供使用于扩大总资本,并可用于支付工资、利息或地租以及获得自己的利润的人。他必须预见特定产品的需求以及生产手段,必须发现顾客,一言以蔽之,必须掌握监督与管理的技能。在如此复杂的活动过程中,必须克服许多困难,必须压抑住许多忧虑,必须动脑筋想出许多方法"。

很明显,萨伊认为企业家是那种具有判断力、忍耐力等特殊素质,并且掌握了监督和管理能力的人。

二、创业活动的特征

创业具有至少两个层面的含义。第一个层面是指创业者及其团队为孕育和创建新企业或新事业而采取的行动,包括新企业的生存和初期发展。第二个层面是指创业者精神,也被称为企业家精神,主要涵盖创业者及其团队在开展创业活动中所展现出的抱负、执着、坚忍不拔、创新等品质,以及一些相对独特的技能。

(1)创业活动更多地依赖于创业者及其团队的个人能力。管理学科产生的主要驱动力是集体活动的存在和需求,其研究对象主要是组织活动。大公司和相对规范的经营管理工作需要依靠组织的力量来完成。而创业活动则不同,特别是初期的创业活动更多地依靠个人的力量和智慧。长期以来,一种普遍存在的观点是:创业的成败主要取决于创业者的个人素质,一些客观事实也证实了这一点。柳传志对于联想、马云对于阿里巴巴等都是如此。尽管这样的创业会给企业发展带来一些问题,但创业者对创业活动的重要性甚至具有决定性作用是被广泛接受的,今后很长一段时间仍然如此。目前,学术界存在争论,甚至有人质疑创业成败是否取决于创业者的天赋,这并不是否定创业者的作用,而是关注创业者所具备的品质和技能是不是天生的,以及是否可以通过学习和后天培养来发展。

(2)创业活动是在高度资源约束下进行的商业活动。大多数创业者都经历了从零开始的过程,如果一个人拥有丰富的资源,可能就会失去创业的动力。实际上,一些创业活跃的地区往往并非资源丰富、交通便捷的地方,例如温州就是一个创业活跃但资源匮乏、交通不便的地区。为什么会这样呢?原因是多方面的。创业往往涉及变不可能为可能,大家都认为不可能,自然也不愿意为创业者提供资源。个人和单一组织所拥有的资源总是有限的,而创业者在创业初期能够筹措到的资源也是有限的,只能从零开始。由于资源的限制和约束,创业者常常需要寻找那些不需要大量资源投入的机会来进行创业活动,因此大多数创业活动的启动资本并不高,甚至只需很少的资金就能启动。创业活动的这一特点带来了完全不同的结果:一方面,由于资源的约束,一些创业者形成了自力更生的个性和习惯,长期不依赖银行贷款并以此为豪,这极大地促进了事业的发展;另一方面,一些创业者为了摆脱资源约束的困境,积极寻求资源获取渠道和整合手段的创新,探索出创造性整合资源的新机制,成为成功创业的重要保证。

(3)创业活动是在高度不确定环境中进行的商业活动。高度不确定性是创业活动最显著的特点。回顾30多年来中国改革开放的历程,其本身就是典型的创业活动,在这个过程中,人们最为深刻记住的是"摸着石头过河"和"不管白猫黑猫,抓着老鼠就是好猫"这两句名言。在微观层面的创业活动中,许多也是以这种方式展开的。原因在于创业者面临着高度不确定性,包括颠覆性和可能的混乱,未知的顾客和竞争对手,以及模糊且动荡的前景。

三、创业活动的本质

创业的本质可以从不同角度进行定义。一种狭义的定义是指创建新企业,通常用英文词汇"start-up"来描述。按照这种定义,创业与其他工作可以相对容易地区分开来。另一种广义的定义将创业理解为开创新事业,常用英文词汇"entrepreneurship"来描述。在这种广义的定义中,任何在不确定情况下开发新产品或新业务的人都可以被视为创业者,无论他们自己是否意识到这一点,无论他们是在政府部门、获得风险投资的公司、非营利机构还是由财务投资人主导的营利性企业。

狭义的创业定义可以被看作是广义创业的具体体现。在创业活动越来越活跃且对社会经济发展的贡献日益突出的今天,为了探索创业的本质,弘扬创业精神,越来越多的人倾向于使用广义的创业定义。

哈佛大学霍华德·史蒂文森教授这样定义创业活动:创业是在不受当前资源条件限制下对机会的追寻,通过组合不同的资源来利用和开发机会,并创造价值的过程。而我们认为,更完整理解创业的定义应该从一个更全面的视角看待创业的本质,包括以下几个主要方面。

(1)创造价值。创业的本质在于创造新的价值和机会。创业者通过创新、创造和整合资源,提供新的产品、服务或解决方案,满足市场需求,并为社会创造经济和社会价值。

(2)承担风险。创业本质上涉及承担风险。创业者在面对不确定性和风险的情况下,愿意采取行动,并投入资源、时间和精力,以追求商业成功。创业者必须具备勇气和决心,面对失败和挫折,并适应不断变化的环境。

(3)创新与变革。创业本质上与创新和变革密切相关。创业者通过引入新的理念、技术、业务模式或组织形式,推动经济和社会的进步和变革。创新是创业的核心动力,创业者不断寻找和利用机会,改变现有的商业格局和规则。

(4)创业精神与行动。创业的本质还体现在创业精神和行动中。创业者具备积极的思维方式、创业意识和创业能力,敢于冒险、追求梦想,并通过实际行动将创意和想法转化为现实。创业需要创造力、决策能力、领导力和执行力等综合素质。

总体而言,创业的本质是通过创造价值、承担风险、推动创新和变革,以及展现创业精神和行动,创造个人和社会的经济繁荣和进步。创业是一种积极的人生态度和行为方式,具有重要的经济、社会和个人意义。

四、创新与创业的联系

创业与创新之间存在着密切的联系。创业是指创造、发展和管理新的商业机会的过程,而创新是指引入新的想法、方法或产品,从而创造出更高的价值或解决现有问题的能力。

首先,创业需要创新。创业者通常需要以创新的思维方式来发现和识别商业机会,并

通过引入创新的产品、服务或业务模式来满足市场需求。创新可以帮助创业者区分自己的企业或产品，与竞争对手形成差异化，并在市场上获得竞争优势。创业者的创新能力和敏锐的洞察力是推动创业成功的关键要素之一。

其次，创新可以促进创业的可持续发展。市场环境不断变化，消费者需求不断演变，企业需要不断进行创新来适应和应对这些变化。创业者通过创新来改进产品、服务或运营模式，以保持竞争力并满足市场需求。创新能够帮助创业企业在竞争激烈的市场中生存并不断发展壮大。

最后，创业和创新相互促进。创业者常常是具有创新思维和创新精神的人，他们通过创新来开拓新的商业机会并实现创业目标。同时，创业过程中的挑战和需求也激发了创新的动力，促使创业者不断探索新的解决方案和创造性的方法。

总之，创业和创新是相互关联且相互促进的概念。创新为创业者提供了关键的竞争优势和可持续发展的基础，而创业则为创新提供了实现和应用的平台。创业和创新的结合能够推动经济的发展和社会的进步。

专栏——"看"出精彩

北京小鸟看看科技有限公司成立于2015年，致力于研发和销售智能家居产品，通过创新的技术和设计，为用户提供智能化、便捷化的家居体验。

小鸟看看最知名的产品是他们的智能摄像头系列，其中包括室内摄像头、户外摄像头和车载摄像头等。这些摄像头可以通过手机应用远程控制和监控，用户可以随时随地通过手机查看家里或办公室的实时画面，确保安全和便利。同时，这些摄像头还配备了人工智能算法，能够识别人脸、监测动作和声音，并提供智能提醒和警报功能。

除了智能摄像头，小鸟看看还推出了其他智能家居产品，如智能灯泡、智能插座和智能门锁等。这些产品可以与手机或智能音箱等设备连接，实现远程控制和自动化控制，让用户更加方便地管理和控制家居设备。

小鸟看看在创新方面有着独特的优势。他们注重用户体验和产品设计，致力于将智能家居产品融入用户的日常生活。公司拥有强大的研发团队，专注于人工智能、图像识别和物联网技术的研究与应用。他们不断推出新的功能和服务，满足用户对智能家居的需求，赢得了用户的信任和认可。

小鸟看看还注重市场推广和渠道拓展。他们通过线上和线下渠道进行产品销售，与电商平台合作，提高产品的曝光度和销售量。同时，他们也与房地产开发商合作，在新建的房屋中安装智能家居设备，推动了智能家居的普及和应用。

小鸟看看的创业成功得益于他们对市场需求的准确判断和敏锐的洞察力。他们抓住了智能家居行业的机遇，利用自身的技术和设计优势，推出了高品质的智能家居产品，满足了用户对智能化生活的需求。同时，他们还注重与合作伙伴的合作和交流，通过与其他企业的合作，共同推动智能家居产业的发展。

总的来说，小鸟看看是一家比较有代表性的创业企业，他们通过创新的技术和设计,以用户为中心,推出了领先的智能家居产品,实现了业务的快速增长和市场份额的提升。他们的成功经验为其他创业者提供了有益的启示,即注重创新、关注用户需求、与合作伙伴合作,才能在竞争激烈的市场中取得成功。

第二节 创业的演进与发展

一、创业活动的演进

创业活动的发展史可以追溯到人类社会的早期。以下是一些重要的里程碑和阶段,展示了创业活动的演变过程。

(1) 古代时期。在人类社会早期,人们开始进行农业、手工艺和贸易等活动。这些活动可以看作是早期创业的形式,人们通过自己的努力和创造力创造财富并提供产品和服务。

(2) 工业革命时期。18世纪末至19世纪初的工业革命标志着现代创业活动的起步。工业革命带来了机械化生产、大规模制造和工厂系统的兴起,为创业家提供了更多机会。创业家如詹姆斯·瓦特和亨利·福特等人通过创新的工艺和商业模式改变了产业格局。

(3) 创新与技术发展。20世纪见证了科技和创新的迅猛发展。电子技术、计算机和通信领域的进步推动了新的创业机会的出现。创业家如比尔·盖茨、史蒂夫·乔布斯等人利用新技术创造了跨越性的企业,并改变了整个行业。

(4) 创业生态系统的形成。近年来,创业生态系统的概念得到广泛关注。创业生态系统是指包括创业者、创业投资者、孵化器、加速器、大学和政府等在内的一系列组织和机构的集合,旨在支持和促进创业活动的发展。创业生态系统提供了资源、支持和网络,帮助创业者更好地实现他们的创业目标。

(5) 社会创业和可持续发展。近年来,社会创业和可持续发展成为创业活动的重要趋势。社会创业家致力于解决社会和环境问题,通过商业模式创新和社会影响力的实现来推动可持续发展。这种创业形式强调经济、社会和环境的整合,追求社会价值和商业成功的平衡。

总的来说,创业活动的发展史展示了创业在不同时期和背景下的变革和演进。从个体劳动到机械化生产,再到科技创新和全球化,创业一直是经济发展和社会进步的重要推动力。创业的发展也反映了社会需求的变化和新兴领域的出现,为创业者提供了更广阔的机会和挑战。

二、创业认知的演进

人们对创业的认知经历了演进过程。最初,创业被视为风险高且不被广泛认可的活动。随着时间推移,人们从经济角度开始研究创业,认识到创业对经济增长和就业的重要

性。随着科技进步,创新成为人们关注的焦点,创业者被赋予了创新者和变革者的角色。近年来,人们将视角从单一拓展为综合,认识到创业是一个复杂的现象,受到多个因素的影响。这种认知演进有助于更全面地理解创业的本质和影响,为创业者和政策制定者提供准确的指导和支持。按时间顺序,对创业的认识可以分为三类:个体观、过程观和认知观。

(1)个体观。在早期阶段,对创业的认识主要集中在个体层面,强调创业者的个人特质和行为。这种观点认为创业是个体的行为和决策,成功与否主要取决于创业者的个人素质、经验和能力。个体观强调创业者的创造力、决策能力和创业精神对创业活动的重要性。

(2)过程观。随着时间的推移,对创业的认识逐渐从个体层面扩展到创业过程和环境的层面。过程观强调创业是一个动态的过程,涉及从机会识别到资源整合、市场开拓和组织建设等一系列阶段。这种观点认为创业是一个系统性的活动,需要考虑外部环境、市场需求、竞争情况以及资源配置等因素。

(3)认知观。近年来,对创业的认识逐渐转向对创业者认知和决策过程的研究。认知观认为创业是一种认知活动,创业者的认知过程和心理模式对创业结果产生重要影响。这种观点强调创业者的主观认知、判断和决策在创业过程中的作用,关注创业者的创新思维、风险意识和机会识别能力。

这三类认识的演变反映了对创业理解的深化和拓展。从个体特质到创业过程再到认知模式,我们对创业的认识越来越全面和综合,从不同角度揭示了创业活动的本质和特点。这种多维度的认识有助于我们更好地理解创业现象,并为创业者提供更准确的指导和支持。

专栏——雅培的前世今生

雅培公司(Abbott Laboratories)是一家具有悠久历史的美国制药和医疗设备公司。该公司成立于1888年,由华莱士·C.雅培(Wallace C. Abbott)创办,总部位于美国伊利诺伊州的北芝加哥。

雅培公司的创业故事始于华莱士·C.雅培的个人努力和创新精神。华莱士·C.雅培在19世纪末是一名药剂师,他对医学科学和药物研究充满热情。他意识到当时的药物市场存在着很大的问题,药品的质量和可靠性无法得到保证,很多患者因此受到伤害。

为了改变这一局面,华莱士·C.雅培决定自己创办一家药品公司,以提供高质量、可靠的药物和医疗产品。1888年,他在伊利诺伊州芝加哥成立了雅培公司,并开始生产和销售药品和医疗用品。

在早期的创业过程中,华莱士·C.雅培秉持着对科学和创新的执着追求。他聘请了一些优秀的科学家和研究人员,致力于开发新的药物和医疗技术。他还与当时的医学界保持着紧密的联系,了解患者的需求和医疗领域的发展趋势。

随着时间的推移,雅培公司不断壮大并取得了许多创新的成就。他们开发了许多重要的药物和医疗设备,包括抗生素、疫苗、诊断试剂和医疗仪器等。这些创新产品为医疗领域带来了巨大的变革和进步,提高了患者的生活质量和医疗保健的水平。

雅培公司的创业故事也体现了创始人对于社会责任的关注。华莱士·C.雅培一直致力于改善人们的健康状况,并将公司的发展与社会责任紧密结合。他通过投资医学研究、支持教育项目和提供慈善捐赠等方式,回馈社会,帮助更多的人获得医疗救助。

如今,雅培公司已成为全球知名的医疗健康公司,业务涵盖制药、医疗设备、诊断产品和营养品等领域。他们在全球范围内拥有广泛的产品线和客户群体,致力于通过创新和科学的方法改善人们的生活质量。

雅培公司的创业故事展示了一家具有悠久历史的公司如何通过创新、科学和社会责任感实现了持续发展和成功。他们的故事启示我们,创业不仅要有远见和勇气,还需要对社会和人类福祉的关注,以实现长期的可持续发展。

第三节 创业的类型

一、分类的维度

对创业的基本分类可以围绕以下三个维度展开:创业者维度、创业区域维度以及创业效果维度。

(1)创业者维度。这个维度关注的是创业的主体或参与者。根据主体的不同,可以将创业分为个体创业和团队创业。个体创业是指由个人独立进行的创业活动,而团队创业则是指由一群人合作共同创办企业或开展创业活动。

(2)创业区域维度。这个维度关注的是创业活动发生的地点或范围。从这个维度,可以将创业分为国内创业和国际创业。国内创业是指在自己所在的国家内开展创业活动,而国际创业则是指跨越国界,在不同国家或地区开展创业活动。

(3)创业效果维度。这个维度关注的是创业活动的结果或影响。从这个维度,可以将创业分为经济创业和社会创业。经济创业强调的是创业活动对经济方面的影响,包括创造就业机会、推动经济增长和创造价值等。社会创业则关注创业活动对社会问题的解决和社会影响的积极性,如解决环境问题、改善社会福利等。

这些维度的组合和交叉,可以得到更具体和多样化的创业分类,帮助我们更好地理解和研究创业活动。

二、创业的分类

分析创业活动的类型有助于更高效、准确地学习创业知识以及识别创业机会。根据不同维度,创业可以有多元的划分方式,下面是一些典型的创业活动的类别。

(1)生存型创业与机会型创业。该分类是根据创业者的创业动机、全球创业观察项目来定义的。生存型创业指的是创业者由于没有其他更好选择,不得不参与创业活动以解决面临的困境,例如下岗职工的创业行为常属于这类。而机会型创业则指的是创业者出于个人抓住现有机会并实现价值的强烈愿望而进行创业,因为创业具有更好的机会,例如李彦宏创建百度公司就属于机会型创业。

(2) 个体创业与公司创业。这是根据创业活动发生场所和创业者的个体差异进行的分类,个体创业主要指的是不依托于特定组织而进行的创业活动,而公司创业主要指由已有组织发起的创造、更新和创新活动,创业活动是由组织内的个体或团队推动的。尽管个体创业和公司创业在创业的本质上有许多共同点,但由于初始资源、组织形式和战略目标的不同,它们在承担创业风险、获得成果、创业环境和创业成长等方面存在着显著差异。

(3) 基于创业初始条件的分类是针对创业活动中资源匮乏的情况进行的分类。研究创业活动的初始条件对于分析其特点、预测其发展演变规律具有重要意义。在这方面,芝加哥大学教授阿马·毕海德的研究工作具有影响力。毕海德通过考虑不确定性和投资两个维度构建了一个关于投资、不确定性和利润的动态模型。他指出创业并不仅指创业者或创业团队创建新企业,大型企业同样可以进行创业活动。在他的模型中,他将创业概括为五种类型,包括边缘企业、具有潜力的初创企业、与风险投资相关的初创企业、大公司内部的创新举措以及具有革命性的创业企业。Bhide 运用经济学知识结合实际调查资料,对不同类型的创业活动进行了深入对比研究(详见表7-1)。

表7-1 创业分类对比

因素	冒险型创业	风投融合型创业	大公司的内部创业	革命性创业
创业的有利因素	创业的机会成本低,技术进步等因素使得创业机会增多	有竞争力的管理团队,清晰的创业计划	拥有大量的资金,创新绩效直接影响晋升;市场调研能力强,对R&D的大量投资	无与伦比的创业计划,集财富与创业精神于一身
创业的不利因素	缺乏信用,缺乏技术管理和创业经验,难以从外部筹措资金	竭力避免不确定性,追求短期快速成长,市场机会有限,资源的限制	企业的控制系统不鼓励创新精神,缺乏对不确定性机会的识别和把握能力	大量的资金需求,大量的前期投资
获取资源	固定成本低,竞争不是很激烈	个人的信誉,股票等激励措施	良好的信誉和承诺,资源提供者的转移成本低	富有野心的创业计划
吸引顾客的途径	上门销售和服务,了解顾客的真正需求,全力满足顾客需要	目标市场清晰	信誉、广告宣传,关于质量服务等多方面的承诺	集中全力吸引少数的顾客
成功的基本因素	企业家及其团队的智慧面对面的销售技巧	企业家团队的创业计划和专业化管理能力	组织能力、跨部门的协调及团队精神	创业者的超强能力,确保成功的创业计划
创业的特点	关注不确定性程度高,但投资需求少的市场机会	关注不确定性程度低、广阔且发展快速的市场和新的产品或技术	关注少量的经过认真评估的有丰厚利润的市场机会	技术或生产经营过程方面;实现巨大创新,向顾客提供超额价值的产品或服务

（4）基于效果的分类。对创业效果进行分类有助于创业者关注创业活动的效果，提升创业活动的质量，并促进创业活动的成功。在这方面，克里斯汀和戴维森提出了一种具有代表性的分类方式，他们根据创业对市场和个人的影响程度将创业分为四种基本类型。首先是复制型创业，即在现有经营模式基础上的简单复制，创新贡献较低且缺乏创业精神；其次是模仿型创业，虽然创造的价值较少，但对创业者本身的命运改变较大，具有较高的不确定性；再次是安家型创业，创业者从事的仍然是熟悉的工作，但通过为市场创造新的价值，为消费者带来实惠；最后是冒险型创业，这种模式将极大地改变个人命运，从事全新的产品经营，面临较高的失败可能性，但预期的报酬较高。了解不同类型的创业活动有助于把握其本质和关键要素，并指导理论研究和实践活动。（详见图7-1）。

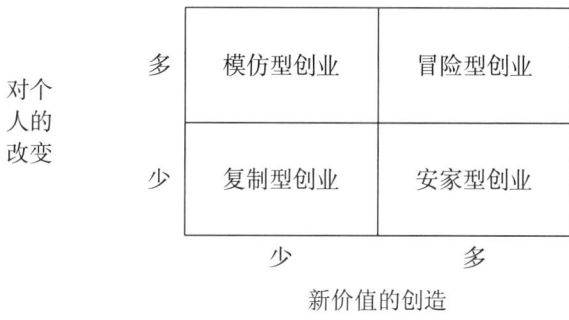

图7-1 价值创造型创业

第四节 创业思维与逻辑

一、创业思维

创业思维是一种强调创新、机会和行动的思考方式和心态。它包括创新意识、机会识别、承担风险、行动导向和创业者心态等关键要素。创业思维不仅适用于创业者，也在各个领域和职业中发挥作用。它要求人们具备发现和利用新机会的能力，勇于承担风险并能有效管理风险，注重实践和执行，具备积极乐观的心态和坚韧的毅力。创业思维的核心在于打破传统思维模式，追求创新和价值创造，不仅在创业过程中起重要作用，也在职业发展、组织管理和社会创新中具有重要意义。

（1）利用手头资源快速行动。创业并不是仅仅依靠识别机会和设定目标，而是先分析自己的身份、知识和社会网络，了解手头拥有的资源。创业行动应该是资源驱动，而不是目标驱动；创业者应该利用已有手段和资源来创造新企业，而不是等待所有条件完备才开始行动。创业类似于一个只有三根残弦的乐器演奏者，你可以利用有限的资源创造出怎样的价值呢？

（2）根据可承受损失而不是预期收益采取行动。创业者需要首先确定自己可以承受的损失和愿意承担的风险大小，然后再决定投入的资源，而不是仅考虑创业项目的预期回报。因为预期收益是不确定的，但失败可能带来的损失是确定的。在采取行动之前，创业者应该只投入自己能够承受和愿意冒险的程度的资源，以免变成赌徒。在考虑资源投入时，需要综合考虑金钱、时间、职业声誉、个人声誉、心理成本和机会成本等各种成本。

（3）小步快走，多次尝试。果敢的大步行动可能带来巨大好处，但如果第一步走错了，就无法获得这些好处。第一次成功的概率很低，因此小步行动通常更明智。通过小步行动，可以多次尝试，而大步行动会增加面对无法预测事物的风险。通常情况下，如果在尝试新方法后获得成功，你很快就会被认为是这个方面的专家。因此，持续尝试是成功的关键驱动因素之一。

（4）敏锐的观察力和洞察力。成功的创业者具备敏锐的观察力和洞察力，能够发现潜在的机会和市场需求。他们能够观察到社会、技术和行业的变化，并将其转化为创业机会。创业者通过不断关注和研究市场趋势，能够更好地抓住机会，为自己的创业项目带来成功。

（5）创新和变革意识。创业者需要具备创新和变革意识，不断寻求新的解决方案和商业模式。他们能够挑战传统观念，勇于打破常规，并在市场中引入新产品。创新和变革是推动创业成功的关键因素，能够使创业者在竞争激烈的市场中脱颖而出。

（6）团队合作和资源整合能力。创业者应该重视团队合作和资源整合能力。创业往往是一项复杂的任务，需要不同领域的专业知识和技能。创业者需要懂得吸引和组建高效的团队，将各种资源整合起来，共同为实现创业目标而努力。良好的团队合作和资源整合能力可以为创业者提供更强大的支持和竞争优势。

（7）坚韧和适应能力。创业道路充满了挑战和不确定性，创业者需要具备坚韧和适应能力，面对困难和失败时不轻易放弃。他们要有足够的毅力和决心，持续追求自己的创业梦想。同时，创业者也需要具备适应能力，能够灵活调整策略和方向，以适应市场和环境的变化。

这些都是成功创业者所具备的关键特质，通过运用这些思维模式，创业者可以更好地应对挑战、抓住机会，并取得创业成功。

二、效果逻辑与因果逻辑

根据萨阿斯·萨阿斯瓦斯的实验研究结果，成功创业者具有以下几点特征。首先，他们从手段驱动而不是目标导向开始行动。他们并非一开始就有明确的愿景或产品创意，而是先思考自己的身份和知识，然后联系潜在利益相关人群，寻找合作机会。其次，他们在评估机会时考虑的是可承受的损失，而不是预期收益。他们意识到未来是不可预测的，因此将潜在损失降低到可接受的程度，并通过反复实验获取宝贵的新资源组合。再次，成功创业者会利用意外而不是回避意外。他们保持灵活性，利用突发事件重新审视手段和目标,并看到意外中可能开启的新机会。最后,他们会召集一些愿意加入自己的人,并建立大量合作关系,将最初的客户、供应商和投资者转化为合作伙伴、员工或其他角色。他们与利益相关者共同合作、共同承诺、共同创造事业并营造相应的环境。这种效果逻辑理论与因果逻辑理论相对应,强调利益相关者和手段导向,而不是依赖精确预测和明确目标的预测逻辑。

大部分人从书籍和网络上学习的创业规律通常是遵循一种因果逻辑:先进行市场研究和竞争分析;然后细分目标市场,制定营销策略,计算成本和定价,并进行财务规划;最后编写商业计划,整合资源,组建团队并建立新企业。然而,效果逻辑则强调了一种更务实的原则,强调从创业者自己的身份、知识和人脉开始,尽可能利用少量资源来做可以做的事情。与大量潜在利益相关人互动,并就实际投入进行谈判,根据实际投入来重新塑造创业的具体目标。然后重复这个过程,直到利益相关人和资源投入的链条收敛到一个可行的新创企业。这种效果逻辑的方法更加注重实际行动和与利益相关人的互动,强调在实践中不断调整和重塑创业目标,以适应不确定的环境。与因果逻辑相比,效果逻辑更加弹性和灵活,能够更好地适应创业过程中的变化和不确定性。

因果逻辑和效果逻辑都要求创业者具备基本的商业技能,例如合理的会计实践、遵守企业运营环境的法律规定,以及财务和人员管理的日常机制。同时,两种逻辑也都要求创业团队能够有效地执行新创企业所做出的承诺。然而,这两种逻辑的主要驱动力是不同的,见表7-2所列。

表7-2 创业活动的两类逻辑

因素	效果逻辑	因果逻辑
对未来的认识	创造:未来是人们主动行动的某种偶然结果,预测是不重要的,人们要做的是如何去创造未来	预测:把未来看作是过去的延续,可以进行有效预测
行为的原因	能够:做你能够做的,而不是根据预测的结果去做你应该做的	应该:以利益最大化为标准,通过分析决定应该做什么
采取行动的出发点	手段:从现有的手段开始,设想能够利用这些手段采取什么行动,实现什么目标;这些子目标最终结合起来构成总目标	目标:从总目标开始,总目标决定了子目标,子目标决定了要采取哪些行动
行动路径的选择	偶然性:选择现在的路径是为了使以后能出现更多、更好的途径,因此路径可能随时变换	既定承诺:根据对既定目标的承诺来选择行动的路径
对风险的态度	可承受的损失:在可承受的范围内采取行动不去冒超出自己承受能力的风险	预期的回报:更关心预期回报的大小,寻求能使利益最大的机会,而不是降低风险
对其他公司的态度	伙伴:强调合作,与顾客、供应商甚至于潜在的竞争者共同创造未来的市场	竞争:强调竞争关系,根据需要对顾客和供应商承担有限的责任

三、精益思想与精益创业

精益思想是一种管理和运营方法论，旨在通过最小化浪费和专注于创造价值的活动，提高创业企业的效率和竞争力。它最初源自丰田生产系统，后来被应用于创业领域，成为一种广泛采用的管理理念。

精益创业是一种创业方法论和管理理念，旨在帮助创业者降低风险、提高效率，并以最小的成本验证商业模式的可行性。精益创业方法强调通过持续的实验和快速迭代，以客观数据为依据，逐步建立和发展创业企业。精益创业的核心思想是以最小可行产品（Minimum Viable Product，MVP）为基础进行验证。MVP是指产品或服务的最简单版本，仅包含核心功能，足以满足用户的基本需求。创业者通过尽早推出MVP，并观察用户的反馈和行为，了解市场需求和用户偏好，从而进行进一步的改进和优化。精益创业的步骤通常包括以下几个阶段。

（1）假设设立（Hypothesis Setting）。在创业过程中，创业者需要设立各种假设，包括目标市场、用户需求、解决方案等。这些假设是创业的基础，需要明确并定义。

（2）构建最小可行产品（Build Minimum Viable Product，MVP）。根据设立的假设，创业者开发出最小可行产品，即包含最基本功能的产品版本。MVP的目标是验证创业假设，测试市场反应和用户需求。

（3）测试和学习（Test and Learn）。创业者将MVP推向市场，并与用户互动、收集反馈。创业者通过实验和数据收集，观察用户的行为和偏好，了解产品的可行性和市场潜力。

（4）数据分析和迭代（Data Analysis and Iteration）。根据收集到的数据和用户反馈，创业者进行数据分析，评估产品的表现和市场反应。根据分析结果，对产品进行迭代和改进，以逐步优化产品的特性和市场适应度。

（5）持续实验和改进（Continuous Experimentation and Improvement）。精益创业是一个持续的循环过程，创业者需要不断进行实验、学习和改进。他们根据新的假设和发现，调整产品、市场定位和业务模式，以适应市场需求和变化。

（6）规模扩展和增长（Scale and Growth）。当创业者逐渐验证和完善了商业模式，产品市场适应度增强，他们可以考虑规模扩展和增长。这包括市场扩张、产品线拓展、团队建设和投资等方面的努力。

总的来说，精益创业的步骤是基于实验和迭代的过程，通过不断测试、学习和改进，以最小化风险和资源浪费，找到成功的商业模式和市场适应度。创业者需要灵活应对市场变化，持续进行实验，并根据数据和反馈做出决策，以不断优化和发展他们的创业企业。在实施精益创业时，要注意保持对应的精益思想，主要包括以下内容。

（1）保持敏捷性。精益创业注重快速迭代和灵活应对市场变化。创业者应保持敏捷性，及时调整策略和方向，以适应不断变化的市场需求和用户反馈。

（2）以问题为导向。创业者应以解决问题为出发点，关注用户需求和市场痛点。深入了解用户需求和问题，提供有针对性的解决方案，从而建立竞争优势。

（3）专注于关键指标。在创业过程中，创业者应关注关键指标和度量，以评估产品的表现和市场反应。这些指标可能包括用户增长率、用户留存率、转化率等，通过这些指标来判断创业的成功与否。

（4）倾听用户反馈。创业者应密切关注用户反馈，包括用户的意见、建议和投诉。倾听用户的声音，了解他们的需求和偏好，可以指导产品的改进和优化。

（5）高效利用资源。精益创业要求创业者以最小的成本实现最大的效益。在资源有限的情况下，创业者应高效利用现有资源，避免浪费，并寻找创新的方法来解决问题。

专栏——雷军的创业思维

雷军是中国著名的企业家和创业者，他是小米科技的创始人兼CEO。他展现了独特而成功的创业思维，对于小米科技的崛起和发展起到了重要的推动作用。

（1）创新意识。雷军具备强烈的创新意识，他认识到移动互联网时代的机遇和潜力，并看到了中国市场对高性价比智能手机的需求。他决心在这一领域进行创新，推出性价比极高的小米手机，引领了中国智能手机行业的变革。

（2）机会识别。雷军善于识别机会，并及时抓住市场的变化和需求。他敏锐地观察到了中国手机市场的空白和机会，意识到人们对高性价比产品的渴望，因此以此为切入点，开辟了小米品牌的市场空间。

（3）承担风险。雷军在创业过程中勇于承担风险，并善于管理风险。他放弃了在金山软件的高薪职位，决心全力投入到创业中，承担起了创业的风险和压力。同时，他注重规避和管理风险，通过不断优化产品、拓宽渠道、建立供应链等方式降低了风险。

（4）行动导向。雷军注重实践和行动，他倡导快速迭代和快速响应市场的理念。他将产品迭代周期缩短到极致，不断推出更新、更具竞争力的产品。他强调执行力和效率，使小米能够快速适应市场变化并做出相应调整。

（5）创业者心态。雷军具备积极乐观的心态和坚韧的毅力。尽管创业过程中面临了许多困难和挑战，他始终保持对未来的信心，坚持自己的创业梦想。他不畏艰难，不断学习和进取，以超越自我并创造更大的价值。

雷军的创业思维体现了创新意识、机会识别、承担风险、行动导向和创业者心态等关键要素。他通过打破传统思维模式，追求创新和价值创造，成功地领导小米科技成为中国手机市场的领军企业，并在全球范围内取得了巨大的成功。雷军的创业思维不仅在创业过程中发挥了重要作用，也对其他领域的职业发展、组织管理和社会创新具有重要的启示意义。

资料来源：陈婧. Instagram：艺术营销的社交之道[J]. IT经理世界，2018，477，478(Z2)：28-35.

重要概念

创业　创业思维　创业认知　创业逻辑　效果逻辑　因果逻辑　精益思想　精益创业

复习思考题

1. 创业活动的特征有哪些？
2. 创业的演进过程是如何进展的？介绍一个你认为发生时间最早的创业故事。
3. 创业有哪些类别？能否从一种新的维度对创业活动进行分类？
4. 创业中的效果逻辑与因果逻辑是什么？分别介绍现实中两种逻辑的案例。
5. 创业中的精益思想的内涵是什么？介绍现实中采用精益思想的创业案例。

第八章　创业机会识别

学习目标

★ 了解创业机会的来源。
★ 熟悉不同的创业机会类型。
★ 掌握创业机会识别的流程。
★ 熟悉创业机会的评价。

引例——王传福的创业故事

2022年，比亚迪新能源汽车出货量超过了特斯拉，成为全球第一。2020年，比亚迪集结了3000多名工程师，在三天内完成了400多张设备图纸，用七天时间研发制造了口罩生产设备，并建成了100条口罩生产线，成为全球最大的口罩工厂。可以说，比亚迪不仅仅是一家车企，更是中国智造的未来工厂。这一切成就的背后离不开比亚迪的神秘大佬王传福的造梦传奇。

1966年，安徽省无为县的一个普通农民家庭迎来了第七个孩子，他就是王传福。王传福的父亲是一名出色的木匠，用世代相传的木工手艺养活着一家人，生活清贫。然而命运多舛，在王传福三岁时，父亲患肝癌不幸去世。唯一留下的财产仅是三间家徒四壁的残破瓦房。失去顶梁柱后的母亲带着孩子艰难度日，每况愈下的生活逼得王传福的五个姐姐先后出嫁，妹妹甚至被寄养，而他的哥哥王传方也辍学打工养家。然而，屋漏偏逢连夜雨，在王传福15岁即将初中毕业时，母亲突然去世。得知噩耗的王传福缺席了最后两门考试，也因此错过了中专录取资格。

在当时，考上中专意味着能够享受到国家的帮助。王传福的人生一片暗淡。但他明白，既然抓到了一手烂牌，那就凭本事打下去。母亲离世后，哥哥挑起大梁，组建了家庭。当时，王传福不愿意成为哥嫂的负担，于是决定辍学打工谋生。结果被哥嫂大骂一顿，让他下定决心要努力学习。在哥哥嫂嫂的支持下，王传福擦干眼泪，背起行囊去了当地的高中读书。看似困难重重，实际上命运自有安排。王传福不负众望，高考考上了重点大学。那一年，王传福17岁，他用知识真正改变了命运。之后，他成为长沙中南矿冶学院（中南大学的前身）的一名学生。大学期间，哥哥把家搬到了学校附近，方便照顾王传福。

1987年，王传福被保送至北京有色金属研究总院读研。由于他在电池领域的研究成果突出，被破格提拔为研究院副主任，享有处长级的实权。此时，王传福才26岁，当时他的理想是成为一名科学家，提高自己的学术造诣。然而，一次前往深圳谈项目的机遇改变了他的想法。刚到深圳，他被改革开放的新浪潮震撼了，看到很多人都在使用大哥大打电话。这种砖头大小的电话售价高达2～3万元，而且其中的一块小小的镍镉电池要卖上千元，而电池恰恰是王传福的研究专长。这个念头在他心中萌芽并扎根。

1994年，日本因环保问题放弃了镍镉电池产业，而这一政策对中国来说是一个机会。看到这个机会，王传福辞去了工作，踏上创业的道路。他当时28岁，作为一个没有任何资源的年轻人，在那个时候获得资金实在是非常困难的。在多次碰壁之后，王传福找到了表哥吕向阳，吕向阳慷慨地借给王传福250万。

1995年，一个小作坊在深圳布吉的冶金大院成立，这就是日后声名赫赫的车企比亚迪。创业初期，为了尽快研发出镍镉电池，王传福全身心地投入到了工作中。凭借半自动化和半人工的方式，他建成了一条日产4000个镍镉电池的生产线，创造出了巨大的成本优势。1997年，比亚迪成功卖出了1.5亿块镍镉电池，成为中国第一、世界第四大电池生产商。2000年，王传福又研发出了锂电池机器生产线，成为摩托罗拉、诺基亚和TCL的手机电池供应商。凭借价格低、质量好的优势，比亚迪迅速发展成为全球第二大手机电池供应商，仅次于日本的三洋公司。2002年，成立7年的比亚迪在香港成功上市，王传福和吕向阳双双进入福布斯中国富豪榜前50。次年，比亚迪超越了日本的三洋公司，成为世界电池业的领头羊。虽然事业不断壮大，但王传福并未满足于此，他的野心不止于此。

几经思考，比亚迪决定布局汽车行业。当时，公司的高管普遍不看好这个决定，但王传福毅然决然地在2003年花费2.7亿收购了陕西秦川汽车77%的股份。初始阶段，王传福投入大量资金进行研发，但代号为"316"的车型并没有取得成功。然而，他从中得到了教训。最终，以丰田车为参考，他设计出了名为"F三"的新车型，并于2005年将其推向市场，主攻中低端市场，取得了巨大的成功。

比亚迪陆续推出了多款类似的车型，这些车型满足了中低端市场的需求，大卖特卖。然而，王传福从未忘记自己真正的使命：制造动力电池汽车。2003年，他宣布要成为国内最大的电动汽车企业。尽管当时人们对电动汽车不怎么关注，但比亚迪已经推出了纯电动出租车"EF三"、电动概念车"ET"等车型，在广州车展上亮相。那个时候，马斯克刚刚加入特斯拉。2005年，比亚迪自主研发出了第一款LFP动力电池，一年后，又研发了一款纯电动轿车"F3E"。

2008年，王传福的名声传到了国外，巴菲特的副手索科尔来到深圳考察，被比亚迪的规模震惊了。为了向索科尔证明电池有多环保，王传福当众喝下了一杯电解液。回去后，索科尔告诉巴菲特一定要见见这个人。于是，巴菲特最终以2.3亿美元的投资完成了他在中国除了中石油以外最大的一笔投资。2010年之后，比亚迪开启了弯道超车模式，广泛布局汽车全产业链。除了他擅长的动力电池领域，2011年之后横空出世的宁德时代、韩国SDI和LG，以及日本松下，都成为比亚迪的国际竞争对手。比亚迪

第八章 创业机会识别

在汽车制造领域不仅仅在电池产业链上有优势,几乎涵盖了三电系统的所有方面。除了电池,电控设备和电机都是自主研发的。如今,比亚迪已成为国内第一家掌握新能源三电技术的汽车制造商。2019年,其电池业务成立弗迪系公司,开启了从内部供应到外部销售的动力电池时代。2020年,刀片电池问世,成为全球最安全的动力电池产品之一。

2022年,比亚迪正式宣布停止燃油汽车生产,转型为新能源汽车企业。这一年,比亚迪实现了爆发式的增长,不仅在新能源汽车销量上取得了185万辆的成绩,超越了特斯拉,成为全球第一,而且在全球动力电池总装车辆上超过了日本松下,追平了韩国LG,稳坐全球第二。

如今,王传福入围了2023年中国最具影响力的商界领袖,他也是中国智造的领军人物。王传福用他的创业故事告诉我们,永远不要低估任何一个人的勇气和决心。只要希望的微光还在,我们就应该勇往直前。

资料来源:https://baijiahao.baidu.com/s?id=1766957806058440293&wfr=spider&for=pc.

第一节 创业机会的内涵与类型

一、创意与商业概念

创意是指独特、新颖且有创造性的思想、观念、想法或概念。它是人们对问题、挑战或需求的创新解决方案的产物。创意可以表现为新产品、新服务、新设计、新领域的探索、新的艺术形式、创造性的表达方式等。创意具有突破传统、与众不同的特点,能够带来新的价值、改变现状或满足人们的需求。在创业和创新过程中,创意是重要的基础,它为创新提供了源源不断的动力和创造性的解决方案。创意的发展和实现需要灵感、观察力、想象力、思维的灵活性和开放性等能力的支持。

创意是创业机会的起点,而创业机会需要经过评估和筛选,具备商业可行性和市场潜力。创意与创业机会的转化需要创业者的判断和行动,他们评估创意的商业潜力并采取适当的策略来实现创业目标。成功的创业者能够将创意与市场需求相结合,找到合适的商业模式,最终将创意转化为创业机会并取得商业成功。

创意具有独特性、新颖性和创造性,它涉及从传统思维模式中脱颖而出,提出新的想法、观点或解决方案的能力。创意可能源自对问题的重新思考、对现有情况的重新组合或对新机遇的发现。创意还包括对不同领域的知识和经验的整合,以及创造性地运用这些知识和经验来创造独特的价值。创意可以在各个领域和行业中发挥作用,它是创新和进步的基础,对于推动社会、经济和个人的发展具有重要意义。

一旦创意诞生,创业者便将其演变为可在市场上验证的商业概念。商业概念既反映了顾客所面临的问题，也是创业者试图解决这些问题的方式，同时体现了解决问题所带来的顾客利益和实现利益的手段。这种利益是顾客认可并愿意为之支付的价值所在。商业概念的核心在于产品，广义上的产品定义包括使顾客满意的一切价值来源。顾客在与企业互动中所体验到的任何事物都应被视为公司的产品，无论是杂货店、电子商务咨询网站、咨询顾问服务，还是非营利性社会服务机构都适用。然而，产品本身并非目的，关键在于学会如何解决顾客的问题。生成创意并发展成明确的商业概念意味着创业者正在寻找解决问题的途径，这是创业活动所需的基本前提。而商业概念是否值得投入资源进行开发、是否能成为有价值的创业机会，需要进行认真论证。随着论证工作的深入，商业概念可能会变得更加丰富，甚至接近后续介绍的商业模式，但商业概念必须简洁、吸引人，并有助于创业者整合资源。电梯演讲是描述商业概念的一种方式，要求创业者对创业构思、商业模式、公司组织方案、市场战略和投资者需求等进行简明概述，起源于在投资人乘电梯期间简要介绍自己的项目情况，以引起对方的兴趣，直到电梯到达楼层为止。

因此，我们可以这样理解创业机会：创业机会是基于创意和商业概念的，具有市场潜力和商业可行性的商业机会。它是创业者通过识别和发掘市场中的需求、问题或不满，提供独特、有价值的解决方案的机会。创业机会涉及从创意到商业化的转变，通过将创意转化为商业概念，进而实现商业化运作。用一句话解释，创业机会就是对创意商业化的预期。

二、创业机会的来源

创业机会的诞生存在着一定的客观性，一些观点认为变化的环境是创业机会出现的主要源头，但事实上不仅如此，更确切地说，创业机会来源于对需求认知的变化。

（1）问题和需求。发现并解决现有市场或顾客的问题和需求是创业机会的常见来源。创业者通过识别人们面临的挑战、不满或未满足的需求，可以提供创新的解决方案和产品。

（2）技术和科技进步。新的技术和科技进步为创业机会提供了广阔的领域。创业者可以利用新技术来改进现有产品或服务，或者开发全新的技术应用和解决方案。

（3）市场趋势和变化。市场的变化和趋势经常带来新的创业机会。例如，人口结构变化、社会价值观的转变、经济发展趋势以及新兴行业的兴起都可能催生新的创业机会。

（4）社会问题和环境挑战。社会问题和环境挑战也可以成为创业机会。解决环境可持续性、社会不平等、医疗保健等问题的创新解决方案可以在市场上找到需求。

（5）个人经验和兴趣。创业者常常从个人的经验、技能和兴趣中寻找创业机会。他们可能发现自己在某个领域有独特的知识或技能，可以将其转化为商业机会。

（6）合作伙伴和网络。与其他人建立合作伙伴关系和利用社交网络也是寻找创业机会的方式。创业者通过与其他企业、专业人士和投资者合作，可以获得资源和支持，同时开发新的商业机会。

当然，创业机会的来源还可以采取不同的视角解读，比如彼得·德鲁克（Peter Drucker）提出的创业机会的来源包括了意外事件、不协调事件、流程改进的需要、产业和市场结构变化、人口变化、认知变化和新知识七方面。

（1）意外事件。意外事件指的是突发或意想不到的事件，它们可能改变了现有的情况和环境，从而创造了新的机会。创业者可以通过观察和分析意外事件，发现其中蕴含的商业潜力，并为之创造新的解决方案和产品。

（2）不协调事件。不协调事件指的是市场或组织内部存在的不协调、矛盾或问题。这些不协调可能是供需不平衡、资源分配不当、市场竞争激烈等。创业者可以通过解决这些不协调问题，提供更好的解决方案和服务，满足市场的需求。

（3）流程改进的需要。流程改进的需要意味着现有的流程或方法存在缺陷或不高效。创业者可以通过改进和优化现有流程，提供更高效、便捷、节省成本的解决方案，从而创造新的机会。

（4）产业和市场结构变化。产业和市场结构的变化可以带来新的创业机会。这些变化可能包括技术进步、新的市场趋势、法规和政策的变化等。创业者可以抓住这些变化，开发出适应新结构的创新产品。

（5）人口变化。人口变化指的是人口结构、人口数量和人口需求的变化。人口变化可能导致新的市场需求和机会。创业者可以根据人口的特点和需求，提供定制化的产品和服务。

（6）认知变化。认知变化指的是人们对事物的认知、态度和观念的变化。当社会观念和价值观发生变化时，新的市场需求和机会可能会出现。创业者可以根据这些变化，开发出符合新认知的产品。

（7）新知识。新知识的出现可以创造新的机会。科学技术的进步、研究成果的发现等都可以带来新的知识。创业者可以将新知识应用于商业领域，开发出基于新知识的产品。

三、创业机会的类型

根据创业目的和创业手段的组合状态对创业机会进行分类有助于更好地理解不同类型的创业机会。对创业机会进行划分可以从三类维度解读，分别为"目的"的性质、"手段"的性质以及"目的与手段"的关系。

1. 根据创业的目的分类

依据创业目的的性质，创业机会可以分为问题型机会、趋势型机会和组合型机会三种类型。问题型机会指的是由现实中存在的未被解决的问题所产生的一类机会。这些问题广泛存在于人们的日常生活和企业实践中，例如消费者的不便、顾客的抱怨、大量的退货、无法买到满意的商品、服务质量差等。在这些问题的解决中，隐藏着价值或大小不一的创业机会，需要用心去发掘。例如，好利来投资有限公司董事长罗红先生就是因为当年买不到表达自己对母亲挚爱的生日蛋糕，而创建了自己的糕点店。一般人看到的是问题，而创业者看到的是机会。趋势型机会是指在变化中看到未来的发展方向，预测到未来的潜力和机会。这种机会通常容易产生在时代变迁、环境动荡的时期。在这样的环境下，各种新的变革不断出现，但往往不被多数人认可和接受，一般处于萌发阶段。然而，一旦能够及早地发现并把握，就有可能成为未来趋势的先行者和领导者。趋势型机会一般出现在经济变革、政治变革、人口变化、社会制度变革、文化习俗变革等多个方面。一旦被人们认可，它产生的影响将是持久的，带来的利益也是巨大的。组合型机会是将现有的两项以上的技术、产品、服务等因素组合起来，实现新的用途和价值而获得的创业机会。这种机会类型好比"嫁接"，对已经存在的多种因素重新组合，往往能创造出与过去功能大不相同的产品。例如，芭比娃娃就是将婴幼儿喜欢的娃娃与少男少女形象结合起来，形成了一个新的组合，满足了脱离儿童期但还未成年的人群的需求，最终在创业上获得巨大成功。

2. 根据创业的手段分类

根据创业的手段不同，可以将创业机会分为以下几个类别。

（1）创新型机会。这类机会涉及创造全新的产品、服务或技术，引入新的理念、方法或技术来满足市场上的需求。创新型机会通常要求创业者具备创造性思维和技术能力，能够提供独特的解决方案，以在市场中获得竞争优势。

（2）改进型机会。这类机会是在已有产品、服务或技术的基础上进行改进和优化，以提供更好的用户体验、更高的效率或更低的成本。改进型机会通常要求创业者对市场和用户需求有深入的了解，能够发现现有产品或服务的不足之处，并提供具有差异化竞争优势的改进方案。

（3）整合型机会。这类机会涉及将已有的产品、服务或技术进行整合，以创建全新的解决方案或提供综合性的价值。整合型机会侧重于整合不同的资源、技术或业务模式，以创造更高的价值链或解决复杂的问题。创业者需要具备资源整合和合作能力，能够协调不同领域的合作伙伴，实现资源共享和协同创新。

（4）复制型机会。这类机会是在已有成功商业模式的基础上进行复制和扩展，将成功的商业模式应用到新的市场或领域。复制型机会要求创业者具备良好的市场分析和商业复制能力，能够识别出成功商业模式的关键要素，并在新市场中复制和使用这些要素。

（5）突破型机会。突破型机会指的是在现有市场或行业中通过创新和改进，实现突破性进展的机会。这类机会通常要求在现有市场或行业中找到一种新的方法、技术或商业模式，以改变现有规则、提供新的价值或打破传统的竞争格局。创业者需要具备敏锐的洞察力和创新能力，能够识别并利用市场中的机会点，创造出与众不同的竞争优势。

（6）破坏型机会。破坏型机会指的是通过颠覆性的创新，彻底改变现有市场或行业的机会。这类机会通常涉及引入全新的技术、商业模式或产品，从根本上改变市场格局，颠覆传统的商业模式和价值链。破坏型机会常常与新兴技术或市场趋势密切相关，创业者需要具备前瞻性的眼光和冒险精神，敢于打破现有框架，追求创新和变革。

3. 根据目的与手段的关系分类

根据创业目的与手段的关系的清晰程度，创业机会可以分为识别型、发现型和创造型三种（见表8-1所列）。

第八章 创业机会识别

表8-1 依据目的与手段的清晰程度对创业机会分类

目的与手段的关系	目的清晰	目的不清晰
手段清晰	识别型机会	发现型机会
手段不清晰	发现型机会	创造型机会

（1）识别型机会。识别型机会是指创业者通过观察和识别市场、行业或社会中存在的问题、需求或机会点，从中找到创业的契机。这类机会基于已经存在的问题或需求，创业者的任务是发现并满足这些已经存在的市场需求。在识别型机会中，问题或需求已经相对明确，创业者的目标是找到适当的手段来解决问题或满足需求。

（2）发现型机会。发现型机会是指创业者在探索和研究市场、技术或社会趋势时，发现了尚未被广泛认知或利用的机会。这类机会可能源于新的市场趋势、技术突破、社会变迁或其他领域的新发现。发现型机会相对于识别型机会来说，问题或需求的明确程度可能较低，需要创业者进行更深入的研究和探索，以确定可行的创业手段。

（3）创造型机会。创造型机会是指创业者通过创造全新的市场、产品或服务，开辟出尚未存在的机会。这类机会不依赖于已有的问题或需求，而是通过创新和创造，引发消费者的新需求或改变市场的格局。创造型机会的目的和手段都相对较为模糊和不确定，创业者需要具备创造力和创新能力，通过创造全新的价值，引领市场的发展。

> **专栏——跳动的字节**
>
> 字节跳动（ByteDance）是一家成功发现创业机会的中国企业，成立于2012年。该公司由张一鸣创办，总部位于中国北京市。字节跳动最知名的产品是短视频应用抖音（TikTok）和新闻聚合平台今日头条（Toutiao）。这两个产品都在其创始人张一鸣敏锐的创业洞察和创新思维的驱动下得以诞生。
>
> 在早期创业阶段，张一鸣意识到用户对于获取信息和娱乐方式的需求正在发生变化。他看到移动互联网的快速普及和智能手机的普遍使用，以及人们对于短视频和个性化内容的兴趣。他看准了这一机会，决定创立一家能够满足用户需求的创新企业。
>
> 2012年，字节跳动推出了首个产品"今日头条"，这是一款基于人工智能算法的个性化新闻推荐应用。今日头条通过分析用户的浏览历史和兴趣偏好，能够向用户提供个性化的新闻和内容推荐，为用户呈现最相关和感兴趣的信息。这一创新的内容分发模式受到用户的欢迎，并迅速在市场上获得了成功。
>
> 随着移动互联网和社交媒体的兴起，短视频成了用户喜爱的内容形式。字节跳动抓住了这一趋势，并于2016年推出了抖音应用。抖音以其简洁易用的界面、创意的短视频内容和精准的推荐算法，迅速吸引了大量用户，并成为全球范围内最受欢迎的社交娱乐平台之一。
>
> 字节跳动成功发现创业机会的关键在于其对市场趋势的敏感和深入的用户洞察。他们了解用户对于个性化内容和娱乐方式的需求，并通过创新的技术和算法，为用户提供符合其兴趣和偏好的内容。此外，字节跳动还积极探索国际市场，将抖音推向全

> 球,并通过收购和合作等方式扩大了其业务范围。
>
> 如今,字节跳动已成为一家估值数百亿美元的创新企业,拥有庞大的用户基础和全球化的业务布局。他们的成功案例证明了在快速变化的数字经济时代,发现和抓住创业机会的重要性,并通过创新和敏捷的运营实现了可持续的发展。

第二节 发现创业机会

一、创业机会识别的影响因素

既然创业机会往往是客观存在的,那么为什么社会中很多人并不能及时识别出创业机会呢?大量的研究表明,对于创业者而言,一些独特的素质确实能有效起到协助识别创业机会的效果。

1. 从业经验

一方面,在特定产业中的经验对于创业者识别机会是有帮助的。举例来说,根据对1989年美国Inc. 500企业创建者的调查报告显示,43%的受访者在同一产业内工作期间获得了他们的新企业创意。这个发现与美国独立工商企业联合会(National Federation of Independent Business)的研究结果一致。在特定产业工作的个体可能会识别出未被满足的利基市场。另一方面,创业经验也是非常重要的。一旦有过创业经验,创业者就更容易发现新的创业机会,这被称为"走廊原理"。"走廊原理"指的是创业者一旦开始创业,他们就进入了一个旅程,在这个旅程中,通向创业机会的道路变得更加清晰可见。这个原理提供了一个洞察,即一个人一旦涉足某个产业的创业领域,就比那些只从产业外部观察的人更容易看到产业内的新机会。

调查发现,创业者在创业之前担任过多样性管理职位、具有相关行业经验的情况下,往往能够取得更好的企业绩效。相对于创新性较低的机会而言,那些具有较高经验多样性的创业者更容易识别和开发具有较高创新性的机会。

综上所述,先前在特定产业中的经验有助于创业者识别机会。同时,创业经验对于发现新的创业机会也是至关重要的。这些发现表明,对于想要在特定产业创业的人来说,拥有相关经验和创业背景是非常有益的。

2. 认知特征

有人认为创业者具备"第六感"的能力或者拥有过人的天赋,使他们能够看到别人忽略的机会。大多数创业者都以这种观点看待自己,认为他们比其他人更加"警觉"。警觉很大程度上是一种习得的技能,具有更多领域知识的人倾向于比其他人更加警觉,能够察觉到该领域内的机会。举例来说,一位计算机工程师对计算机产业内的机会和需求比一位律师更加警觉。

一些研究学者认为,警觉不仅仅是对周围事物敏锐地观察,还包括个体头脑中的意识行为。研究发现,机会发现者(即创业者)与未发现者之间最重要的差别在于他们对市场的相对评价。换句话说，创业者可能比其他人更能够准确估计市场规模并推断可能的含义。

目前，许多学者正在利用认知心理学和社会心理学的理论知识来研究创业行为。这些研究对于我们理解创业者的思维过程和决策行为具有重要意义，值得我们关注。这些研究有助于揭示创业者为什么能够更加敏锐地发现机会，以及他们如何评估和利用这些机会来创造价值。

3. 人脉关系

个人的社会关系网络的深度和广度对机会识别产生影响。那些建立了大量社会与专家联系网络的人相比于拥有少量网络的人更容易获取更多的机会和创意。社会网络关系可以按照亲疏程度划分为强关系和弱关系。强关系是指频繁互动的关系，例如亲属、密友和配偶之间的关系；弱关系则是指不经常互动的关系，例如同事、同学和一般朋友之间的关系。

研究表明，创业者通过弱关系比通过强关系更有可能获得新的商业创意。这是因为强关系主要形成于具有相似意识的个人之间，倾向于强化个人已有的见识和观念。然而，在弱关系中，个人之间的意识存在较大差异，因此某个人可能会从其他人那里得到一些能够激发全新创意的信息。因此，个人社会关系网络的深度和广度对于创业者的机会识别至关重要。创业者通过与各种不同背景和观点的人建立弱关系，能够获得更多的创新思路和商业机会。这进一步强调了社交网络和人际关系在创业过程中的重要性。

4. 个人能力

个人能力在创业机会识别中起着至关重要的作用。创业者通过拥有领域知识和专业技能，能够更准确地辨别市场需求和行业趋势，为其创造独特的价值。经验和洞察力使创业者能够从过去的经历中获得宝贵的教训，并更敏锐地发现新的机会。判断力和决策能力帮助创业者评估风险和回报，并做出明智的决策。创新思维和创造力让创业者能够以独特的方式看待问题，并提供创新的解决方案。综合考虑个人能力和环境因素，创业者能够识别和抓住最有潜力的创业机会，增加成功创业的机会。

二、创业机会识别的流程

识别创业机会通常包括以下流程。

（1）环境扫描。创业者需要对外部环境进行广泛的观察和研究，包括市场趋势、行业动态、技术发展等方面。这有助于了解当前和未来可能出现的机会。

（2）需求分析。创业者应该深入了解目标市场的需求和问题，通过市场调研、用户反馈等方式获取关于产品或服务的需求信息。这有助于发现未被满足的需求和潜在的机会点。

（3）创意生成。基于对环境和需求的理解，创业者可以运用创造性思维和创新方法，产生新的创意和解决方案。这可以包括头脑风暴、灵感激发、跨领域融合等方法。

（4）评估筛选。对创意进行评估和筛选，考虑其市场潜力、商业可行性、技术可行性等方面的因素。这有助于确定哪些创意值得进一步开发和投入资源。

（5）市场验证。通过市场实验、原型测试等方式验证创意的可行性和市场接受度。这可以帮助创业者了解创意在实际市场中的表现，并做出相应的调整和改进。

（6）商业计划。在确认创业机会后，创业者需要制订详细的商业计划，包括市场定位、竞争分析、运营策略、财务规划等。这有助于确保创业机会的商业可行性和可持续发展。

（7）执行和迭代。一旦商业计划确定，创业者需要积极执行，并根据市场反馈和经验进行迭代和调整。持续的学习和改进是识别创业机会的重要环节，帮助创业者适应不断变化的环境和需求。

整个流程是一个循环迭代的过程，创业者需要不断学习、适应和调整，以最大程度地发掘和利用创业机会。

三、识别创业机会中的注意事项

（1）主动调研。创业者需要主动进行市场调研和需求分析，而不是基于主观臆断或个人偏好来判断市场需求。容易失误的地方是依赖于个人经验或直觉，而忽视了客观数据和市场反馈。

（2）多角度观察。创业者应该从多个角度观察和分析市场和行业，包括竞争对手、供应链、技术发展等方面。容易失误的地方是只关注一个维度或片面地看待市场，导致错过其他潜在机会或风险。

（3）深入理解用户需求。创业者需要深入了解目标用户的需求、痛点和行为模式。容易失误的地方是仅仅表面了解用户，而未深入挖掘和理解其真正的需求，从而无法提供有价值的解决方案。

（4）避免个人偏见。创业者需要保持客观和开放的心态，避免个人偏见和过度自信。容易失误的地方是过于自信地认为自己的创意一定会成功，而未对市场进行充分的评估和验证。

（5）考虑市场规模和可持续性。创业者应该考虑市场的规模和长期的可持续性，而不仅仅关注短期的机会。容易失误的地方是盲目追求热门的市场趋势或过于小众的市场，而忽视了市场的潜在增长和竞争环境。

（6）与专家和顾问交流。创业者可以寻求专家和顾问的意见和建议，尤其是那些在相关领域有经验和知识的人。容易失误的地方是过度自信地独自决策，而未充分利用外部资源和专业意见。

（7）及时调整和学习。识别创业机会是一个动态的过程，创业者需要及时调整和学习。容易失误的地方是过于固执地坚持原始想法，而未能适应市场变化和反馈，导致错失机会或持续处于劣势。

四、创业机会识别方法

创业机会的识别和创新思维是互相融通的，但同时又结合了更多的市场、商业化要素，相比于创新活动本身，创业活动需要考虑更多的因素、承担更多的成本和风险，因此，熟练地掌握创业机会识别的方法是创业的必修课。

（1）新眼光调查方法。这种方法通过对市场和行业进行全新的观察和调查，寻找未被发现或被忽视的机会。它可以涉及对不同行业、地区或人群的探索，以发现新的需求、趋势和市场空白。

（2）系统分析方法。这种方法着重于分析和理解整个商业生态系统，包括供应链、价值链、市场结构和竞争情况等方面。创业者通过识别系统中的关键节点和连接，可以发现潜在的创业机会。

（3）问题导向分析方法。这种方法从问题和挑战出发，通过深入了解目标市场和用户的需求、痛点和困难，寻找解决方案和商业机会。创业者可以通过提出问题、探索解决方案和潜在机会来引导他们的思考。

（4）顾客建议方法。这种方法侧重于与目标客户进行交流和互动，听取他们的建议、意见和反馈。创业者通过与潜在用户的沟通，可以了解他们的需求、偏好和不满意之处，以此为基础发现创业机会。

（5）需求创造法。在新技术行业中，需求创造法是一种常见的创业机会识别方法，这种方法可能始于一项新技术的发明，然后进一步探索该技术的商业价值。创业者通过创造性地寻找和应用新技术，可以获得独特的机会。然而，与其他方式相比，创造性获取机会的难度更大，风险也更高。但如果能够成功，其回报也更为巨大。这种情况下所产生的创新在人类历史上具有重大影响，并占据着主导地位。

这些方法在创业机会的识别过程中都起着重要的作用。创业者可以根据自身情况和资源的可用性，选择适合自己的方法或结合多种方法来识别创业机会。同时，灵活性和持续学习也是成功识别创业机会的关键因素。

> **专栏——"Keep"健康**
> Keep是一家成功发现创业机会的中国企业的案例。
> Keep是一家总部位于北京的健身科技公司，成立于2014年。它的创始人是徐逸飞、王皓和刘畅，他们三人都曾在美国硅谷的Facebook和Google等知名科技公司工作过。
> Keep的创业机会来自中国健身行业的潜力和市场需求。在我国，随着人们生活水平的提高和健康意识的增强，健身和健康成了越来越多人的关注重点。然而，传统的健身方式和健身房的模式存在着一些问题，例如时间限制、地点限制和高昂的会员费用等，这给很多人带来了困扰。
> Keep的创始人意识到这个机会，他们决定利用移动互联网和智能设备，通过提供在线健身课程和个性化训练计划来解决这些问题。他们相信将健身带到人们的手机和平板电脑上，可以让更多的人随时随地进行健身锻炼，享受到专业的指导和个性化的训练。
> 为了实现这一目标，Keep开发了一款名为"Keep健身"的移动应用程序，用户可以通过该应用获取到各种健身课程、训练计划和健身社区的支持。该应用通过精心设

计的视频教程和音乐搭配，使用户能够在家里或任何其他地方进行高效的健身训练。

Keep的创始人还意识到社交互动的重要性，他们在应用中加入了社交功能，使用户可以与其他用户分享他们的健身成果、挑战和经验。这种社交互动的机制鼓励用户之间相互支持和激励，形成了一个积极健康的社区氛围。

随着时间的推移，Keep取得了巨大的成功。他们不仅吸引了大量的用户，还与健身教练和知名品牌建立了合作伙伴关系。Keep通过不断改进和创新，不断推出新的功能和服务，满足用户的需求。

Keep的成功案例表明，对于发现创业机会，关键是要敏锐地观察社会和市场的变化，洞察消费者的需求和痛点，并利用科技和创新的手段来解决这些问题。同时，注重用户体验、建立积极的社区和与相关合作伙伴的合作也是取得成功的重要因素。

第三节　评估创业机会

一、评价中的定性维度

对创业机会的定性评价是认识评价问题的基础，尽管创业机会的特征存在多种分析角度，但整体而言与下列五个维度相关。

（1）机会的大小。评估创业机会所针对的市场规模和潜在客户数量。创业者通过市场调研和分析数据，了解潜在市场的规模和增长趋势，以确定机会的潜在规模和吸引力。

（2）时间跨度和成长速度。考察创业机会的发展时间和成长速度。判断市场趋势和行业前景，预测机会的持续时间和发展速度，确定机会的长期可持续性和成长潜力。

（3）潜在利润。评估创业机会所带来的潜在利润是否足够弥补投资成本并带来满意的回报。考虑成本结构、竞争状况和市场定价能力等因素，判断机会的盈利潜力和可持续性。

（4）扩张和多样化机会。分析创业机会是否开辟了额外的扩张、多样化或综合的商业机会选择。考虑机会的延伸和衍生可能性，评估创业项目在市场中的灵活性和增值潜力。

（5）持久性和真实需求。评估收益是否能够持久地在面对可能的障碍时维持。考察市场的竞争环境、法律法规、技术变革等因素，判断机会的可持续性和应对风险的能力。同时，确定产品或服务是否真正满足市场上真实存在的需求，是否能够解决客户的痛点和问题。

创业者通过以上五个维度，可以进行对创业机会的定性评估，从而更全面地了解机会的优势、风险和可行性，为创业决策提供重要参考。

二、基于创业者与环境适配性的评价

创业活动的成功实现需要创业者与创业机会进行"双选"。一方面，创业者需要识别并开发适合的创业机会;另一方面,创业机会也在选择适合的创业者。只有当创业者与创业机会之间存在适当的匹配关系时,创业活动才有最大的可能性,也更有可能取得成功。判断一个创业机会是否适合创业者是一个关键的决策过程。以下的一些方法和因素可以帮助创业者做出评估。

(1)兴趣和激情。创业者对创业机会是否充满兴趣和激情是一个重要的因素。创业活动是一个艰难且充满挑战的过程,只有对所从事的领域有浓厚的兴趣,才能够持久地投入并保持动力。

(2)个人能力和技能。创业者需要评估自己的能力和技能是否与创业机会相匹配。这包括专业知识、技术技能、领导能力、人际关系等方面。创业者应考虑他们是否具备必要的能力来有效地开发和管理该机会。

(3)市场需求和竞争环境。创业者应该对目标市场的需求和竞争环境进行调研和分析。他们需要确定创业机会是否满足现有的市场需求,并评估自己在竞争激烈的市场中能否找到独特的竞争优势。

(4)资源可行性。创业机会的可行性也需要考虑可用的资源,包括财务资金、人力资源、技术设施等。创业者应评估自己是否有足够的资源来支持创业活动,并决定是否能够获取额外的资源。

(5)风险承受能力。创业活动伴随着一定的风险,包括财务风险、市场风险、竞争风险等。创业者需要评估自己的风险承受能力和心理准备程度,确定是否能够承担可能的风险和不确定性。

综合考虑以上因素,创业者可以更全面地评估一个创业机会是否适合自己。重要的是,创业者应该对自己有清晰的认知,并谨慎权衡利弊,以做出明智的决策。

三、基于系统分析的评价

系统评价类似于大公司进行的可行性论证分析。在系统评价创业机会时,需要注意创业活动的高度不确定性。创业者很难按照一个框架中的指标对创业机会进行全面评价,而往往会选择其中最重要的因素来判断创业机会的价值。这使得创业者的机会评价更多地基于主观感觉,而非客观的分析过程。在不确定的环境中,很难依据事实进行预测,需要通过不断的实践来验证创业者的假设。过分强调证据会夸大困难,削弱创业者承担风险的勇气。因此,在系统评价创业机会时,创业者应该灵活应对,同时保持谨慎,并不断从实践中学习和调整策略。

1. 蒂蒙斯创业机会评价指标

蒂蒙斯教授在《创业学案例》中提出了一个较为完备的创业机会评价指标体系,以帮助创业者评估创业机会的潜在价值。这个指标体系包括行业和市场、经济因素、收益条件、竞争优势、管理团队、致命缺陷问题、个人背景以及理想与现实的战略差异等八个方面。创业者通过对53个具体指标的评估,可以更全面地了解创业机会的潜力和可行性。(见表8-2所列)

表 8-2 蒂蒙斯创业机会评价指标体系

评价方面	评价指标
行业和市场	1. 市场容易识别，可以带来持续的收益 2. 顾客能够接受产品或服务，并愿意为此付费 3. 产品具有高附加价值 4. 产品对市场具有高影响力 5. 将要开发的产品具有长久的生命周期 6. 项目所在的行业是新兴行业，前景不受限制 7. 市场规模大，销售潜力达到 10 亿美元至 100 亿美元 8. 市场成长率为 30%至 50%甚至更高 9. 现有厂商的生产能力几乎完全饱和 10. 在 5 年内能够占据市场的领导地位，市场份额达到 20%以上 11. 拥有低成本的供货渠道，具有成本优势
经济因素	12. 达到盈亏平衡点所需要的时间为 1.5～2 年 13. 盈亏平衡点不会逐渐提高 14. 投资回报率在 25%以上 15. 项目对资金的要求不是很大，能够获得融资 16. 销售额的年增长率高达 15% 17. 有良好的现金流量，能够占到销售额的 20%～30% 18. 能获得持久的毛利，毛利率要达到 40%以上 19. 能获得持久的税后利润，税后利润率要超过 10% 20. 资产集中程度低 21. 运营资金不多，需求量是逐渐增加的 22. 研究开发工作对资金的要求不高
收益条件	23. 项目带来附加价值并具有较高的战略意义 24. 存在现有的或可预料的退出方式 25. 资本市场环境有利，可以实现资本的流动
竞争优势	26. 固定成本和可变成本低 27. 对成本、价格和销售的控制较高 28. 已经获得或可以获得对专利所有权的保护 29. 竞争对手尚未觉醒，竞争较弱 30. 拥有专利或具有某种独占性 31. 拥有发展良好的网络关系，容易获得合同 32. 拥有杰出的关键人员和管理团队
管理团队	33. 创业者团队是一个优秀管理者的组合 34. 行业和技术经验达到了本行业内的最高水平 35. 管理团队的正直廉洁程度能达到最高水准 36. 管理团队知道自己缺乏哪方面的知识
致命缺陷问题	37. 不存在任何致命缺陷问题

续表

评价方面	评价指标
个人标准	38. 个人目标与创业活动相符合 39. 创业家可以在有限的风险下实现成功 40. 创业家能够接受降低薪水的损失 41. 创业家渴望拥有创业这种生活方式，而不仅仅是为了赚大钱 42. 创业家可以承受适当的风险 43. 创业家在压力下状态仍然良好
战略差异	44. 理想与现实情况相吻合 45. 管理团队已经是最好的 46. 在客户服务管理方面有很好的服务理念 47. 所创办的事业顺应时代潮流 48. 所采取的技术具有突破性，不存在许多替代品或竞争对手 49. 具备灵活的适应能力，能够快速地进行取舍 50. 始终在寻找新的机会 51. 定价与市场领先者几乎持平 52. 能够获得销售渠道，或已经拥有现成的网络 53. 能够接受失败

资料来源：杰弗里·蒂蒙斯、小斯蒂芬·斯皮内利. 创业学案例[M]. 6版. 周伟民、吕长春，译. 北京：人民邮电出版社，2005：84-87.

2. 基于市场测试的评价

市场测试是一种类似实验的方法，与传统的市场调研有所不同。市场调研通常关注顾客对于他们所需求的产品的看法，而市场测试能够提供更精确的顾客需求数据，因为它能够通过与真实顾客的互动和交流来了解他们的需求，观察他们的实际行为，而不是通过假设性问题的提出来进行估计。同时，市场测试还可以意外地发现顾客行为中突然出现的一些问题，以前可能未曾考虑到的因素。

市场测试的目的是评估消费者对创意和商业概念的反应。在产品开发的早期阶段，对创意进行测试可以确定是否继续进行后续的探索。对概念和产品进行测试有助于了解消费者对创业想法和原型的反应，获取关于用户满意度、购买意愿以及下一步创意开发可行性的信息。由于测试通常发生在产品和服务开发的早期阶段，所需资源较少，因此项目的早期阶段通常会高度重视测试和假设验证工作。测试的结果包括获取完善产品和服务特性的信息，进一步明确产品或服务的定位，确定开发的经济成本以及其他关键决策信息。

利用市场测试的方法评价创业机会可以帮助创业者获取有关市场需求和用户反馈的信息，进而确定创业机会的潜力和可行性。以下是利用市场测试方法评价创业机会的步骤。

（1）定义测试目标。明确要评价的创业机会，并确定测试的目标和关注点。这可以包括产品的市场需求、目标用户的反馈、竞争环境等方面。

（2）设计测试方案。制订市场测试的具体方案，包括测试的时间、地点、样本规模和测试方法。根据创业机会的特点，选择适合的测试方法，如问卷调查、焦点小组讨论、原型测试等。

（3）收集数据。进行市场测试并收集相关数据。根据测试方案，执行测试活动并记录用户的反馈、偏好、需求等信息。可以使用量化数据和定性数据来获取全面的评价结果。

（4）分析结果。对收集到的数据进行分析和解读。统计分析量化数据，了解用户对创业机会的态度和意见。同时，对定性数据进行综合分析，提取关键洞察和趋势。

（5）评估机会价值。基于测试结果和分析，评估创业机会的价值潜力。考虑市场需求的规模、竞争情况、用户反馈等因素，综合判断创业机会的可行性和前景。

（6）调整和优化。根据市场测试的结果，对创业机会进行调整和优化。根据用户反馈，改进产品或服务的特性、定位、营销策略等，以提高创业机会的竞争力和市场适应性。

市场测试是一个动态的过程，需要不断收集和分析市场反馈，并根据结果做出调整。创业者应保持敏锐的观察力和灵活性，及时应对市场变化，不断改进和完善创业机会。创业者通过市场测试，能够更准确地评估创业机会的商业潜力，减少创业风险，并为成功的创业做出更明智的决策。

> **专栏——三思而后行**
>
> 　　滴滴出行是中国领先的出行平台，提供网约车、快车、顺风车、专车、出租车等多种出行服务。该公司的创始人程维和柳青于2012年创立了滴滴出行，以解决我国城市交通拥堵和出行不便的问题。滴滴出行的创业机会评估主要基于以下几个方面。
>
> 　　（1）市场需求。程维和柳青在创立滴滴出行之前，深入了解了我国城市交通的痛点和需求。他们发现，我国城市的交通拥堵问题严重，公共交通系统无法满足大众的出行需求。同时，私人车辆闲置率较高，很多车主愿意分享自己的车辆来获取一定的收益。基于这些市场需求，他们看到了提供便捷、实惠的共享出行服务的巨大机会。
>
> 　　（2）技术创新。滴滴出行在创业初期就意识到技术的重要性，并将其作为核心竞争力之一。他们投入大量资源开发了智能调度系统、实时定位技术和大数据分析等先进技术，以提供高效的车辆调度和出行服务。这种技术创新不仅提高了用户的体验，还优化了车辆资源的利用效率。
>
> 　　（3）竞争分析。滴滴出行在评估创业机会时进行了竞争分析。他们了解到，虽然市场上已有一些类似的出行平台存在，但这些平台在服务范围、用户体验和安全性等方面存在不足。滴滴出行通过技术创新和市场定位，与竞争对手形成差异化，并迅速扩大了自己的市场份额。
>
> 　　（4）商业模式创新。滴滴出行创新性地将共享经济和出行服务相结合，形成了独特的商业模式。他们通过平台的连接和调度，实现了车主和乘客之间的匹配，并提供多样化的出行选择。这种商业模式的创新为滴滴出行带来了巨大的商业机会和增长潜力。

第八章 创业机会识别

滴滴出行通过综合考虑市场需求、技术创新、竞争分析和商业模式创新，成功评估了创业机会，并迅速发展成为中国乃至全球最大的出行平台之一。他们不仅解决了用户的出行需求，也为车主提供了新的收入来源，推动了整个出行行业的发展。滴滴出行的案例表明，在评估创业机会时，综合考虑市场需求、技术创新和商业模式创新是至关重要的。

资料来源：

[1] 肖飒，任晔.O2O盈利模式对企业价值的影响研究——以滴滴出行为例[J].财会通讯，2017，(32)：91-95.

[2] 彭正银，吴晓娟.制度压力下平台型企业合法性获取演化研究——以滴滴出行为例[J].商业经济与管理，2019，(04)：58-70.

[3] 张爱萍，林晓言，陈小君.网约车颠覆性创新的理论与实证：以滴滴出行为例[J].广东财经大学学报，2017，32（02）：31-40.

[4] 左文明，李诗欣，陈华琼，等.基于服务蓝图法和TRIZ理论的网约车服务创新——滴滴出行的案例研究[J].管理案例研究与评论，2018，11（05）：438-454.

[5] 周文辉，邓伟，陈凌子.基于滴滴出行的平台企业数据赋能促进价值共创过程研究[J].管理学报，2018，15（08）：1110-1119.

[6] 刘建刚，马德清，陈昌杰，等.基于扎根理论的"互联网+"商业模式创新路径研究——以滴滴出行为例[J].软科学，2016，30（07）：30-34.

[7] 刘建刚，张美娟，陈昌杰，等.互联网平台企业商业模式创新影响因素研究——基于扎根理论的滴滴出行案例分析[J].中国科技论坛，2017，(06)：185-192.

第四节 把握创业机会

创意是否适合创业并不仅仅取决于创意本身，还需要考虑天时和地利，同时也会因人而异。成功的创意是否适合创业还需要考虑机会的特点。在创业过程中，有价值的创意是否适合于创业，需要根据机会的不同特点来评估。有些创业机会更适合现存企业来开发，而有些创业机会则对新企业更有利。这意味着创业者不仅要识别和开发有价值的创业机会以创建新企业，还必须利用这些机会来应对现存企业面临的竞争挑战。

表8-3中列举了对现存企业和新企业具有积极作用的创业机会。尽管现存企业的创建者和管理者也有兴趣从机会中获益，但创业者仍然能够识别和开发机会的主要原因是某些机会对现存企业有利，而其他机会则对新企业更有利（见表8-3所列）。

表8-3 创业机会对新企业和现存企业的不同作用

有利于谁	机会的特点	理由	案例
现存企业	信誉基础	人们更愿意从他们了解和信任的企业那里购买产品	奢侈品
现存企业	学习曲线效应	现存企业能够沿着学习曲线移动，更善于生产和销售产品	汽车制造商
现存企业	资本基础	现存企业可以使用有现金流来生产新产品或服务	飞机制造商
现存企业	规模效应	当规模经济存在时，随着生产数量的增加，生产产品或服务的平均成本下降	钢铁厂
现存企业	渠道基础	满足顾客需求的能力，经常要求获得零售分销渠道	跑鞋生产商
现存企业	技术路径	同复制其产品或服务的新企业相比，现存企业能够更容易和更便宜地对产品进行逐步改进	显卡制造商
新企业	破坏性创新	威胁现存企业的经验和市场地位	量子计算机
新企业	新客户需求	现存企业关注于服务器主流客户，从而忽略了其他需求类型的客户	APP开发
新企业	独立创新基础	新企业通过独立创新产生新的产品或服务	药企
新企业	人力资本基础	具备特定能力或知识的人产生的新的产品或服务	设计师

资料来源：罗伯特·A.巴隆，斯科特·A.谢恩.创业管理：基于过程的观点[M].张玉利，等译.北京：机械工业出版社，2005.

创业者在选择适合自己的创业机会时，需要考虑自身的资源、能力和竞争优势。有些创意可能更适合现有企业来开发，因为它们可以借助现有的资源和市场地位来实现成功。而对于那些需要颠覆性创新和全新市场的创意，新企业可能更具灵活性和创新能力。此外，创业者还需要注意现存企业可能在机会开发中产生的竞争和利益冲突。经营现存企业的人也可能希望从机会开发中获益，因此创业者需要在选择创业机会时考虑如何与现存企业进行竞争或合作，以确保自己的利益和成功。

综上所述，创意是否适合创业取决于天时和地利，同时也会因人而异。创业者需要识别和开发有价值的创业机会，并根据机会的特点和自身优势选择适合自己的创业路径。同时，创业者还需要考虑现存企业的竞争和利益冲突，以制定相应的竞争策略和合作方式。

> **专栏——看大学生吴雷怎样卖瓜果**
>
> 陕西省渭南市大荔县的"90后"小伙吴雷，在大学毕业后放弃了城市的优越工作生活条件，关闭了正在运营中的家居装修公司，回到老家大荔县两宜镇西高城村从事水果电商。他通过引进种植南方水果，采取线上线下两种经营方式，在不到3年的时间里成为网红，并成功推出了热销产品，为500多名村民提供了就业机会。2018年4月，28岁的吴雷当选为西高城村村主任，成为大荔县最年轻的大学生村主任。
>
> 他要求每个产品都做成热销产品，他的水果被称为"新鲜多汁，酸中有甜，良心商家诚意做生意，给你1000个赞"。随着陕西特产大黄杏上市，吴雷经营的大黄杏、

第八章 创业机会识别

网纹瓜、红萝卜等果蔬在多家网购平台上占据了主要位置,拼单量超过2万,并受到购买者的高度评价。

在端午节前夕,记者在大荔县两宜镇西高城村的一个瓜果蔬菜集散场见到了吴雷。他正在安排30多个农民工将刚刚收回的网纹瓜、月露瓜、大黄杏、红萝卜等果蔬进行分拣、包装、装车和发货,一切有条不紊地进行着。直到两辆13.5米长的半挂车满载着大荔时令水果发往全国,他才松了口气。

据吴雷介绍,去年冬季仅大荔的"红香酥梨"一款产品,他们的微信成交额就超过了200万元。随后,他们引进种植了南方新兴甜瓜系列产品网纹瓜和月露瓜,投资了94万元修建了7个温室大棚,产量超过3万多公斤的甜瓜主要销往山东青岛和浙江嘉兴市场,销售非常好。嘉兴市场当天就将一车瓜全部卖完,次日又要了一车。此外,大荔产的沙苑红萝卜在上海市场非常受欢迎,成为网上热销品,陕西特产大黄杏在网上也持续接收订单。

2015年,吴雷大学毕业后面临着沉重的就业压力。他没有等待和依赖,而是主动出击,与大学同学李凯合作成立了一家小型家装公司,提供家装材料供应和房屋装修中介工程服务。每天早起,他和李凯一起骑自行车、乘公交或步行穿越街道巷弄,主动拜访新楼盘,并以业主身份混入其中,推销家具和装饰材料,承揽装修工程。他们通过这种方式,逐渐建立起了人脉关系。起初,他们从1000元起步,短短一年半的时间就赚了8万元,公司开始正式发展。

2016年6月,吴雷发现老家大荔所产的大黄杏、冬枣、酥梨等水果在广东、海南、上海、浙江等地的价格翻倍,并且销量很好。他与女朋友苗瑞商量后决定回到大荔老家从事电商经营,通过网上推销家乡的果蔬,并引进南方水果在北方销售。起初,由于经营种类有限,销售渠道单一,他们当月仅收入2000元,收支不平衡。为了解决这个问题,吴雷投资请专业团队对网售的大荔特色水果进行了形象包装,并通过微博、知名公众号等渠道,定向推广给在北上广等一线城市从事微商的"宝妈"和"宅男"群体。他的产品开始受到热捧。

为了扩大经营规模,吴雷采取线上线下相结合的经营模式,同时进行种植和销售。2018年春天,吴雷自己种植了30亩水果,并带动本村民种植了70亩特色南瓜。网上推销,供不应求,他们的产品一售而空。同年6月初,他们以租赁形式投资修建了一个水泥钢架结构的果蔬批发集散地,实现了分类、打包、发货和运输的一条龙服务。2018年冬天,他们又引进种植了南方流行甜瓜系列产品网纹瓜和月露瓜,通过流转方式租用了34亩土地,并投资94万元修建了7个温室大棚,获得了良好的收益。

回顾当初回乡创业的决策,吴雷总结了三个原因。首先,他认为城市就业机会有限,竞争激烈,要在城市取得突破很难,而在农村从事电商和设施农业有一定的机会。其次,网络电商销售模式使农产品的订单种植成为可能,降低了农产品经营的市场风险。同时,关中地区具备得天独厚的自然条件和成熟的农业设施栽培技术,为南方水果在北方的种植提供了技术准备。最后,由于父母年纪大了,需要照顾,作为家中长子，他有责任照顾好父母的生活。

  2019年5月，在陕西果宝公司调研电商工作时，大荔县县长翟玉宝得知"90后"大学生吴雷回乡创业开办电商企业，并成功尝试种植月露瓜新品种，当选为村委会主任，带领群众致富的经历后，对吴雷给予了充分的肯定。他表示农村电商有巨大潜力，对大学生的创新能力感到赞叹，希望吴雷和果宝公司发挥自身优势，成为农村电商的楷模。

  资料来源：杨立.看大学生吴雷怎样卖瓜果[J].西北园艺（果树），2019，266（04）：52-53.

重要概念

  创业机会 创意 商业化 创业机会识别 创业机会评估 蒂蒙斯创业机会 评价指标

复习思考题

  1. 创业机会通常源于哪些事物之中？
  2. 为什么创业机会摆在那里，只有少数人才能发掘成功？
  3. 如何提升创业机会识别成功的概率？
  4. 当我们发现了一项创业机会，还需要注意什么才能进一步保障创业的成功？

第九章 创业团队组建

学习目标

★ 了解创业团队的构成和类型。
★ 熟悉创业能力的培养。
★ 认识创业团队的冲突管理。
★ 了解创业者的社会责任。

引例——刘成城和他的36氪伙伴们

刘成城，1988年出生在江苏省盐城市，2006年，他考上了北京邮电大学的编程专业，内心对现状不满的冲劲和活力再次点燃了他的创业激情。大四时，他创办了36氪。关于36氪这个独特的名字，刘成城解释道："36氪的名字来自于化学元素周期表中的第36号元素'氪'（化学符号为Kr），传说中的氪星是超人的故乡。"他认为，能够创业的人都是具备超能力的人，"尤其是在年轻时要多尝试，做比想更重要，机会在经历中产生，能够迈出第一步的人，永远比跟随者更有市场和竞争优势。"

本科毕业后，刘成城没有像普通人一样按部就班地找工作，而是选择进入中国科学院读研。2011年7月，刘成城利用研一暑假组建了一个由4人组成的团队，全都是没有工作经验的理工科背景的"85后"，开始全职运营36氪。2011年11月，36氪获得了刘成城在北京邮电的师兄王啸提供的100万元天使投资。王啸曾是"百度七剑客"创始团队成员，后来创办了九合创投。在刘成城看来，"王啸主要是看重我们的团队，觉得团队中的人比较靠谱，有想法。"

最初的36氪和现在很多创业公司一样，都是从"民居办公室"中发展起来的。刘成城带领公司尝试了围绕服务科技创新创业的不同商业模式，希望为创业生态圈参与者提供更多的服务。36氪和刘成城一直在不断"变革"，而"不变"的是他的坚持。基于自己早期"民宅办公室"的经历，刘成城意识到创业者在办公方面面临的问题。2014年4月，刘成城启动了"氪空间"业务，以"不收费、不占股、每期三个月"的孵化模式服务初创企业，为入驻创业公司提供各类创业服务，满足办公、法务、工商、投资人对接等早期资源需求。此后，氪空间不断升级迭代，逐渐发展成为为中小微企业提供便利、灵活的定制化联合办公解决方案的领先品牌，并通过办公空间、社区服务和社群的闭环，构建起全球领先的精英社群。现在，氪空间已在全国范围内拥有30个联合办公场所，分布在北京、上海、广州、杭州、南京等城市。随着各个子业务的发展壮大，36氪逐步将业务拆分为36氪传媒、氪空间、鲸准三大子公司。

资料来源：https://baike.baidu.com/item/刘成城/7782441?fromModule=lemma_inlink。

第一节 创业团队内涵与价值

创业团队是由一群共同追求创新和创业机会的人组成的小团体,他们共同努力实现共同的目标和愿景。创业团队是创业者征途上的伙伴,他们凝聚着智慧与激情,为创业者提供资源整合和共享,降低风险,激发勇气和智慧。一个不理想的创业团队可能缺乏合适的专业知识和技能,无法有效地解决问题和应对挑战。团队成员之间的合作和协调也可能受到影响,导致决策和执行的困难。此外,团队的动力和激情也可能受到不理想团队的影响而削弱,导致创业者面临困难时缺乏持久的动力和坚持的精神。创业团队对创业的意义体现在以下几个方面。

(1)资源整合与共享。创业团队可以整合各种资源,包括财务、人力、技术、市场等,从而更好地支持创业项目的发展。团队成员可以共享彼此的专业知识和经验,提供相互的支持和帮助。团队合作能够整合和最大化利用各种资源,为创业项目提供更强大的动力和支持。

(2)降低风险。创业是一个风险较高的过程,而有一个强大的创业团队可以帮助降低风险。团队成员的专业背景和经验可以提供更全面的市场洞察力和业务知识,减少创业过程中的错误和决策偏差。此外,团队中的合作和共享风险意识也有助于分担个人的风险压力,增加整体的抗风险能力。

(3)创新和创造力。创业团队的多样性和互补性为创新提供了有利条件。团队成员可以从不同的视角和专业领域出发,提供不同的想法和观点。他们的合作和协作有助于激发创新思维,促进新的商业模式和解决方案的产生。创业团队的多样性和创造力能够推动创业项目的不断发展和突破。

(4)灵活性和适应性。创业过程中,市场和环境变化往往是不可预测的,而一个强大的创业团队具有更强的灵活性和适应性。团队成员可以相互补充和协作,迅速适应市场的变化,并作出相应的调整和决策。团队合作能够更好地应对挑战和变革,提高创业项目的应变能力和竞争力。

(5)合作伙伴和资源网络。创业团队的形成和发展过程中,会与各种合作伙伴和资源网络建立联系。这些合作伙伴包括投资者、行业专家、供应商、客户等。团队可以通过这些合作伙伴和资源网络获得资金、市场渠道、技术支持等重要资源,促进创业项目的快速成长和发展。

创业团队的内涵主要体现在以下几个方面。

(1)专业多样性。创业团队通常由来自不同领域、具有不同专业背景和技能的人组成。这种专业多样性有助于团队在解决问题和创新方面提供不同的视角和思维方式。团队成员的专业多样性可以带来创新的思路和创造力,并提供全面的能力覆盖,从而增加创业项目的成功概率。

第九章 创业团队组建

（2）互补性。创业团队的成员在技能、经验和性格特点上互补。每个成员都有自己独特的优势和贡献，通过相互补充和协作，团队可以更好地应对挑战、解决问题并发挥最佳效能。互补性也有助于减少团队内部的冲突和风险，提高团队的绩效和创业项目的成功率。

（3）分工合作。创业团队的成员在团队中扮演不同的角色和职责，通过有效的分工合作，实现任务的高效完成。团队成员可以根据自身的专业背景和技能，在团队中发挥所长，并相互支持和配合，共同推动创业项目的发展。分工合作还有助于提高团队的工作效率和生产力。

（4）知识共享和学习机会。创业团队是一个共享知识和学习的平台。团队成员可以相互交流和分享自己的专业知识、经验和见解，从而不断学习和提升自身能力。团队中的合作和讨论也有助于拓宽成员的视野和思维方式，激发创新思维，并促进团队的成长和进步。

（5）支持和鼓励。创业团队成员之间互相支持和鼓励，共同面对挑战和困难。创业过程中会遇到各种压力和困难，团队的支持和鼓励可以增强成员的信心和动力，使他们更坚定地追求创业目标。团队中的合作和团结也有助于建立积极的工作氛围和团队文化。

专栏——小米的"秘密武器"

小米科技是由雷军领导的一支团队，于2010年创立的，他们以创新的商业模式和高性价比的产品迅速崛起，并成为中国最大的智能手机制造商之一。小米团队中的各成员都发挥了重要的贡献，以下是其中一些核心成员及其贡献的介绍。

（1）雷军。雷军是小米的创始人和首席执行官，也是我国知名的创业家和投资人。他在小米的创业过程中起到了决策者和领导者的角色。雷军以其敏锐的商业眼光和领导能力，为小米带来了创新的商业模式和市场战略，成功地推动了公司的快速发展。

（2）林斌。林斌是小米的联合创始人和副总裁。作为技术背景的核心成员，他负责产品研发和设计。林斌在小米的产品开发中起到了关键的角色，他致力于推动技术创新和用户体验的提升，带领团队设计出多款受欢迎的智能手机和智能设备。

（3）刘德。刘德是小米的联合创始人和副总裁，负责供应链和生产制造。他在小米的供应链管理和生产制造方面发挥了重要作用，确保了产品的高质量和供应的稳定性。刘德带领团队建立了高效的供应链体系，使小米能够在市场上迅速推出新产品。

（4）红米团队。红米团队是小米旗下专注于中低端市场的品牌团队。他们通过降低成本、优化配置和提供高性价比的产品，迅速占领了中低端智能手机市场。红米团

队的成员在产品设计、市场推广和渠道拓展等方面做出了重要贡献，为小米带来了巨大的市场份额和用户基础。

（5）米家团队。米家团队是小米旗下负责智能家居产品的团队。他们致力于开发智能家居设备和提供智能家居解决方案，使用户能够通过小米生态系统实现设备的互联和智能化控制。米家团队的成员在产品创新、用户体验和生态系统建设等方面发挥了重要作用，为小米打造了全面的智能生态系统。

这些成员在小米的创业过程中各司其职、相互配合，共同推动了公司的快速成长。他们在市场战略、产品研发、供应链管理、市场推广和生态系统建设等方面的贡献，使小米成为我国创业界的明星企业，并赢得了广大用户的支持和认可。

第二节　创业团队结构与类型

一、创业团队的特征

和常规的团队相比，创业团队往往需要承担更复杂且不确定的任务，因此在多个角度都与常规团队存在差别，表9-1归纳了一些主要的区别。

表9-1　创业团队与一般团队的主要区别

区别	一般团队	创业团队
目标	完成特定任务或项目	实现创业愿景和商业目标
成员选择	基于技能和经验	基于创新能力、创业精神和团队合作能力
风险承担	较低，主要是任务完成的风险	高，包括市场风险、财务风险和竞争风险
决策权	可能集中在领导层或特定成员手中	分散，并且鼓励团队成员参与决策
自主性	相对较低，成员通常遵循组织的规则和流程	相对较高，团队成员在创新和问题解决方面有更大自主权
创新和变革	较少，主要关注任务完成和效率	强调创新、变革和适应快速变化的环境
资金需求	通常有限，基于组织的预算和资源分配	需要筹集资金，可能通过投资者或风险资本来支持
压力和不确定性	相对较低，任务和环境相对稳定	高，需要应对市场变化、竞争压力和不确定性
奖励和回报	通常是薪资、晋升和福利等内部激励	可能包括股权份额、创业成功的财务回报和个人成长机会
文化和价值观	可能受到组织文化和价值观的影响	可能有创新、团队合作和冒险精神等独特的文化和价值观

二、创业团队的构成

创业团队通常由创始人和核心团队成员构成。以下是通常构成创业团队的角色和职责。

（1）创始人/创业者。他们是创业团队的发起人和主要驱动力。他们具备创业的愿景、创新思维和决策能力。创始人通常具备创意或创新的理念，并愿意承担创业的风险和挑战。

（2）技术专家。在技术创业领域，技术专家在创业团队中起着至关重要的作用。他们具备技术背景和专业知识，能够负责产品或服务的研发和技术实施。

（3）商业开发/市场营销专家。这些团队成员负责市场调研、产品定位、市场营销策略和销售推广等任务。他们具备市场洞察力和商业开发能力，能够将产品或服务推向市场并获取用户或客户。

（4）财务专家。财务专家在创业团队中负责财务规划、预算管理、资金筹集和财务分析等方面的工作。他们能够确保创业项目的财务健康和可持续发展。

（5）运营/项目管理专家。运营专家负责组织和协调创业团队的日常运作，包括项目管理、资源管理、供应链管理等。他们能够确保团队的协作高效，并有效地执行计划和目标。

（6）设计师/用户体验专家。设计师和用户体验专家负责产品或服务的界面设计、用户体验和品牌建设等方面的工作。他们能够提供创新的设计思路和用户友好的体验，增强产品或服务的市场竞争力。

（7）法务/知识产权专家。法务和知识产权专家负责法律事务、合规管理和知识产权保护等方面的工作。他们能够确保创业团队的合法性和知识产权的安全。

除了上述角色，创业团队的构成还取决于具体的行业和业务需求。创业团队的成功与每个成员的技能、经验和合作能力密切相关。一个多元化、具备互补技能的团队通常能够更好地应对各种挑战，并实现创业目标的成功。

三、创业团队的类型

创业团队可以根据不同的分类标准划分为多种类型。表9-2展示了几种常见的创业团队类型。创业团队的类型可以根据不同的因素进一步细分，如团队规模、创业阶段、商业模式等。创业团队的构成应该根据创业项目的性质和需求来确定，以实现最佳的团队协作。

表9-2 常见的创业团队类型

创业团队类型	描述
技术创业团队	由技术专家和工程师组成，专注于技术创新和产品开发
市场导向型创业团队	着重于市场营销、产品定位和用户需求，注重市场调研和用户体验
创意型创业团队	强调创造力和创新思维，致力于开发独特的产品、服务或解决方案
社会企业家团队	关注社会问题和可持续发展，通过商业模式创新解决社会挑战
跨学科团队	由不同学科背景的成员组成，融合多元化的观点和创新思维，解决复杂问题
聚焦型创业团队	专注于特定行业或领域，具备行业专业知识和经验，致力于创造行业内的突破和变革

> **专栏——技术团队的高光**
>
> 商汤科技（SenseTime）成立于2014年，是一家专注于人工智能和深度学习技术的创业公司，总部位于中国北京。他们在人脸识别和图像处理领域取得了巨大的成功。商汤科技的创业团队由一群来自香港中文大学的研究人员组成，他们都有着深厚的技术背景和创新思维。以下是一些关键的创业团队成员介绍。
>
> （1）汤晓鸥，出生于辽宁省鞍山市，人工智能科学家，IEEE Fellow，现任第十四届全国政协委员，香港中文大学信息工程学系教授，兼任中国科学院深圳先进技术研究院副院长、上海人工智能实验室主任，IJCV（计算机视觉国际期刊）首位华人主编，全球人脸识别技术的"开拓者"和"探路者"，商汤科技创始人。
>
> （2）徐立，计算机视觉科学家，商汤科技联合创始人、首席执行官。2010年，徐立在香港中文大学攻读博士学位，与深度学习视觉领域应用的先驱——汤晓鸥教授以及其带领的香港中文大学多媒体实验室的师兄弟联系紧密。
>
> （3）王晓刚，2001年于中国科技大学少年班获得电子工程与信息科学学士学位，并获郭沫若奖。2004年获得香港中文大学信息工程硕士学位，2009年于麻省理工学院人工智能实验室获得计算机博士学位。他现任商汤科技研究院院长，也是香港中文大学电子工程系教授。
>
> 这个创业团队的核心成员在人工智能和图像处理领域具有丰富的专业知识和深入的研究，他们充分利用自己的技术优势和创新思维，将人工智能技术应用于人脸识别和图像处理领域。商汤科技通过持续的创新和努力，成功地将技术转化为商业应用，并成为全球领先的人工智能企业之一。
>
> 资料来源：https://baike.baidu.com/item/北京市商汤科技开发有限公司/16591749.

第三节　创业能力识别与培养

一、创业者的特征

作为现实社会中的梦想家和冒险家，创业者的身上燃烧着无限的激情和创造力，他们不仅是创业的实践者，还是一种心态和精神的代表。在创业团队组建的过程中，应该如何识别有潜力的创业者？他们的身上有哪些与众不同的特质？

1. 创业者的统计学特征

对创业者的研究最初关注的是他们的人口统计特征，一些研究结果发现确实有一些群体更倾向于从事创业活动。例如，安纳利·萨克森宁的研究表明，移民更容易表现出高创业倾向。还有研究表明，出生顺序排在前面的孩子更有可能成为创业者，创业经常发生在人们会感到焦虑不安的里程碑年龄阶段（如30岁、40岁、50岁）。这些研究结果看起来很有趣，但这些事实并不能完全揭示创业者的真实特征。人口统计特征只是与真正影响创业行为的特征呈现相关性而已。例如，移民身份本身并不一定会激发创业行为，移民更可能从事创业活动，可能是因为他们克服了困境，或者可能是因为作为移民，他们首先具备了创业的自主选择权。

2. 创业者的心理特征

创业者在心理方面具有一些独有的特征和素质，这些特征帮助他们在创业的道路上克服困难、保持动力并取得成功。以下是一些常见的心理方面的特征。

（1）追求热情与激情。创业者通常对自己的创业项目充满热情和激情。他们对自己的愿景和目标充满激情，这种激情驱使他们克服挑战，坚持不懈地努力工作，并愿意投入大量时间和精力来实现自己的梦想。

（2）具备坚定的信念和自信心。创业者相信自己的能力和创意，并有坚定的信念。他们对自己的创业项目有信心，能够坚定地追随自己的直觉和决策，即使在面对困难和挑战时也能保持乐观和自信。

（3）高度的决策能力和承受风险的能力。创业者需要在不确定和有风险的环境中做出决策。他们能够权衡利弊，快速做出决策，并且有勇气承担风险和面对失败。他们具备适应变化的能力，能够从失败中吸取教训并调整策略。

（4）坚韧和毅力。创业的道路充满了挑战和障碍，但创业者具备坚韧和毅力的品质。他们能够坚持不懈地追求目标，克服困难和挫折，并从中获得成长和学习的机会。他们对自己的事业充满了长期的承诺和奉献。

（5）创新思维和问题解决能力。创业者倾向于具备创新思维和寻找解决问题的能力。他们能够思考问题的多个角度，找到创新的解决方案，并将其应用于实际的商业环境中。他们具备开放的思维和接受新观念的能力。

（6）自我驱动和自律能力。创业者通常需要在没有明确指导和监督的情况下工作。他们具备自我驱动和自律的能力，能够自我激励并制订有效的工作计划。他们有能力管理时间、资源和任务，以实现自己的目标。

（7）弹性和适应性。创业者必须能够适应不断变化的市场环境和商业条件。他们具备适应性，能够快速适应新的情况和变化，并做出相应的调整。他们能够灵活应对挑战，并找到新的机会和解决方案。

这些心理方面的特征不仅帮助创业者在创业的旅程中保持积极的心态和动力，还帮助他们应对挑战、克服困难并实现成功。然而，需要注意的是，这些特征并非必需品，而是可以通过培养和发展来提升自己的创业能力。

3. 创业者的经验特征

创业者通常具备一些经验特征，这些特征是他们在创业过程中积累的经验和知识，帮助他们更好地应对挑战、做出决策和取得成功。以下是一些常见的创业者经验特征。

（1）行业知识和专业技能。创业者通常具备相关行业的知识和专业技能。他们了解行业的趋势、市场需求、竞争对手等信息，并具备实际操作所需的技能。这种经验使他们能够更好地理解市场机会，开发出有竞争力的产品或服务。

（2）创业历程经验。创业者可能有过一次或多次的创业经历。他们通过创业，积累了宝贵的经验教训，包括成功和失败的经验。这种经验使他们更加谨慎和深思熟虑，在面对类似的情况和挑战时能够做出更明智的决策。

（3）领导能力和团队管理经验。创业者通常具备良好的领导能力和团队管理经验。他

们能够有效地组建和管理团队,激发团队成员的潜力,并协调各方面的工作。他们了解如何有效地与员工、合作伙伴和利益相关者合作,以实现共同的目标。

(4) 资源管理经验。创业者在资源管理方面具备经验。他们懂得如何有效地管理有限的资金、时间和人力资源。他们能够制定合理的预算和资源分配策略,以确保资源的最优利用,并在必要时寻找额外的资金来源。

(5) 销售和市场营销经验。创业者通常具备销售和市场营销的经验。他们了解如何推广和销售产品或服务,吸引客户和建立品牌。他们掌握市场营销策略和工具,能够有效地定位目标市场并与客户进行沟通。

(6) 战略规划和业务发展经验。创业者具备战略规划和业务发展的经验。他们能够制定长期发展战略,设定目标和里程碑,并制订相应的业务计划。他们了解业务扩张的机会和挑战,并能够做出相应的决策。

这些经验特征使创业者能够更加成熟和自信地经营自己的企业,并更好地应对创业过程中的各种挑战和风险。然而,这并不意味着没有经验的人就不能成功创业,因为创业也是一个不断学习和成长的过程,每个人都有机会积累经验并发展自己的创业能力。

二、创业能力的培养

培养创业能力是一个持续的过程,以下是一些方法和实践,可以帮助你培养创业能力。

(1) 学习与知识积累。创业者通过学习创业理论、案例研究和实践经验等,深入了解创业的基本知识和技能。参加创业培训课程、研讨会和工作坊,获取实用的创业指导。

(2) 激发创造力和创新思维。培养创业者的创造力和创新思维能力,可以通过参与头脑风暴、创意工作坊、设计思维等活动来激发创新灵感,培养解决问题的能力。

(3) 掌握市场和行业知识。了解目标市场和行业的趋势、竞争对手、顾客需求等,通过市场调研和行业分析来提前洞察机会和挑战。

(4) 建立人际关系,培养合作能力。创业往往需要与他人合作,建立广泛的人际关系网络,并培养良好的合作能力和团队合作精神。

(5) 勇于冒险和接受失败。创业过程中充满风险和不确定性,培养勇于冒险和适应变化的心态,同时学会从失败中吸取教训,并快速调整和适应。

(6) 发展领导能力。创业者需要具备领导能力,包括激励团队、决策能力、沟通技巧和问题解决能力等,可以通过学习领导理论和参与领导角色来发展这些能力。

(7) 实践和经验积累。创业能力的培养需要通过实践和实际经验来不断提升。积极参与创业项目、实习或自主创业等活动,亲身体验创业过程,不断学习和成长。

(8) 寻求导师或创业者支持。与成功的创业者建立联系,寻求他们的指导和支持。他们的经验和建议可以帮助你加速成长,并提供宝贵的创业资源和机会。

总之,创业能力的培养需要综合的学习、实践和经验积累。创业者通过持续学习、创新思维、市场了解、合作能力和实际实践,可以不断提升自己的创业能力,并为创业之路做好准备。

> **专栏——助推创业梦**
>
> 中国的一家培养企业家创业能力的社会组织是中国青年创业就业基金会（China Youth Entrepreneurship and Employment Foundation）。中国青年创业就业基金会是一家政府主管的非营利性社会组织，成立于2008年。该组织的主要目标是促进青年创业和就业，支持年轻人发展创新创业能力，帮助他们实现创业梦想。该基金会通过多种方式来培养和支持年轻人的创业能力。以下是该组织的主要举措和贡献。
>
> （1）创业培训和咨询。基金会组织各种创业培训课程和工作坊，为年轻人提供实用的创业知识、技能和经验分享。他们还提供创业咨询服务，帮助年轻人解决创业过程中的问题和挑战。
>
> （2）创业资金支持。基金会通过设立创业基金，向有创业潜力的年轻人提供资金支持。他们提供创业贷款、风险投资和创业奖励等形式的资金帮助，帮助年轻人实现创业项目的启动和发展。
>
> （3）创业孵化器。基金会在全国范围内设立创业孵化器，为年轻创业者提供办公空间、设施和资源支持。这些孵化器提供良好的创业环境和创业生态系统，帮助年轻人与其他创业者和导师进行交流和合作。
>
> （4）创业大赛和活动。基金会举办各种创业大赛和活动，激发年轻人的创新创业热情。这些活动为年轻人提供展示自己创业项目和获取投资的机会，同时也提供了与行业专家和成功企业家互动的平台。
>
> （5）创业导师计划。基金会设立了创业导师计划，邀请成功的企业家和行业专家担任导师，为年轻创业者提供指导和支持。导师们分享自己的创业经验和知识，帮助年轻人解决创业中的问题和困惑。
>
> 通过上述举措，中国青年创业就业基金会致力于培养年轻人的创新创业能力，帮助他们实现创业梦想，并为社会经济发展做出积极贡献。

第四节　创业团队组织与管理

一、创业团队的组建原则

在组建创业团队时，可以考虑以下原则。

（1）互补技能与能力。选择具有不同专业背景、技能和经验的成员，以确保团队能够覆盖创业过程中的多个关键领域，例如技术、市场营销、财务等。这样可以互补各自的优势，提高整个团队的综合能力。

（2）共同的愿景与价值观。确保团队成员对创业项目有共同的愿景和目标，并分享相似的价值观。这有助于增强团队凝聚力、合作性和意见统一，从而更好地应对挑战和取得共同成功。

（3）相互信任与合作。建立基于信任、尊重和开放沟通的团队文化，鼓励成员之间的合作和支持。团队成员应相互信任，并愿意分享知识、经验和资源，共同努力解决问题和实现目标。

（4）兼具创新和执行能力。确保团队中既有具有创新思维和创造力的成员，又有注重执行和实施的成员。创新能力可以帮助团队发现机会和解决问题，而执行能力可以确保项目按计划落地并取得成果。

（5）团队的规模和结构。根据创业项目的规模和需求，确定合适的团队规模和结构。通常来说，初创阶段的创业团队应该精简高效，避免过多的冗余层级和人员。

（6）沟通和决策机制。建立有效的沟通渠道和决策机制，确保团队成员之间能够及时交流、共享信息，并能够快速做出决策。透明和高效的沟通有助于减少误解和冲突，提高团队协作效率。

（7）团队的灵活性与适应能力。创业过程中会面临各种变化和挑战，团队成员应具备灵活性和适应能力，能够快速调整策略和行动，适应市场变化和需求。

这些原则可以作为指导，帮助创业者构建强大、协调和高效的创业团队，为创业项目的成功打下坚实的基础。

二、创业能力评估

对创业者的知识水平、经验背景、创业意愿、决策能力、团队合作等方面进行综合评估，可以识别出具备创新思维、适应性强、抗压能力高、领导能力突出等关键特征的创业者。这种评估有助于提前发现创业者的优势和潜在风险，并为投资者提供决策依据，选择具备较高成功潜力的创业项目和团队。同时，对创业者个人而言，创业能力评估可以帮助其认识自身的优势和劣势，有针对性地提升自己在创业过程中所需的各项能力和素质，提高创业成功的机会和效果。

（1）知识评估。创业团队成员的受教育水平和专业技能对创业成功至关重要。受高教育水平的团队成员在研究能力、洞察力、创造力和技术应用方面具备优势。

（2）经历评估。具有创业经验的团队成员可以复制以前的成功模式或避免失败经验，提高新创企业的成功率。

（3）经验评估。初始合伙人团队具备相关产业经验有助于快速开拓市场和开发新产品。相关领域的经验对于特定行业的创业成功至关重要。

（4）关系评估。拥有广泛社会网络关系的团队成员更容易获得技能、资金和消费者认可。良好的人际关系网络是创业者社会资本的体现。

（5）能力评估。挑选具备能力和经验的董事会成员可以为企业提供指导和支持，填补管理者经验和背景方面的空缺。

（6）资质评估。具有高知名度和地位的董事会成员能够为企业带来信誉和资信，提高

第九章 创业团队组建

企业的质量认可度。

创业团队通过评估团队成员的知识水平、经历、经验、人际关系、能力和资质，可以更好地搭配和选择成员，增加团队的成功概率和竞争优势。

三、创业团队的冲突管理

在创业团队中，认知冲突、情感冲突和利益冲突是常见的问题，它们可能导致团队合作的困难和不稳定。以下是对这些冲突的含义、原因以及应对办法的介绍。

（1）认知冲突。认知冲突是指团队成员在理解、看法和观点上存在差异和不一致，导致沟通和合作的困难。认知冲突可能源于个体的不同背景、经验、知识和价值观等因素，导致对问题的理解和解决方法产生分歧。团队成员应鼓励开放的沟通和讨论，尊重彼此的观点和意见，寻找共同的理解和解决方案。借助有效的沟通工具和技巧，如倾听、理解对方观点，提出合理的论证和解释，以促进认知的共识和合作。

（2）情感冲突。情感冲突是指团队成员之间产生的情绪和情感上的矛盾和不和谐，影响了团队合作和氛围。情感冲突可能源于个人情感的冲突、沟通不畅、不信任、个性差异等因素，导致情绪的不稳定和负面情感的积累。团队成员应培养积极的情感管理能力，尊重他人的情感和感受，通过有效的沟通和解决冲突的技巧，如倾听、理解对方情感、表达自己的感受和需求，建立良好的团队氛围和信任关系。

（3）利益冲突。利益冲突是指团队成员之间在目标、资源、权力等方面存在的利益冲突和竞争。利益冲突可能源于团队成员之间的竞争、权力分配不均、资源有限等因素，导致合作难以达成一致和目标的实现受阻。团队应建立明确的目标和角色分工，制定公平的资源分配机制，强调团队的整体利益和共同目标，培养合作精神和共赢思维。

一个高效的团队能够整合团队成员的多种技能。相反，缺乏信任和充满嘲讽的团队成员不愿参与需要整合不同观点的讨论，这将限制团队在集体创新、知识分享、风险共担和协作进取等创业精神方面的发展，逐渐使创业团队变得保守，并降低创业决策的质量。此外，敌对或冷漠的团队成员很少理解并履行与他们没有参与的决策相关的义务。因此，大多数情况下，团队成员无法有效执行决策，因为他们对决策缺乏充分理解。在最糟糕的情况下，这些团队成员甚至不愿按照创业团队的设想来执行决策，从而降低团队未来有效运作的能力。

专栏——生物医药初创公司如何搭建团队？

以下内容摘自九合创投联合耶鲁创投俱乐部、康涅狄格美中医药协会邀请美国耶鲁大学教授陈斯迪和生物科技投资人纪英杰的采访。

生物医药初创公司如何搭建团队，怎么找到靠谱的创业伙伴？

陈斯迪：对于一个初创公司来说，团队是至关重要的。根据我的经验，关键是找到优秀的人才。首先要能够辨别这样的人才，需要评估他们是否具备足够的能力、创业精神以及愿意为团队作出贡献的态度。他们必须是对挑战充满热情的人，而不仅仅是为了应对而存在。热情是必备条件。

创业团队本身致力于实现一个重大目标，因此需要寻找具有远见、使命感和激情的人才，这样团队才能够成功。即使公司拥有出色的技术，如果没有一个强大的团队，也很难取得成功。

纪英杰：我非常赞同陈斯迪教授的观点，创业者的精神是最为重要的。在具备创业精神的前提下，我们希望创业公司能够找到具有经验互补的人才。对于具有学术背景的创业者来说，他们可能在职场经验和商业经验方面相对欠缺，他们的人脉圈可能与自身较为相似，因此需要寻找具有丰富临床经验的人来进行互补。在这种情况下，我有两个实际操作的建议：一是，可以参加一些行业论坛，以获得结识人才的机会，通常这些论坛会邀请相关领域的学术、产业和研究人员；二是，也可以考虑加入一些行业组织，以认识更多在该行业具有丰富经验的人才，通过这种方式逐渐扩展自己的人脉圈。当然，这也需要进行积累，可能需要积累一定数量的人脉资源，才能遇到真正志同道合、可靠的创业伙伴。

资料来源： biotech 初创公司如何提高创业成功率，成为最终赢家？[J]. 高科技与产业化, 2022, 28（07）: 58-61.

第五节　创业伦理与文化建设

一、创业者的社会意义

在创业者身上，我们看到了无限的可能和勇气。他们是那些不满足于现状的人，他们追求创新，挑战常规，为改变而奋斗。创业者是梦想的实践者，他们不仅仅是追逐财富和成功，更是为社会带来积极变革的推动者。创业者的意义不仅仅在于创造新的企业和工作机会，他们还在塑造未来。他们勇于冒险，敢于面对失败，从中吸取经验教训，不断调整和改进，最终取得成功。他们的创新思维和创业精神推动着社会的进步和发展。

创业者改变着我们的生活方式，引领着行业的变革。他们不满足于现状，寻找解决问题的新途径，推动科技的进步和商业的创新。他们的努力和追求让我们的生活更加便捷、舒适，带来了新的产品和服务，满足了我们的需求和欲望。创业者还是社会责任的践行者。他们意识到社会问题的存在，并主动寻找解决方案。他们致力于社会和环境可持续发展，关注社会公益事业，回馈社会，为弱势群体提供帮助。他们用创业的力量创造了更美好的社会。创业者是改变世界的推动力量，他们不断挑战现实，追求自己的梦想，为社会带来创造力和创新精神。他们不仅仅是商业成功的象征，更是人类进步的驱动者。让我们敬佩和支持那些勇敢的创业者，因为他们正在创造未来，改变世界。

创业者的行为不仅对自己和企业有影响，还对整个社会产生深远的影响。正因如此，重视创业伦理和道德变得尤为重要。

二、创业者的社会责任

随着社会的发展，企业社会责任问题日益受到广泛关注，并在《中华人民共和国公司法》（以下简称"《公司法》"）中得到明确规定。根据《公司法》第五条的规定，企业在经营活动中必须承担社会责任。公司应该对其员工、债权人、供货商、消费者、所在地居民、自然环境和资源、国家安全以及社会的全面发展承担一定的责任。《公司法》不仅将强调企业社会责任的理念列入总则条款，还在分则中设计了一套强化企业社会责任的具体制度。因此可以看出，企业社会责任在我国具有法律地位。

这一法律规定的出台体现了社会对企业的期望，也反映了企业在社会发展中的重要角色。企业社会责任不仅关乎企业的经济利益，更涉及企业对社会和环境的影响和责任。企业应该积极履行社会责任，以人为本，关注员工福利和发展，保护消费者权益，维护供应链伙伴的利益，推动环境保护和资源可持续利用，关注社会公益事业，并与社会各界共同促进社会的全面进步和发展。

企业社会责任不仅是一种法律义务，还是企业长期发展和可持续经营的重要基石。履行社会责任不仅有助于提升企业形象和信誉，吸引消费者的认可和支持，还能够增强员工的归属感和团队凝聚力。同时，企业社会责任也为企业提供了更广阔的发展空间，通过推动社会的发展和改善，实现企业自身的可持续发展。创业者作为企业的创始人和领导者，在创业过程中应当承担以下社会责任。

（1）就业机会和经济贡献。创业者应当致力于创造就业机会，为社会提供稳定的工作岗位，帮助降低失业率，促进经济增长和发展。创业者通过创新和创业活动，可以为社会创造更多的价值和财富。

（2）社会影响和解决社会问题。创业者应当关注社会问题和挑战，并积极寻找创新的解决方案。他们可以通过创业活动来改善社会生活质量，解决环境问题，推动社会公益事业，改变社会现状，为社会带来积极的影响。

（3）诚信和道德。创业者应当坚持诚信和道德原则，遵守法律法规，以正当合法的方式经营企业。他们应该积极参与社会道德建设，树立良好的企业形象和价值观，成为社会的表率和榜样。

（4）社会多元和包容性。创业者应当鼓励和支持社会多元化和包容性。他们应该尊重并充分利用各种人才和资源，提供平等机会，避免歧视和偏见，构建一个公平和包容的工作环境和社会文化。

（5）环境保护和可持续发展。创业者应当关注环境问题，采取可持续的经营方式和创新的环保措施，减少对环境的负面影响，推动可持续发展。他们可以通过节能减排、资源循环利用、环境教育等方式，为环境保护做出贡献。

（6）社区参与和回馈。创业者应当积极参与社区事务，回馈社会。他们可以支持当地的社区项目和慈善活动，为弱势群体提供援助和支持，回报社会，促进社会的和谐与进步。

总之，创业者应当承担起更多的社会责任，不仅要关注企业的经济利益，还要关注社

会的整体利益。创业者通过积极履行社会责任,可以为社会带来更大的价值和影响,实现企业和社会的共同发展。

三、创业伦理

创业伦理是指在创业过程中,创业者应当遵循的道德原则和行为准则。它强调创业者在商业活动中应当展现出道德和社会责任感,不仅关注经济利益,也关注社会利益和公共利益。创业伦理包括以下几个方面。

(1) 诚信和正直。创业者应当以诚信和正直的方式经营企业,遵守承诺,遵守法律法规,避免欺骗、虚假宣传和不正当竞争等行为。他们应当诚实地与客户、合作伙伴和利益相关者进行交流和合作。

(2) 尊重和公平。创业者应当尊重他人的权利和尊严,不歧视任何个人或群体,提供平等的机会和待遇。他们应当遵循公平竞争的原则,避免不正当的竞争手段,不利用权力和资源垄断市场。

(3) 社会责任。创业者应当意识到自己对社会的影响,并承担相应的社会责任。他们应当积极参与社会事务,关注社会问题,推动社会公益事业的发展,为社会做出贡献。

(4) 环境保护和可持续发展。创业者应当关注环境保护,采取可持续的经营方式,减少对环境的负面影响。他们应当推动资源的合理利用,采取环保措施,为未来的可持续发展做出贡献。

(5) 人员管理和员工福利。创业者应当重视员工的权益和福利,提供良好的工作环境和发展机会。他们应当尊重员工的权利,关注员工的职业发展和福利待遇,建立和谐的劳动关系。

(6) 透明和责任。创业者应当保持透明和公开的经营管理,对内部和外部利益相关者负责。他们应当及时披露相关信息,接受公众监督,对企业的行为和决策负责。

创业伦理的核心是将道德和商业行为相结合,注重创业活动的社会影响和可持续发展。创业者应当意识到自己的责任和义务,追求商业成功的同时,始终秉持正义、诚信和社会责任,为社会创造更大的价值和意义。

四、打造创业文化

创业文化是指在创业企业或组织中形成的一种价值观、行为准则和共同信念的文化氛围。它代表了企业的创业精神、创新意识、团队合作和追求卓越的价值观念和行为模式。要打造创业文化,可以采取以下几个步骤。

(1) 定义核心价值观。明确企业的核心价值观和理念,例如创新、团队合作、激情和责任感等。这些价值观应当与企业的使命和愿景相一致,并贯穿于企业的各个方面。

(2) 建立积极的沟通氛围。鼓励员工进行开放、积极的沟通,倾听他们的意见和建议。创业文化应该鼓励员工表达自己的想法,并提供一个相互尊重和信任的环境。

(3) 激励创新和冒险精神。鼓励员工提出新的想法和创新解决方案,并为他们提供试

第九章 创业团队组建

错的机会。创业文化应该鼓励员工冒险尝试,面对失败时能够快速学习和适应。

(4) 培养团队合作精神。鼓励员工之间的合作和协作,营造一个团结互助的氛围。创业文化应该强调团队的重要性,并提供培训和发展机会,以提高团队合作的能力。

(5) 奖励和认可。为那些展现出创业精神和取得卓越成绩的员工提供奖励和认可。创业文化应该建立奖励机制,以激励员工的积极表现,并促进更多人参与到创新和创业活动中。

(6) 传播和弘扬。将创业文化的核心价值观和理念贯穿于企业的各个层面,并通过内部培训、企业活动、内部传媒等方式进行宣传和弘扬。创业文化应该成为企业的共同信仰和行为准则。

打造创业文化需要时间和持续的努力,它应该与企业的战略目标相一致,并得到高层领导的支持和推动。同时,员工也应该积极参与和贡献,共同营造一个充满活力和创新的创业文化。

专栏——陈江和的家国情节

陈江和他的父亲早年从中国福建莆田来到印尼棉兰市,他们在那里开设了一家小店铺,主要销售零配件和汽油。1949年,陈江和出生于这个家庭中,他是家中的长子。他就读于华侨中学,但由于家境困难,他不得不在还没有完成学业的情况下开始打工养家。起初,他成为一个零件供应商,为石油公司提供机车零件。随着业务的逐渐扩展,他开始经销发电机、炼油厂设备,并从事机电和机械维修工作,包括液化天然气管道。后来,他成为承包商,为一些石油公司承揽项目。

在那段日子里,陈江和工作非常辛苦,每天工作时间长达16个小时,没有节假日,但他从中学到了很多东西。像许多依靠辛勤努力打拼事业的海外华人一样,陈江和也经历了许多创业的艰辛。有一次,他承包了一项铺设天然气管道的工程,由于工程师计算错误,工程遇到了严重困难,员工们都感到吓坏了。他自己也感到焦虑,但他告诉自己必须坚持下去。尽管他在这个项目上亏损了很多钱,但他还是多次前往新加坡花费重金聘请专家来解决问题。最终,他成功地完成了工程,并赢得了客户的信任。

在获得第一笔财富后,他决定进军实业领域。在20世纪70年代中期,陈江和开始筹建自己的第一家工厂——三夹板厂。1973年,他创立了金鹰集团,并开始涉足夹板行业。他改变了印尼仅仅出口原材料木材的局面,为印尼开发了一个能带来附加值的加工业。

当时,在印尼建立这样的工厂并获得生产许可证非常困难。陈江和亲自去找工业部长,经过努力,陈江和最终说服了他。部长指示下属帮助陈江和办理生产许可证,并询问他需要多长时间才能建好工厂。陈江和回答大约需要14个月。工厂很快在棉兰附近动工,结果不到10个月就建成了。

该工厂总共投资了1 000万美元,并雇用2 000名员工。在陈江和向部长报告进度时,部长半信半疑,派人来调查。最终,部长对陈江和说:"你真的建成了,我会向总统报告,并邀请他来为你的新工厂剪彩。"陈江和听到这个消息既惊讶又高兴。

1975年8月7日,总统果然带领7位部长来为陈江和的新工厂剪彩。总统向陈江和提了许多问题,包括为什么选择这个行业、夹板的成本、销售价格、利润情况以及能够为多少人提供就业机会,并递给他一张纸让他写下来。

总统和陈江和一起进行了计算。计算结束后,总统说:"印尼应该增加夹板的生产,禁止出口原木,这样可以增加就业机会,赚取更多外汇。"从那时起,印尼政府逐渐改变了对森林产业的政策,在3年后停止了原木出口。陈江和的工厂至今仍在运营,并一直盈利。产品以前主要出口到欧洲,自1978年起开始出口到中国。

与印尼首富合作直到1983年,陈江和的金鹰集团已经发展成为一家资产接近一亿美元的中型企业。其经营范围扩展到石油公司承包工程、夹板厂、棕榈油和地产等领域。然而,陈江和并没有满足,他渴望将棕榈油项目做大,但他当时的实力还不足够。

他们成功地发展了棕榈油项目,并在短短五六年内获利超过10亿美元。陈江和从中获得的最大收获是学到了许多大型企业的管理方式和策略。此后,他的企业不断壮大。如今,新加坡金鹰集团已经发展成为一家多元化跨国工业集团,业务涵盖林浆纸、农产品工业、特种溶解木浆与纤维素纤维以及能源开发等领域。集团在印尼、中国、巴西、马来西亚、菲律宾、加拿大和西班牙等地开展生产经营,营销网络遍布全球四大洲。金鹰集团已成为亚太地区最重要的工业集团之一,拥有超过60 000名员工。

陈江和先生一直关注着他的家乡。自20世纪90年代以来,他在中国的投资总额达到600亿元,涵盖纸浆和造纸、纤维素纤维、棕榈油、清洁能源等多个行业。1981年,陈江和先生与夫人黄瑞娥女士共同创建了陈江和基金会。陈江和基金会积极参与印尼、中国和新加坡的慈善事业,坚信优质教育可以促进机会平等,并致力于利用教育的力量帮助人们释放潜能,改善生活。在中国,陈江和基金会积极参与各项公益事业,在西藏、新疆、青海等贫困地区捐建了23所侨心小学和50余个侨心工程。在西部贫困地区,他们为农民提供免费技能培训。在非典、雪灾、洪灾和地震等灾难发生时,他们提供紧急援助。陈江和先生是2008年北京奥运会场馆"水立方"的第一位大额捐助人,也是"非典"期间个人捐款最多的人之一。此外,基金会还积极支持中国的"一带一路"倡议,捐赠了1亿元人民币,计划在未来10年支持中国和"一带一路"沿线国家开展双边人才培训项目。

重要概念

创业团队　创业团队类型　创业能力　创业团队组建　社会责任

复习思考题

1. 为什么创业者很少单打独斗?创业团队的必要性和意义是什么?
2. 创业团队相比于一般团队具有哪些特殊性?
3. 创业能力如何识别和培养?分别介绍现实中的成功和失败的案例。
4. 创业团队内部冲突是如何产生的?如何避免?介绍现实中创业团队冲突的案例及其结局。
5. 创业者的社会责任只是一种口号吗?介绍现实中用于承担社会责任的创业者及这种行为对其事业的影响。

第十章　商业模式设计

学习目标

★ 了解商业模式的逻辑。

★ 熟悉商业模式的类型。

★ 掌握商业模式的设计流程。

★ 熟悉商业画布工具。

引例——雷允上的商业模式创新路径

雷允上是中国著名的老字号企业之一，也是中华四大药堂之一。1734年，苏州著名医师雷大升（字允上）在苏州阊门内专诸巷天库前周王庙弄口开设了一家老药铺，名为"诵芬堂"，从此开始了雷允上药业的历史。雷允上药业一直秉持着"聚百草·泽万民"的使命，弘扬中医药文化的"治已病，更注重防未病"的核心理念，在近代逐渐形成了以苏州为总店、上海为分店的雷允上药铺局面。新中国成立后，雷允上苏州总店和上海分店分家，苏州雷允上公司逐渐壮大成熟。至今，苏州雷允上企业始终坚持医药并济的战略方针，弘扬温病学说的学术精髓，目前已发展成为集工业、商业、连锁、中医馆、健康养生、药材种植等为一体的中医药产业集群，公司的产品在苏州乃至全国中医药市场上长期占据重要地位。

自苏州雷允上的创立以来，经历了近三百年不断变化的社会环境。企业随着大环境的变化进行了及时的调整，在1956年社会主义改造后由传统中药店发展成为现代化企业，在改革开放的新时期逐渐规范和成熟，成为重要的中医药老字号企业。从2019年开始，苏州雷允上再次对其商业模式进行了重大调整以适应发展需求。经历了多个战略困境和风险挑战，通过适当的调整，企业成功化解了这些困境。现如今，苏州雷允上已成长为享有盛名的长寿老字号企业，具有明显的可持续发展特征。总体而言，苏州雷允上的发展历程可以划分为三个阶段：传统经营下的传承商业模式阶段（1734—1956年）、新时期经营下的创新商业模式阶段（1956—2019年）、新环境经营下的双元性商业模式阶段（2019年至今）。在苏州雷允上的三次重大商业模式演变过程中，经历了"传承—创新—传承与创新双元化"的观念转变。其中，企业需要思考的重要问题是如何发掘传承价值和识别创新风险。

首先，苏州雷允上发掘了传统商业模式的传承价值。始于康熙年间而在现代仍然蓬勃发展的秘密在于苏州雷允上将核心价值理念传承至今。对于苏州雷允上而言，传承价值不仅体现在治病卖药的价值创造方式上，也体现在"聚百草·泽万民"的使命愿景上。价值理念与文化属性相互交织，使得雷允上企业得以一脉相承，持续发展至今。

其次,苏州雷允上识别了创新商业模式的战略风险。苏州雷允上的创新商业模式主要出现在近现代,因此风险识别也与近现代社会环境有关。在近代,最大的外部风险来自"糟粕还是精华"的讨论,该风险曾一度给许多老字号中药店带来沉重打击,但在国家规范化调整下得到了有效解决。此外,老字号中药店与其他中西药合并出售的药店竞争激烈,产品出现同质化倾向,苏州雷允上的商业模式也逐渐趋同于普通药店,导致雷允上失去了特色和竞争力,面临产品服务竞争的风险,不得不另辟蹊径。

最后,苏州雷允上推进了商业模式的传承与创新的互动发展。苏州雷允上公司提出了"以传承创新擦亮雷允上老字号金字招牌"的发展口号,体现出企业管理者深刻意识到传承与创新双元推动是老字号中医药企业商业模式更新的奥秘。苏州雷允上选择巩固传承基础,坚持以中医药为主要产品,坚守文化价值。在识别创新风险之后,积极采取行动应对风险。企业履行了社会责任,通过捐赠抗疫物资来提升企业形象,进一步化解了面临的年龄段集中风险。传承行动必然会对创新行动产生阻力,苏州雷允上通过双元融合使两者互动发展,从而确保了企业的可持续发展。

资料来源:

[1] 夏春晓.老字号企业商业模式创新演变路径研究——基于苏州雷允上的案例分析[J].商展经济,2023,80(10):20-23.

第一节 商业模式内涵与逻辑

一、商业模式的内涵

在现实生活中,我们经常看到许多创业者发现了潜在的市场机会,构思了创新的创业理念,并组建了优秀的创业团队,但他们却面临着难以获得投资人认可或无法实现持续快速发展的问题。其中一个重要原因可能是他们没有建立起适合健康成长的商业模式。因此,创业者的主要任务之一就是探索并建立与机会相适配的商业模式。那么,什么是商业模式呢?

商业模式是描述一个企业如何创造、交付和捕获价值的框架或计划。它涉及了企业如何运营、获得收入以及与利益相关方互动的方式。商业模式描述了企业的核心业务、价值主张、目标客户群体、市场定位、收入来源、成本结构、合作伙伴关系和资源配置等要素。商业模式回答了一系列关键问题,包括以下内容:

(1)价值主张:企业如何满足客户的需求,提供什么样的产品或服务,并在市场上创造独特的价值。

(2)客户群体:企业的目标客户是谁,他们的特征是什么,如何满足他们的需求。

（3）渠道和分销：企业如何将产品或服务传递给客户，通过哪些渠道进行销售和分销。

（4）收入模式：企业如何获得收入，包括销售产品、提供服务、订阅模式、广告等方式。

（5）关键资源和合作伙伴：企业需要哪些关键资源来支持其业务运营，以及与哪些合作伙伴建立合作关系来增强竞争力。

（6）成本结构：企业的主要成本包括哪些方面，如何进行成本控制和优化。

商业模式对于创业者和企业非常重要，它不仅是实现商业目标和盈利的基础，还可以为企业提供竞争优势、创新和可持续发展的基础。创业者通过精心设计和打造商业模式，可以更好地理解市场需求，有效运营企业，并实现商业成功。

二、商业模式的逻辑

商业模式的逻辑是指商业模式中各个要素之间的相互关系和内在逻辑结构。它描述了企业如何通过整合资源、活动和价值提供方式，实现利润和持续竞争优势的方式和路径。

关注商业模式的逻辑具有重要意义。首先，了解商业模式的逻辑可以帮助创业者或企业经营者理解企业创造价值的机制，从而更好地制定战略和决策。其次，通过分析商业模式的逻辑，可以识别出企业的优势和劣势，发现创新和改进的机会，为企业的发展提供指导。此外，关注商业模式的逻辑还有助于企业与利益相关者进行有效的沟通和合作，确保企业的商业模式与各方利益的平衡和共赢。总之，关注商业模式的逻辑有助于深入理解企业的运作方式和创造价值的途径，为企业的发展提供战略指导和决策支持，并促进企业与外部环境的良性互动。具体而言，商业模式的逻辑性可以从价值识别的角度逐步递进，如图10-1所示。

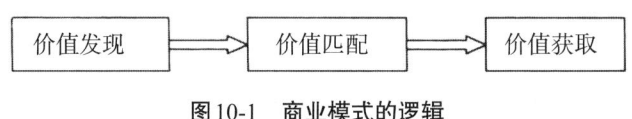

图10-1　商业模式的逻辑

1. 价值发现

价值发现是指企业通过深入了解市场需求和顾客需求，发现能够满足顾客需求并创造价值的产品或服务。在这个过程中，企业需要了解顾客的问题、痛点和需求，找到解决方案，并创造出独特的价值主张，即为顾客提供什么样的价值。企业通过价值发现，可以确定产品或服务的特点、优势和差异化，从而吸引目标顾客群体。

2. 价值匹配

价值匹配是指企业将自身的资源、能力和价值主张与顾客需求进行匹配，确保提供的产品或服务能够真正满足顾客的期望和需求。在这个过程中，企业需要整合内部资源，构建有效的供应链和价值网络，确保产品或服务的质量、可靠性和可获得性。价值匹配要求企业在产品设计、生产流程、分销渠道等方面与顾客需求保持一致，实现产品与市场的匹配度。

3. 价值获取

价值获取是指企业通过商业模式从所创造的价值中获得经济回报。它涉及企业的收入来源、定价策略、成本控制等方面。企业需要确定合适的商业模式来实现盈利，包括直接销售产品、订阅模式、广告收入、授权费用等多种方式。同时，企业还需要合理管理成本，确保在提供价值的同时获得足够的利润。

这三个方面相互关联、相互支持，构成了商业模式的核心逻辑。价值发现和价值匹配确保了企业能够提供有吸引力的产品或服务，满足市场需求；而价值获取则保证了企业能够从所创造的价值中获取经济回报，实现盈利。这种核心逻辑的有效运作对于企业的持续竞争优势和商业成功至关重要。

专栏——华为的商业模式

华为是中国最大的电信设备制造商和全球领先的信息和通信技术解决方案提供商。他们的商业模式主要基于以下几个方面。

（1）全球化战略。华为通过在全球范围内建立广泛的合作伙伴关系和分支机构，实现了全球化运营。他们将研发、生产、销售网络设备和解决方案扩展到全球市场，与各国电信运营商和企业客户合作，提供定制化的解决方案。

（2）技术创新和研发投入。华为在技术创新和研发领域投入巨大。他们拥有庞大的研发团队，并在新技术领域如5G、人工智能和云计算等方面保持领先地位。华为通过持续的技术创新，不断推出具有竞争力的产品和解决方案，满足客户的需求。

（3）端到端解决方案。华为提供从基础设施到应用软件的端到端解决方案，满足客户在通信和信息领域的全面需求。他们的产品线涵盖了网络设备、移动设备、云计算和大数据等多个领域，通过整合不同产品和技术，提供一体化的解决方案。

（4）合作伙伴生态系统。华为积极构建合作伙伴生态系统，与全球的合作伙伴建立紧密合作关系。他们与电信运营商、软件开发商、系统集成商和渠道合作伙伴等各方合作，共同开发和提供创新的解决方案。华为通过合作伙伴生态系统，扩大了市场覆盖率和产品影响力。

（5）客户导向和定制化服务。华为注重客户需求，并提供定制化的解决方案和服务。他们深入了解客户的业务需求，并根据不同行业和地区的特点提供个性化的解决方案。华为致力于与客户建立长期合作关系，提供全方位的支持和服务。

华为的成功商业模式得益于其全球化战略、技术创新、端到端解决方案、合作伙伴生态系统和客户导向的经营理念。华为通过不断创新和提供有价值的解决方案，在全球范围内树立了良好的声誉，并成为中国制造业企业的典范之一。

资料来源：

[1] 刘海兵，尹西明，陈劲，等.创新引领关键核心技术突破的机制研究——基于华为的案例研究 [J].创新与创业管理，2022，(01)：1-18.

[2] 王涛.标准合作与科技企业创新能力 [D].合肥：安徽财经大学，2022.

[3] 王雪薇.华为的研发国际化战略研究 [D].北京：商务部国际贸易经济合作研究院，2021.

第二节 商业模式要素与类型

一、商业模式中的要素

商业模式通常由多个要素组成,这些要素描述了一个企业如何创建、提供和捕获价值。伊夫·皮尼厄在其《商业模式新生代》一书中总结了九个商业模式的要素,得到了广泛的共识:

(1)客户细分(Customer Segments):定义企业的目标客户是谁,包括客户的特征、需求和偏好。

(2)价值主张(Value Propositions):描述企业如何通过产品或服务满足客户的需求,提供独特的价值。

(3)渠道通路(Channels):指企业用于传递产品或服务给客户的方式和途径,包括销售渠道、分销网络、在线平台等。

(4)客户关系(Customer Relationships):描述企业与客户之间建立和维护的关系,包括客户支持、售后服务、客户互动等。

(5)收入来源(Revenue Streams):说明企业如何从价值交付中获得收入,包括销售收入、订阅费用、广告收入等。

(6)核心资源(Key Resources):是指企业为实现商业模式所需的核心资源,包括物理资产、知识产权、人力资源等。

(7)关键业务(Key Activities):描述企业必须执行的关键活动,以实现价值主张和提供产品或服务。

(8)重要合作(Key Partnerships):是指与其他组织或个人建立合作关系,共同开展业务活动,共享资源和互补优势。

(9)成本结构(Cost Structure):说明企业的主要成本和费用,包括固定成本、变动成本、人力成本等。

在下一节我们会进一步介绍这些要素的内涵以及关系。

二、商业模式的类型

商业模式除了存在各类要素,还可以分为不同的类型,根据企业的特点和商业策略选择适合的模式。常见的商业模式类型包括以下几类。

(1)零售商业模式:以零售销售为核心,通过实体店或在线平台向客户提供产品或服务。

(2)订阅模式:客户按照一定的时间周期支付费用,以获取持续的产品或服务访问权限。

(3)平台模式:建立一个连接买家和卖家的平台,促成交易并从中收取手续费或佣金。

(4)服务提供商模式:提供特定领域的专业服务,如咨询、培训、技术支持等。

(5)Freemium模式:提供基本功能的免费产品或服务,同时提供高级功能的付费版本。

第十章 商业模式设计

（6）多边模式：通过协调多个不同类型的用户或利益相关方之间的交互，创造价值并从中获得收益。

（7）制造商模式：以制造和销售实体产品为主要业务，涵盖供应链管理和生产流程。

这些商业模式类型可以根据不同的行业、市场需求和企业战略进行灵活组合和创新，以适应不同的创业机会和竞争环境。

专栏——海尔的商业模式

海尔集团是一家总部位于中国青岛的家电制造巨头，成立于1984年。该公司在全球范围内拥有广泛的业务覆盖，并以其创新的商业模式而闻名。海尔集团的商业模式主要包括以下几个关键方面。

（1）用户定制。海尔集团以用户需求为中心，倡导"零库存、零库位"的经营理念。他们通过充分了解用户需求并与用户进行互动，提供定制化的产品和解决方案。用户可以根据自己的需求选择不同功能、尺寸和样式的产品，从而满足个性化的需求。

（2）创新驱动。海尔集团将创新视为企业发展的核心驱动力。他们鼓励员工创新思维和实践，并建立了创新创业平台和生态系统，以促进内部创新和外部合作。海尔还积极与创新型企业、研究机构和大学合作，共同推动技术创新和产品研发。

（3）平台化运营。海尔集团通过建立平台化的运营模式，实现资源共享和协同发展。他们将自身转变为一个开放的平台，与供应商、合作伙伴和其他利益相关者合作，共同开发产品、共享渠道和资源。这种平台化运营模式促进了价值链的整合和效率的提升。

（4）全球化战略。海尔集团采取了积极的全球化战略，通过建立全球研发中心、生产基地和销售网络，拓展国际市场。他们在全球范围内建立了海外分支机构和销售团队，与国际客户建立了长期合作关系。这种全球化战略使海尔能够更好地适应全球市场的需求和竞争环境。

（5）服务化转型。海尔集团由传统的产品制造企业向服务提供商转型。他们通过构建智能家居生态系统和提供增值服务，如售后服务、物联网连接和数据分析，为用户提供全方位的解决方案。这种服务化转型为海尔带来了更稳定的收入和持续的客户关系。

海尔集团通过以上的商业运营，成功实现了从传统制造业企业到服务驱动型企业的转型。他们不仅在中国市场占据领先地位，还在全球范围内获得了广泛认可。海尔集团的商业模式成功地将用户需求、创新驱动、平台化运营、全球化战略和服务化转型相结合，为企业的持续发展和竞争优势提供了坚实基础。

资料来源：

[1] 曾建权.人力资源管理理论与实务研究[D].天津：天津大学，2003.

[2] 王文倩，肖朔晨，丁焰.数字赋能与用户需求双重驱动的产业价值转移研究——以海尔集团为案例[J].科学管理研究，2020，38（02）：78-83.

第三节　商业模式设计框架与流程

一、商业模式设计框架

根据上一节介绍的九要素模型,我们可以进一步对这些要素加以划分,形成一种有逻辑关系的框架结构,如图10-2所示。

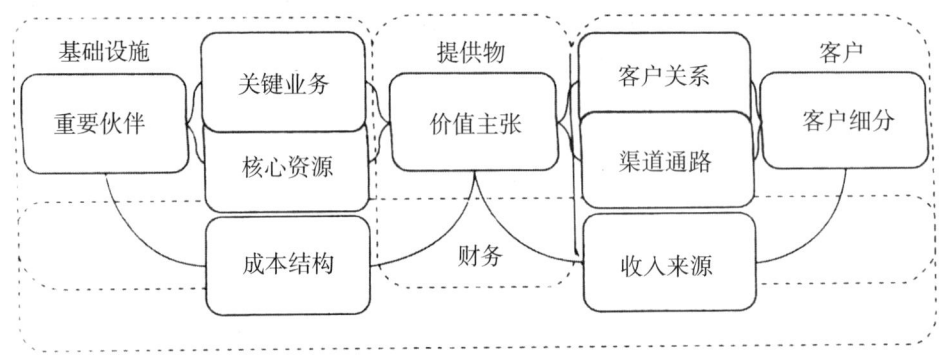

图10-2　逻辑关系的框架结构

1. 客户细分

客户细分（Customer Segments）是用来描述企业想要接触和服务的不同人群或组织的过程。它主要回答以下问题：

①我们正在为谁创造价值？

②谁是我们最重要的顾客？

一般而言，可以将顾客细分为以下5种群体类型：

（1）大众市场：企业的价值主张、渠道通路和顾客关系都聚焦于一个大范围的顾客群体，这些顾客具有大致相同的需求和问题。

（2）利基市场：企业的价值主张、渠道通路和顾客关系针对特定利基市场的特定需求进行定制，通常在供应商与采购商之间的关系中可以找到这种情况。

（3）区隔化市场：顾客之间的需求略有不同，市场细分群体之间存在一定的区隔，并且所提供的价值主张也略有不同。

（4）多元化市场：企业经营多样化业务，以完全不同的价值主张迎合完全不同需求的顾客细分群体。

（5）多边平台或多边市场：企业服务于两个或更多相互依存的顾客细分群体，它们之间形成了一个平台或多边市场。

企业通过对顾客的细分，能够更好地了解不同群体的需求和偏好，有针对性地开发产品或提供服务，提高市场竞争力。顾客细分帮助企业将有限的资源和精力集中在最有潜力和价值的顾客群体上，提供更好的个性化体验，从而实现增长和持续成功。

2. 价值主张

价值主张（Value Propositions）是用来描述为特定顾客细分创造价值的一系列产品和服务。它主要回答以下问题：

①我们该向顾客传递什么样的价值？

②我们正在帮助顾客解决哪一类难题？

③我们正在满足哪些顾客需求？

④我们正在提供给顾客细分群体哪些系列的产品和服务？

价值主张的要素主要包括以下方面：

（1）新颖性（Novelty）：产品或服务满足顾客从未感受和体验过的全新需求。

（2）性能（Performance）：改善产品和服务性能是传统意义上创造价值的常见方法。

（3）定制化（Customization）：通过满足个别顾客或特定顾客细分群体的特定需求来创造价值。

（4）把事情做好（Doing Things Right）：帮助顾客顺利完成某些事情而简单地创造价值。

（5）设计（Design）：产品因其卓越的设计而脱颖而出。

（6）品牌/身份地位（Brand/Status）：顾客可以通过使用和展示特定品牌来发现价值。

（7）价格（Price）：以更低的价格提供与竞争对手同质化的价值，满足价格敏感的顾客细分群体。

（8）成本削减（Cost Reduction）：帮助顾客降低成本是创造价值的重要方法。

（9）风险抑制（Risk Mitigation）：帮助顾客减轻风险也能创造价值。

（10）可达性（Accessibility）：将产品和服务提供给以前无法接触到的顾客。

（11）便利性/可用性（Convenience/Usability）：使事情更加便捷或易于使用，从而创造可观的价值。

企业通过明确的价值主张，能够在市场上与竞争对手区别开来，满足顾客的需求，并建立持久的竞争优势。价值主张的设计和执行有助于企业了解顾客价值观、需求和痛点，以及提供与之匹配的产品和服务，从而满足顾客的期望并获得持续的业务增长。

3. 渠道通路

渠道通路（Channels）是用来描述如何通过不同的渠道与顾客细分群体进行沟通和传递价值主张的方式。它主要回答以下问题：

①通过哪些渠道可以接触我们的顾客细分群体？

②我们如何接触他们？我们的渠道如何整合？

③哪些渠道最有效？

④哪些渠道在成本效益方面表现最佳？

⑤如何将我们的渠道与顾客的购买习惯整合？

企业可以选择通过自有渠道、合作伙伴渠道或两者混合的方式来接触顾客。自有渠道包括自建销售团队和在线销售平台，而合作伙伴渠道则包括与合作伙伴店铺和批发商的合作。

企业通过选择合适的渠道通路，能够实现与目标顾客的有效接触和沟通，确保价值主张能够传递到正确的受众群体。在选择渠道时，企业需要考虑渠道的覆盖范围、效率、成本以及与顾客购买习惯的契合程度。整合不同渠道可以提供多样化的接触点和购买方式，增加顾客的便利性和满意度。

同时，随着科技的不断进步，数字化渠道如互联网和移动应用已经成为越来越重要的渠道之一。企业可以利用在线销售、社交媒体、电子邮件营销等数字化渠道来扩大覆盖范围并与顾客建立更紧密的互动关系。

有效的渠道通路设计和整合有助于企业实现与顾客的无缝连接，提供便利的购买体验，增强顾客满意度，并为企业带来更多的销售机会和业务增长潜力。

4. 客户关系

客户关系（Customer Relationships）是用来描述与特定顾客细分群体建立的关系类型的方式。它主要回答以下问题：

①每个顾客细分群体希望与我们建立和维持怎样的关系？
②我们已经建立了哪些关系？
③这些关系的成本如何？
④如何将它们与商业模式的其他组成部分整合？

一般来说，顾客关系可以分为以下6种类型：

（1）个人助理（Personal Assistance）：基于人与人之间的互动，通过呼叫中心、电子邮件或其他销售方式等个人助理手段进行沟通和服务。

（2）自助服务（Self-Service）：为顾客提供满足自助服务需求所需的一切条件和工具。

（3）专属个人助理（Dedicated Personal Assistance）：为单一顾客安排专门的顾客代表，通常用于向高净值个人顾客提供服务。

（4）自助化服务（Self-Service Automation）：整合了更精细的自动化流程，能够识别不同顾客及其特征，并提供与顾客订单或交易相关的服务。

（5）社区（Community）：利用用户社区与顾客或潜在顾客建立更深入的联系，例如建立在线社区，以促进顾客之间的互动和知识共享。

（6）共同创作（Co-Creation）：与顾客共同创造价值，鼓励顾客参与到全新和创新产品的设计和创作过程中。

企业通过建立适当的顾客关系，可以与顾客建立紧密的联系，并满足顾客的需求和期望。选择合适的顾客关系类型可以增强顾客的忠诚度，提升顾客满意度，并为企业带来更多的销售机会和长期价值。整合顾客关系与商业模式的其他要素可以确保顾客关系与企业的战略目标和价值主张相一致。

5. 收入来源

收入来源（Revenue Streams）是用来描述从每个顾客群体中获得的现金收入（需扣除成本）的方式。它主要回答以下问题：

①什么样的价值能够让顾客愿意付费？
②他们目前支付费用购买什么？
③他们如何支付费用？
④他们更倾向于如何支付费用？
⑤每个收入来源占总收入的比例是多少？

一般来说，收入来源可以分为以下七种类型：

（1）资产销售（Asset Sales）：销售实体产品的所有权。

（2）使用收费（Usage Fees）：通过提供特定的服务收取费用。

（3）订阅收费（Subscription Fees）：销售重复使用的服务，顾客按订阅周期支付费用。

（4）租赁收费（Renting/Leasing）：授权暂时性排他使用权，收取租赁费用。

（5）授权收费（Licensing）：授权他人使用知识产权，收取授权费用。

（6）经纪收费（Brokerage Fees）：提供中介服务，按交易金额收取佣金。

（7）广告收费（Advertising）：提供广告宣传服务，从广告主那里获得收入。

企业通过确定适当的收入来源，可以实现盈利，并将价值转化为可持续的现金流。了解顾客愿意付费的价值，以及他们的支付偏好，可以帮助企业设计出合适的定价策略和收费模式。同时，确定每个收入来源所占的比例，可以帮助企业了解不同收入来源的重要性，以及是否需要调整或开拓新的收入来源来实现业务增长。

6. 核心资源

核心资源（Key Resources）用来描述使商业模式有效运作所必需的最重要因素。它主要回答以下问题：

①我们的价值主张需要哪些核心资源？
②我们的渠道通路需要哪些核心资源？
③我们的顾客关系需要哪些核心资源？
④我们的收入来源需要哪些核心资源？

一般来说，核心资源可以分为以下4种类型：

（1）实体资产（Physical Assets）：包括生产设施、房地产、设备、销售网点和分销网络等有形的资源。

（2）知识资产（Intellectual Assets）：包括品牌、专有知识、专利和版权、合作关系以及顾客数据库等非物质的资源。

（3）人力资源（Human Resources）：在知识密集型和创意产业中尤为重要的资源，包括具有专业知识和技能的员工、创意人才和管理团队等。

（4）金融资产（Financial Assets）：金融资源或财务担保，如现金、信贷额度或股票期权池等，对于支持企业的运作和资本需求至关重要。

确定核心资源的类型和特征有助于企业了解它们在商业模式中的重要性和作用。合理配置和管理核心资源可以提高运营效率、优化价值创造，并为企业带来竞争优势。此外，核心资源还需要与其他商业模式要素相互整合，以确保整个商业模式的协调和顺畅运作。

7. 关键业务

关键业务（Key Activities）用来描述为了确保商业模式的可行性而必须进行的最重要任务。它主要回答以下问题：

①我们的价值主张需要哪些关键业务？

②我们的渠道通路需要哪些关键业务？

③我们的顾客关系需要哪些关键业务？

④我们的收入来源需要哪些关键业务？

一般来说，关键业务可以分为以下3种类型：

（1）制造产品（Product/Service Creation）：与产品的设计、制造和交付相关，是商业模式的核心活动。

（2）平台/网络（Platform/Network）：涉及网络服务、交易平台、软件甚至品牌等，与平台管理、服务提供和平台推广等相关。

（3）问题解决（Problem Solving）：为顾客提供新的解决方案，需要进行知识管理和持续培训等业务。

确定关键业务有助于企业了解在商业模式中必须执行的关键任务和活动，以实现价值创造和实施商业模式。不同的业务类型对于不同的商业模式具有不同的重要性和作用。合理规划和管理关键业务可以提高运营效率、增加市场竞争力，并确保商业模式的成功执行。

8. 重要伙伴

重要伙伴（Key Partnerships）指的是为了使商业模式有效运作所需的供应商和合作伙伴网络。它主要回答以下问题：

①谁是我们的重要伙伴？

②谁是我们的重要供应商？

③我们从伙伴那里获取了哪些核心资源？

④合作伙伴承担哪些关键业务？

一般来说，重要伙伴可以分为以下4种类型：战略联盟关系（Strategic Alliances），在非竞争者之间建立的合作关系；战略合作关系（Strategic Partnerships），在竞争者之间建立的合作关系；合资关系（Joint Ventures），为开发新业务而建立的合作关系；供应商关系（Supplier Relations），为确保可靠供应而建立的购买方-供应商关系。

9. 成本结构

成本结构（Cost Structure）是指商业模式运营中涉及的所有成本。它主要回答以下问题：

①在我们的商业模式中，最重要的固有成本是什么？

②哪些核心资源消耗最多成本？

③哪些关键业务消耗最多成本？

一般来说，成本结构可以分为以下两种类型。

（1）成本驱动（Cost Driven）：着重于创造和维持最经济的成本结构，采用低价值主张、最大程度自动化和广泛外包等策略。

（2）价值驱动（Value Driven）：专注于创造价值，以增值型的价值主张和高度个性化服务为特征的商业模式通常会涉及更高的成本；

明确成本结构有助于企业了解商业模式中的成本构成和开支情况，以便进行成本管理和效率优化，从而支持商业模式的可持续发展。

实际上，每种商业模式都包含了上述提到的九个要素，而大部分新型的商业模式仍是这些要素按不同的逻辑排列组合。由于每个人的定位、兴趣点和视角不同，对这些要素所添加的内容也会不同，因此产生了各种不同的商业模式。创业者在开始设计商业模式之前，必须记住一个重要的点：商业模式是动态的，它的存在目的是不断更新，以便团队中的每个成员都能了解我们正在执行的计划是什么，无论是今天还是本周。一旦执行过程中出现问题，就需要回头修改相应的商业模式要素，并确保这种改动不会对其他要素产生影响。

重视商业模式的动态性意味着创业者应该持续关注市场和行业的变化，不断评估和调整商业模式，以适应不断变化的环境。灵活性和敏捷性对于成功的商业模式至关重要，它们使创业者能够快速应对变化，并作出相应的调整，以保持竞争优势。

二、商业模式设计流程

商业模式设计的首要且最关键的步骤是确定你的目标顾客是谁。不知道顾客是谁几乎是初创企业者最常见的错误之一，因为大多数人倾向于以自己想提供的产品或功能为出发点，而不是以顾客的需求为出发点。然而，创业过程实际上是关乎市场而非技术，你所销售的是价值而非专利，因此你必须清楚地了解你的目标顾客是谁，以及为什么他们愿意购买你提供的产品。

（一）确定目标顾客

1. 定义目标顾客的特征

创业者需要对目标顾客有一个大致的特征描述，尽管在初期并不需要非常准确，因为在进入市场后还可以进行调整。这个描述可以帮助创业者更好地了解目标顾客的基本特征，从而更有针对性地开展后续的市场营销和产品设计。在描述目标顾客时，创业者可以考虑以下方面：

（1）年龄和性别：确定目标顾客的年龄范围和性别分布，这有助于了解他们的消费习惯和购买偏好；

（2）婚姻状况和家庭情况：了解目标顾客的婚姻状况和家庭组成，有助于定位他们的家庭需求和消费习惯；

（3）居住地区：确定目标顾客所在的地理位置，这可以帮助了解他们所面临的社会环境和地区特点；

（4）收入水平：了解目标顾客的收入水平，可以帮助创业者确定产品定价和市场定位策略；

（5）兴趣爱好和习惯：了解目标顾客的兴趣爱好、消遣方式和日常习惯，有助于设计针对他们的产品和服务；

（6）常用的服务：了解目标顾客经常使用的服务和购买习惯，可以揭示他们的消费行为和需求。

创业者通过对目标顾客的特征进行描述，可以更好地理解他们的需求和行为，从而有针对性地开展业务活动，并更好地满足顾客的期望。

2. 列举顾客可能面临的问题

创业者需要逐一列举顾客可能遇到的问题。在列举顾客问题时，创业者可以考虑以下方法：

（1）市场调研：通过市场调研和顾客反馈，了解顾客在特定领域或行业中可能面临的问题；

（2）需求分析：分析目标顾客的需求和期望，推断可能出现的问题；

（3）行业经验：根据对行业的了解和经验，预测顾客在该领域可能遇到的常见问题；

（4）竞争分析：研究竞争对手提供的解决方案，识别顾客可能因此而产生的问题。

3. 确认并梳理关键问题

创业者应该开始与符合顾客描述的人进行交谈，以确认顾客可能存在的关键问题。创业者通过与目标顾客的对话，可以了解他们真正面临的挑战和需求，以及他们可能遇到的障碍和痛点。在这个过程中，一些最初设想的问题可能会被排除，因为它们可能并不是真正重要或顾客关心的问题。同时，也会有新的问题浮现出来，需要加入问题清单中。这个阶段至少要与3到5个人进行深入交谈，最好能够扩大样本量，与更多的目标顾客进行对话。创业者通过这样的交流，可以初步整理出一个关键问题的清单，为后续的市场调研和产品开发提供基础。

4. 市场调研

经过前面的步骤，理想情况下应该已经得到了一个关键问题清单。接下来，需要进行一些自上而下的市场调研。可以观察类似产品或即将被创业者取代的产品在市场上的表现，了解可能存在的竞争性产品，评估市场的规模以及上下游关系是否容易建立。然而，对于大多数行业来说，这些信息往往不够准确，导致大企业可能会因此而放弃。因此，不要被市场调研的结果吓倒，除非行业明显不可进入，否则调查所得的资料只应作为参考。完成了以上步骤，就可以初步了解顾客的基本情况、他们面临的问题以及相应市场的规模。

（二）确定价值主张

价值主张是商业模式的基石，它描述了我们向目标顾客传递的价值或帮助顾客完成的任务。无论企业的类型如何，都需要有价值主张，因为企业必须提供产品或服务来满足目标顾客的需求和完成任务。创业团队可以运用头脑风暴的方法来思考可能的价值主张。

运用头脑风暴的方法可以帮助创业团队产生创意并探索可能的价值主张。以下是一些步骤和技巧，可以帮助团队进行头脑风暴来思考价值主张：

（1）设定明确的目标：确定头脑风暴的目标，例如生成多个潜在的价值主张，拓宽思维，或者寻找与现有市场解决方案不同的创新性价值；

（2）创建创造性的环境：选择一个适合的时间和地点，确保团队成员感到舒适和放松，鼓励他们自由表达想法，避免批评或评判；

（3）产生大量的想法：鼓励团队成员自由发散思维，尽可能多地提出各种各样的可能性，不要限制或过早评估想法，让思维自由流动；

（4）鼓励联想和跳跃思维：鼓励团队成员进行联想和跳跃思维，将不同的概念、行业或领域进行组合和结合，探索新的视角和可能性；

（5）结合不同的视角和专业知识：邀请不同背景和专业知识的人参与头脑风暴，他们可以提供独特的见解和观点，丰富创意的多样性；

（6）建立在已有解决方案的基础上：参考现有的产品、服务或解决方案，思考如何改进或创新，提供更好的价值主张；

（7）组合和扩展想法：将不同的想法进行组合和扩展，探索可能的组合效应和新的创意组合，以提供更全面和独特的价值主张；

（8）评估和筛选：在头脑风暴结束后，对产生的想法进行评估和筛选，考虑其可行性、市场适应性、竞争优势和与目标顾客的契合度等因素；

（9）进行进一步的研究和验证：选择最有潜力的几个价值主张进行深入研究和市场验证，通过用户反馈、调研和实验来进一步优化和完善。

创业团队通过运用头脑风暴的方法，可以打破传统思维框架，挖掘创新的潜力，并生成多样化的可能的价值主张。重要的是要保持开放和灵活的思维，鼓励创造性的想法，并在后续的研究和验证过程中逐步筛选和优化，以找到最具有市场潜力和竞争优势的价值主张。

表10-1列出了几个潜在的价值主张示例，每个价值主张都附带一个简短的描述。创业团队可以根据头脑风暴的结果填写和扩展这个表格，记录他们所生成的各种可能的价值主张。随后，团队可以进一步评估这些价值主张的可行性、市场需求和竞争优势，以便做出更明智的决策。

表10-1 潜在的价值主张

潜在的价值主张	描述
价值主张1	对目标顾客的特定问题或需求提供创新解决方案
价值主张2	提供更高效、更便捷的产品或服务
价值主张3	整合不同行业或领域的资源，创造全新的价值
价值主张4	提供个性化、定制化的产品或服务
价值主张5	提供更具竞争力的价格或成本效益
价值主张6	通过技术创新改进现有产品或服务的功能和性能
价值主张7	提供优质的客户体验和关系管理
价值主张8	建立可持续发展和社会责任的品牌形象
价值主张9	提供教育、培训或咨询等增值服务

（三）确定盈利模式

在商业模式设计中，盈利模式可以分为以下几类。

（1）产品销售。企业通过销售实体产品来获取收入，这是最常见的盈利模式。企业可以以售价高于生产成本的价格销售产品，从中获得利润。

（2）订阅模式。企业提供定期付费的订阅服务，例如订阅电视、音乐流媒体、软件等。企业通过长期的订阅关系，可以实现稳定的收入流。

（3）广告模式。企业通过提供广告展示或推广服务来获取收入。这种模式常见于媒体、社交媒体平台和搜索引擎等，企业通过吸引大量用户来吸引广告商，并从广告商那里获得费用。

（4）许可模式。企业授权其知识产权或品牌给其他企业使用，以获得授权费用。这包括软件授权、品牌授权、特许经营等。

（5）佣金模式。企业作为中介或平台，促成交易并从交易中获取一定比例的佣金。这种模式常见于电子商务、在线市场和共享经济平台。

（6）附加值模式。企业通过为产品或服务提供额外的增值服务来获取收入，例如提供定制化、售后服务、培训等。

（7）数据销售模式。企业收集、分析和销售数据来支持决策和洞察。这在大数据分析、市场研究和数据服务提供商中较为常见。

（8）租赁模式。企业提供产品或资产的租赁服务，以获得租金收入。这适用于房地产、汽车租赁、设备租赁等领域。

（9）捐赠模式。非营利组织或社会企业依靠捐赠和赞助来支持其运营和项目。

这些是常见的盈利模式，企业可以根据其特定的产品、服务和市场情况选择适合自己的盈利模式，甚至可以结合多种模式来创造独特的商业模式。盈利模式在商业模式设计中具有重要意义，它描述了企业如何创造利润和收入。一个明确的盈利模式是商业模式成功的关键之一，因为它确定了企业的经济可持续性和长期发展的基础。确定盈利模式涉及以下几个关键步骤。

（1）研究市场和竞争环境。了解目标市场的特点和竞争对手的盈利模式。这有助于获得行业内的最佳实践和了解可能的盈利机会。

（2）确定价值主张和目标客户群体。理解你的产品或服务如何创造价值，并确定最适合的目标客户群体。这有助于找到盈利模式的定位和目标。

（3）分析收入来源。考虑从哪些渠道获得收入，如产品销售、订阅费、广告收入、许可费等，确定主要的收入来源和相应的定价策略。

（4）评估成本结构。了解企业的成本组成，包括生产成本、运营成本、市场推广成本等，确保收入能够覆盖成本，从而实现盈利。

（5）创新盈利模式。考虑采用新的或创新的盈利模式，以获得竞争优势和增加利润。这可能包括订阅模式、平台模式、附加值服务等。

第十章　商业模式设计

（6）与利益相关方讨论：与关键利益相关方（如客户、合作伙伴、投资者）进行讨论，以了解他们对盈利模式的看法和期望。这可以提供有价值的反馈和洞察力。

（7）持续优化和调整：盈利模式不是固定不变的，随着市场和企业的变化，可能需要进行调整和优化。持续评估和改进盈利模式是确保商业模式长期成功的关键。

创业者通过这些步骤，可以确定最适合其企业和目标市场的盈利模式，并确保其商业模式具有可持续的盈利能力。

（四）其他流程

除了上述提到的目标顾客、价值主张和盈利模式的确定，商业模式设计还包括关键活动、关键资源和关键伙伴。这些要素在商业模式中发挥着重要的作用，帮助企业实现其价值主张并实现盈利。

（1）关键活动。关键活动指的是为了实现价值主张而必须进行的核心活动。这些活动可以包括生产制造、研发创新、市场推广、供应链管理、客户服务等。关键活动的执行直接影响着企业的运作和竞争力，因此必须与企业的价值主张和盈利模式相匹配。

（2）关键资源。关键资源是为了支持关键活动和实现价值主张所必需的资源。这些资源可以是物质性的，如设备、原材料和技术；也可以是非物质性的，如知识产权、品牌声誉和人才。关键资源对于企业的成功至关重要，它们为企业提供了竞争优势和核心能力。

（3）关键伙伴。关键伙伴是与企业合作、共同创造价值的重要合作伙伴。这些伙伴可以是供应商、分销商、合作伙伴、技术合作伙伴等。他们提供了必要的资源、专业知识、渠道和市场访问等，帮助企业实现其价值主张并扩大市场份额。关键伙伴关系的建立和管理对于企业的战略合作和生态系统的构建至关重要。

关键活动、关键资源和关键伙伴与目标顾客、价值主张和盈利模式要素相互关联，共同构成了商业模式的整体框架。它们需要在设计和实施过程中进行有效的协调和整合，以确保企业能够提供独特的价值、实现盈利并在市场竞争中取得成功。商业模式是一个系统，具有系统应有的特征。商业模式的各个要素之间相互影响，它们之间不存在绝对的从属关系。商业模式系统的存在目的是实现长期的、可持续的、可复制的价值创造。然而，没有一个要素是因为这个目的而存在的，因此各个要素必须以巧妙而和谐的方式相互协调，才能实现整个系统的目标。

专栏——小鹏的商业模式设计

一个成功的中国制造业企业在创业之初的商业模式设计通常是经过深思熟虑和不断迭代的过程。以下是一个典型的例子。

以中国的小鹏汽车为例，它是一家专注于新能源汽车研发和制造的企业。在创业之初，小鹏汽车的商业模式设计如下。

（1）产品定位。小鹏汽车早期的商业模式定位是生产高性能、智能化的电动汽车，以满足不断增长的市场需求。他们注重技术创新和用户体验，致力于打造出与传统汽车有所区别的独特产品。

（2）互联网思维。小鹏汽车采用互联网思维，将互联网技术与汽车制造相结合，构建了智能互联的车载系统和用户服务平台。这使得用户可以享受到与互联网相关的功能和服务，如在线导航、远程控制、OTA（Over-the-Air）升级等。

（3）直销模式。为了降低销售环节的成本，并更好地与用户建立联系，小鹏汽车选择了直销模式。他们通过线上渠道和自有的线下体验中心，直接面向用户销售产品，并提供售后服务。这种直销模式使得小鹏汽车能够更好地掌握市场需求和用户反馈，快速响应和调整。

（4）充电基础设施布局。考虑到电动汽车充电基础设施的不完善是消费者购买电动汽车的一大顾虑，小鹏汽车在商业模式设计中注重充电基础设施的布局。他们与各大充电运营商合作，共同建设充电桩网络，以提供方便、可靠的充电解决方案。

（5）数据驱动的运营。小鹏汽车重视数据的收集和分析，利用用户行为数据和车辆运行数据进行运营决策和产品优化。他们通过数据驱动的运营，能够更好地了解用户需求、优化产品功能，并提供个性化的用户体验。

小鹏汽车通过以上商业模式设计，成功地将高性能、智能化的电动汽车推向市场，并取得了显著的商业成果。他们的商业模式设计注重创新和用户体验，紧跟市场趋势，并充分利用互联网和数据等资源，为用户提供具有竞争力的产品和服务。

资料来源：

[1] 刘志佳. 小鹏汽车科技有限公司发展战略研究 [D]. 长春：吉林大学，2020.

[2] 何小鹏. 跨界创新，做智能汽车的驱动者 [J]. 智能网联汽车，2019，（01）：29-30.

第四节　商业画布工具

一、商业画布的主要内容

商业画布（Business Canvas）是一种工具和方法论，用于描述和分析商业模式的各个方面。它是由亚历山大·奥斯特瓦尔德（Alexander Osterwalder）和伊夫·皮尼奥特（Yves Pigneur）等人提出的，并被广泛应用于企业创新和战略规划领域。

商业画布以一个简洁的图表形式呈现，将商业模式的核心要素整合在一起，帮助企业更好地理解和沟通其商业模式。商业画布主要内容就是商业模式的九大核心元素，即客户细分、价值主张、渠道通路、客户关系、收入来源、核心资源、重要合作、成本结构。

企业通过填写商业画布，可以更好地了解自身的商业模式，并识别潜在的改进和创新机会。它可以促进团队之间的讨论和决策，帮助企业制订战略计划、产品开发和市场推广策略。

商业画布的优势在于简洁明了、易于理解和共享。它可以帮助企业快速识别商业模式中的问题和机遇，并推动创新和业务转型。同时，商业画布也可以用作与投资者、合作伙伴和利益相关者交流的工具，以便更好地传达企业的商业价值和战略定位。图10-3展示了一种常见的商业画布形式。

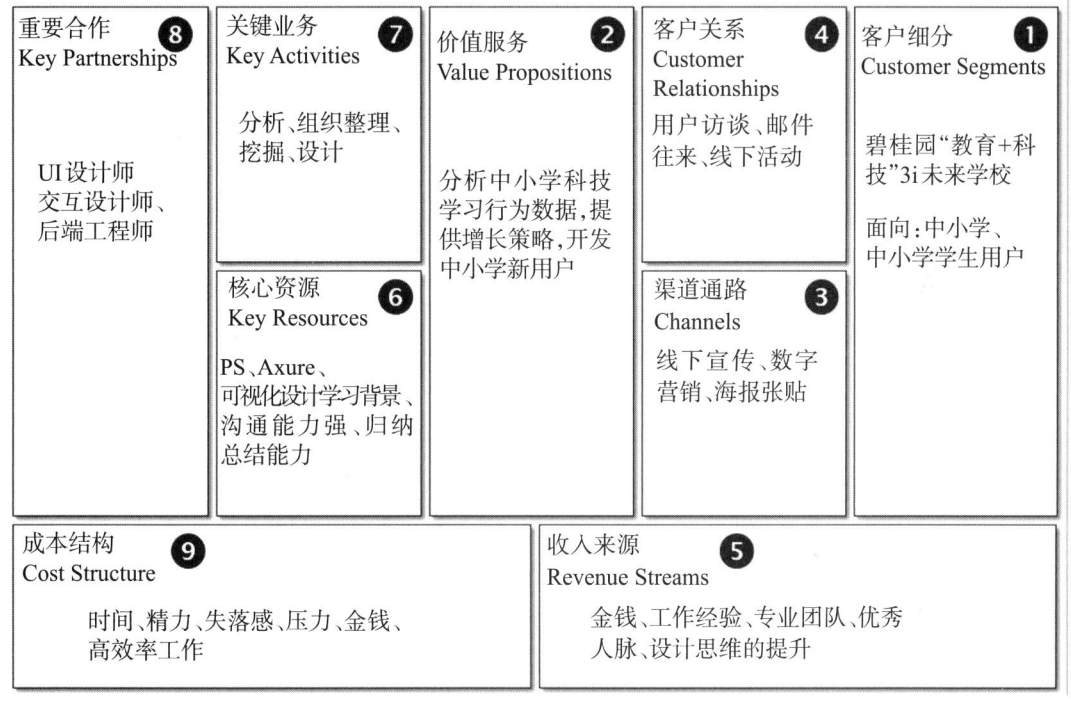

图10-3　商业画布形式

二、商业画布的使用方法

使用商业画布时可以参考以下几个步骤：

（1）确定商业画布的范围：确定你要分析或设计的商业模式的范围，可以是整个企业，也可以是某个产品、服务或项目；

（2）理解商业画布的各个要素：了解商业画布的九个主要要素，包括客户细分、价值主张、渠道、客户关系、收入来源、关键资源、关键活动、合作伙伴和成本结构；

（3）收集相关信息：收集与每个要素相关的信息，包括市场调研数据、客户反馈、竞争情报、内部资源和运营成本等；

（4）填写商业画布：将收集到的信息填写到相应的商业画布方框中，可以使用便签、标签或电子工具来填写，以便于后续调整和修改；

（5）分析和评估：审视填写好的商业画布，评估各个要素之间的关系和平衡性，发现存在的问题、矛盾或潜在机会；

（6）进行头脑风暴和创新：基于商业画布的分析，进行头脑风暴和创新活动，探索新的商业模式设计、产品改进或市场策略；

（7）重复迭代：商业画布是一个动态工具，随着市场和企业环境的变化，需要不断调整和更新。重复上述步骤，进行迭代和优化，以持续改进商业模式。

在使用商业画布时，还可以结合其他工具和方法，如SWOT分析、价值链分析、利益相关者分析等，以更全面地理解和优化商业模式。此外，商业画布的使用不仅限于企业内部，还可以与团队、合作伙伴、投资者等共享，促进沟通和共识，推动商业模式的共同理解和合作。商业画布是一种简洁而有效的工具，用于描述和分析商业模式，通过填写和分析商业画布，企业可以更好地理解和优化其商业模式，发现潜在机会并制订相应的战略和行动计划。

三、商业画布的适用范围

商业画布适用范围广泛，可以应用于各种类型和规模的企业，无论是初创企业、中小型企业还是大型企业。它对于制定、评估和调整商业模式都非常有价值。以下是商业画布适用范围的几个方面。

（1）创业和初创企业。对于正在创业或初创阶段的企业，商业画布可以帮助创业者系统地思考和规划他们的商业模式。它可以帮助创业者理解客户需求、价值主张、收入来源等关键要素，并在早期阶段进行实验和验证。

（2）战略规划。商业画布对于企业的战略规划非常有用。它可以帮助企业识别市场机会、分析竞争环境，并制定相应的战略方向和行动计划。商业画布可以帮助企业团队以一种清晰而综合的方式理解和沟通企业的商业模式。

（3）产品开发和创新。商业画布可以在产品开发和创新过程中发挥关键作用。企业通过填写商业画布，可以更好地了解客户需求和市场机会，确定产品的独特价值和定位，并设计相应的营销和分销策略。

（4）业务转型和改进。对于已有业务的企业，商业画布可以帮助企业进行业务转型和改进。企业通过重新评估商业模式的各个要素，可以发现潜在的瓶颈和机会，并制定相应的改进措施。

（5）合作伙伴关系和生态系统建设。商业画布可以帮助企业识别关键合作伙伴和建立战略伙伴关系。它可以帮助企业了解与合作伙伴的互补性和依赖关系，并推动构建更加完整和有利可图的商业生态系统。

商业画布是一种灵活和实用的工具，适用于各种企业和业务场景。它可以帮助企业团队以更加系统和综合的方式思考和规划商业模式，并支持企业在竞争激烈的市场环境中创新、调整和发展。

专栏——小米的商业画布

从商业画布的九个要素角度来看，小米科技的商业模式特征如下。

（1）客户细分（Customer Segments）。小米的客户细分主要包括普通消费者、科技爱好者、年轻一代等。他们通过提供性价比高的产品和技术创新来吸引这些细分市场的消费者。

（2）价值主张（Value Propositions）。小米通过提供高性能、功能丰富且价格亲民的智能手机、智能家居设备和其他消费电子产品，为消费者创造了性价比极高的产品价值。此外，小米还提供了与产品配套的云服务和用户社区，为用户提供更全面的体验。

（3）渠道（Channels）。小米采用了多种渠道来销售其产品，包括线上渠道（官方网站、电商平台）和线下渠道（小米自有的线下实体店、合作伙伴的门店）。线上渠道使得消费者可以方便地购买产品，而线下渠道则提供了实物展示和售后服务。

（4）客户关系（Customer Relationships）。小米注重建立良好的客户关系，通过提供优质的售前咨询、售后服务和技术支持，与消费者建立长期的互动关系。此外，小米还通过社交媒体和用户社区与消费者保持沟通和互动。

（5）收入流（Revenue Streams）。小米的主要收入流来自产品销售。除了硬件销售外，他们还通过提供增值服务（如云服务订阅费、广告收入）来增加收入流。

（6）关键资源（Key Resources）。小米的关键资源包括技术创新能力、供应链管理、品牌声誉和知识产权等。他们通过持续的研发和创新，拥有了核心技术和专利，确保产品的竞争力。

（7）关键合作伙伴（Key Partnerships）。小米与供应商、合作伙伴和第三方开发者建立了紧密的合作伙伴关系。他们与供应商保持密切合作，确保产品供应链的稳定和高效。与第三方开发者合作，丰富了产品的生态系统。

（8）成本结构（Cost Structure）。小米通过优化供应链、降低研发成本和合理控制营销费用等方式，实现了成本的控制和降低。这使得他们能够提供性价比更高的产品，并保持竞争优势。

（9）重要活动（Key Activities）。小米的重要活动包括研发创新、产品设计、供应链管理、品牌推广和售后服务等。他们不断投入资源和精力来提升产品质量和用户体验。

以上是小米科技有限责任公司商业模式的简要描述，按照商业画布的逻辑展开。这家企业通过注重产品性价比、技术创新和用户体验，成功地在中国制造业市场取得了突出的成绩，并在全球范围内树立了品牌形象。

第五节　商业模式创新方法

商业模式创新是指对企业的商业模式进行重新设计和改进，以创造新的价值、获得竞争优势并实现可持续发展。下面介绍几种常见的商业模式创新方法。

（1）游戏化商业模式创新。将游戏化元素引入商业模式中，通过奖励机制、竞争机制和互动性来吸引用户参与和提高用户体验。这种方法可以激发用户的参与度和忠诚度，创造更有吸引力的商业模式。

（2）平台化商业模式创新。构建平台型商业模式，通过搭建平台和连接供需双方，实现资源的共享和交换。平台化商业模式创新可以扩大企业的市场覆盖范围,提高交易效率,并创造网络效应。

(3) 订阅服务商业模式创新。将产品或服务转变为订阅形式,通过定期收费提供持续的价值。这种模式可以建立长期稳定的客户关系,增加可预测的收入流和提高客户忠诚度。

(4) 共享经济商业模式创新。基于共享理念和资源优化利用,通过平台将闲置资源和需求方连接起来,实现资源的共享和共赢。这种模式可以提高资源利用效率,降低成本,并为用户提供更灵活和经济实惠的解决方案。

(5) 数据驱动的商业模式创新。利用大数据和先进的分析技术,深入了解用户需求、行为和趋势,从而优化产品设计、精准定位市场和提供个性化服务。数据驱动的商业模式创新可以帮助企业做出更明智的决策,并提供更具竞争力的解决方案。

(6) 生态系统构建商业模式创新。建立与合作伙伴、供应链和生态系统的紧密合作关系,实现资源共享、协同创新和共同发展。这种商业模式创新方法可以拓展企业的业务范围,提高创新能力和市场竞争力。

这些商业模式创新方法都可以根据企业的需求和市场环境进行灵活组合和调整。创新的商业模式有助于企业发现新的商机,应对挑战,提升竞争力,并在快速变化的市场中保持持续的创新和增长。

专栏——为买卖"抖音"账号提供服务,是创新商业模式还是涉嫌违法?

北京微播视界科技有限公司(抖音软件著作权人和产品运营商)近日将四川海爪传媒有限公司告上法庭。原因是海爪传媒为"抖音"账号买卖提供交易平台并收取服务费等行为,涉嫌构成不正当竞争。

2022年4月26日,受理此案的成都互联网法庭宣判:判决海爪传媒立即停止对原告的不正当竞争行为,赔偿经济损失及合理开支共计人民币150万元。

"数字经济"时代,微播视界和海爪传媒,一个是"抖音"产品的运营商,一个为"抖音"账号买卖提供交易服务平台,看似分处两个不同的行业,为什么会构成不正当竞争?这个案件又有什么典型意义?庭审结束后,记者第一时间采访了该案审判长、成都铁路运输第一法院副院长李西川,四川瑞利恒律师事务所高级合伙人、律师王建,四川瀛楷典扬律师事务所律师吴山。

A:为何出现这样的不正当竞争?

这是在互联网"数字经济"时代产生的新型侵权。

原告微播视界认为,被告海爪传媒为原告公司平台下短视频账号(即"抖音"账号)买卖提供交易平台、信息发布场所、进行交易担保、账号估值和居间服务并收取服务费用的行为构成了不正当竞争。因此,微播视界将海爪传媒起诉至成都互联网法庭,要求立即停止被诉不正当竞争行为;要求赔偿经济损失及合理开支共计人民币200万元。

不正当竞争一般发生在同行业之间。看似不同的行业之间,为何会构成不正当竞争?

"这是在互联网'数字经济'时代产生的新情况。"李西川告诉记者,互联网"数字经济"时代所衍生出的新型商业模式和竞争业态下,若两者经营活动在市场竞争中存在一定关联,一方经营者因其行为自身获取经济利益而对其他经营者经营资源或交易机会造成实际损害,即便双方并非同业竞争者,亦可构成竞争关系。

成都互联网法庭的公开宣判内容显示,虽然被告海爪传媒与原告经营范围存在一定差异,但被告的经营对象是"抖音"账号,经营模式依托原告"抖音"用户资源,经营行为和盈利基础均依赖于"上游"已经完成注册、存续和正常使用的"抖音"账号,实质上系利用"抖音"既有用户资源和市场成果,为自己谋取交易机会,从而获取竞争优势。

"我们根据《中华人民共和国反不正当竞争法》《最高人民法院关于适用〈中华人民共和国反不正当竞争法〉若干问题的解释》第二条规定,即与经营者在生产经营活动中存在可能争夺交易机会、损害竞争优势等关系的市场主体,认定原告与被告海爪传媒之间存在竞争关系。"李西川说。

王建表示,本案是在"抖音"等网络新生事物高速发展过程中出现的新型侵权案例,为其他类似侵权案件提供审判实例,同时为进一步构建多层次知识产权保护机制打下坚实基础。

B:创新衍生商业模式的边界在哪里?

不得违反商业道德、诚信原则、损害公众利益。

在该案中,被告海爪传媒认为,其实施的为买卖"抖音"账号提供服务的相关行为是一种"创新"衍生商业模式,是基于"抖音"现有产品,满足了部分"抖音"用户的客观需求。

对此,法院认为,此种"创新性"的破坏性远大于建设性,即便如被告主张可满足少部分互联网用户需求,但如任其扩展,将影响行业良性发展前景和社会公众利益,最终将导致"优汰劣胜"恶果,扰乱市场竞争秩序,行为明显不具有正当性。"我们在判断海爪传媒的行为是否属于正当的创新衍生商业模式时,主要依法从3个方面进行考量,即是否损害商业道德、诚信原则及社会公众利益。"李西川解释。

公开宣判内容显示,依照《中华人民共和国网络安全法》《互联网用户账号名称管理规定》等法律法规,对注册账号用户身份进行实名认证及进行合法合规性核验,规定用户账号不得进行售卖和转让,是该特定商业领域普遍遵循和认可的行为规范。海爪传媒为买卖"抖音"账号提供服务的相关行为,不仅违反了法律、法规规定,亦是对其运营平台用户合法权益和行业竞争秩序的侵害。

除此之外,海爪传媒为买卖"抖音"账号提供服务的相关行为还有损诚信原则和社会公众利益。"举个简单的例子,'抖音'橱窗功能下的某带货博主,营业资质健全,商品品质也有保障,因此收获了大量粉丝和流量。但是,如果有一天这个博主通过平台把'抖音'账号转让给另外一个没有资质甚至造假、售假的博主,粉丝在完全不知情的情况下,基于对原账号博主的信任和良好销售数据购买,实际上却买到了假冒伪劣产品。另外，对正常注册、使用'抖音'的用户，面对互联网平台中质量参差不齐的海量短视频资源，本来期望借助'抖音'精准推送的优质资源，在有限时间内提升浏览和消费体验，但账号买卖造成的虚假流量数据会干扰'抖音'最核心的流量分发机制，导致大量低质量视频和资源被不断推送，最终损害了原告商誉和公众利益。"李西川这样认为。

宣判内容中，法院认为，基于互联网"数字经济"下"共生经济"的特质，应允许在既有网络产品基础上进行衍生和开展自由竞争，但自由竞争的前提应是具有一定的边界，即在合规、合理利用现有产品基础上，通过自身创造性的劳动开发给予互联网用户福利，而不是以牺牲其他竞争者竞争优势和广大消费者合法权益为代价。

"法院的判决，相当于给创新衍生商业模式划定了一个边界，即不得违反商业道德、诚信原则，不得损害公众利益。"在吴山看来，该案的判决，明确了法律对在既有网络产品基础上进行衍生和开展自由竞争行为的允许，又给这种行为划定了一个界限。"既未对相关行业一票否决，也明确了哪些东西不能触碰，具有指导意义。"

资料来源：法院一审判决：构成不正当竞争[N].四川日报，2022-04-27.

重要概念

商业模式　价值主张　客户群体　渠道和分销　收入模式　关键资源　成本结构　商业画布

复习思考题

1. 什么是商业模式？商业模式包含了哪些要素？
2. 商业模式有哪些类型？各有什么优缺点？介绍一些现实案例。
3. 商业模式的核心逻辑是什么？分别介绍现实中成功实践该逻辑的创业案例以及失败的案例。
4. 用商业画布总结一个现实中成功的创业案例。
5. 用商业画布描绘一个你自己的创业设想。
6. 商业模式的发展趋势是什么？

第十一章　新企业成立与融资

学习目标

★ 了解创业融资的特征。
★ 了解创业融资的不同渠道。
★ 了解股权融资与债券融资的区别。
★ 认识创业相关法律法规。
★ 了解新企业的设立流程。

> **引例——"饿了么"的漫漫融资路**
>
> "饿了么"是2008年创立的本地生活平台，主营在线外卖、新零售、即时配送和餐饮供应链等业务，隶属于上海拉扎斯信息科技有限公司。
>
> 截至目前，"饿了么"在线外卖平台覆盖全国2000个城市，加盟餐厅200万家，用户量达2.6亿。2018年5月29日，"饿了么"宣布获准开辟首批无人机即时配送航线，送餐无人机正式投入商业运营。2018年8月8日，"饿了么"获金运奖年度最佳效果运营奖。
>
> 饿了么的融资历程：
>
> 2011年3月，A轮融资，数百万美元，投资方为金沙江创投。
>
> 2013年1月，B轮融资，数百万美元，投资方为经纬中国、金沙江创投。
>
> 2013年11月，C轮融资，2500万美元，投资方为红杉资本中国、经纬中国、金沙江创投。
>
> 2014年5月，D轮融资，8000万美元，投资方为大众点评网。
>
> 2015年1月，E轮融资，3.5亿美元，投资方为中信产业基金、腾讯、京东、大众点评网、红杉资本中国。
>
> 2015年8月，F轮融资，6.3亿美元，投资方为华联股份、中信产业基金、华人文化产业基金、腾讯、京东、红杉资本中国。
>
> 2015年11月，战略投资，未透露，滴滴出行。
>
> 2016年4月，F轮融资，12.5亿美元，投资方为阿里巴巴与蚂蚁金服。
>
> 2017年6月，战略投资，10亿美元，阿里巴巴领投。
>
> 2018年4月，并购95亿美元，投资方为阿里巴巴与蚂蚁金服。
>
> 根据Trustdata发布的《2018年上半年中国移动互联网行业发展分析报告》显示，2018上半年外卖份额已经出现新的格局，其中美团外卖、饿了么、百度外卖的市场份额分别是59%、36%、3%，可见国内外卖方市场已经被头部企业瓜分，也逐渐形成了

> 新的格局："631"格局。
> 　　美团外卖接近60%的市场份额足以证明它在外卖领域的强势地位,"饿了么"想要在短时间内追平甚至赶超美团外卖的难度很大。即便是有阿里集团背景,"饿了么"虽然不用再担心资金问题,但如今的外卖市场早已过了靠烧钱补贴就能扭转乾坤的时代。
>
> 引自《伯乐创业网》

第一节　创业融资的内涵与特征

一、创业融资的内涵

创业融资是指初创企业或创业者为了实现业务发展、产品推出或扩大规模等目标,向外部投资者或融资渠道寻求资金的过程。它是创业过程中非常重要的一环,可以帮助创业者筹集所需的资金,提供支持和资源,促进企业的成长和发展。创业融资的内涵包括以下三点:

（1）资金需求:创业融资是因为创业者需要额外的资金来支持企业的运营、发展和创新;

（2）投资者参与:创业融资涉及创业者与外部投资者之间的资金交流和合作关系,包括股权投资、债权投资或其他合作形式;

（3）风险与回报:创业融资涉及投资者对创业企业的风险评估和预期回报,投资者希望通过投资获得收益或资本增值。

二、创业融资的特征

创业融资的特点,用一个字形容的话,就是"难"。对于刚刚起步的创业者,面临着寻找外部资金支持的巨大困难。银行往往不愿意向初创企业提供贷款,创业投资者常常寻求大规模交易,私人投资者越来越谨慎小心,而公开上市只适用于少数具有良好成长业绩的"明星"企业。尽管并非所有创业活动都需要大量资金,但缺乏必要的启动资金仍然成为创业道路上的一大障碍。因此,创业融资成为创业过程中最为棘手的问题之一。与既有企业相比,创业企业在融资条件上面临明显的劣势。

（1）创业企业缺少可以用作抵押的资产。银行或其他金融机构在提供贷款时通常要求有具体的资产作为担保,这使得创业企业很难获得融资支持。创业者在创业前的年收入往往非常有限,这导致创业的启动资金非常有限。相比之下,已经存在的企业在获得银行贷款时可以使用企业的资产作为抵押品,而创业企业几乎没有可以提供抵押的资产。因此,为创业企业提供资金比为其他企业提供资金面临更大的风险。

（2）创业企业没有可参考的经营记录。即便创业者身无分文,如果他们有过辉煌的过去,往往更容易筹集到资金支持。就像可口可乐公司的前总裁曾经说过,即使可口可乐公司遭遇火灾，也有可能在一夜之间重建，因为银行愿意向可口可乐公司提供贷款。资金提供者希望在未来某个时刻收回资金并获得回报，因此企业未来的经营情况对于投资人的资金安全至关重要。对于已经存在的企业来说，可以通过分析其过去的盈利能力来预测未来的经营情况，银行或其他投资人在提供资金时通常会对企业的财务报表进行仔细分析。然而，不幸的是，创业企业既缺乏资产，也没有过去的经营业绩可以参考，它们所能提供的资料只是一份商业计划书，而未来的经营情况具有更大的不确定性。因此，创业企业在获得资金方面面临着更大的挑战。

（3）创业企业的融资规模相对较小。假设你是一位银行信贷经理，你更倾向于一次性将100万元贷款提供给一家大公司，还是愿意将10万元分别贷款给10家小企业呢？当创业企业向银行申请贷款时，其融资金额往往比已存在的大企业要少，而银行办理一笔业务的成本并没有太大区别。这使得创业企业的单位融资成本远高于已存在的企业。根据调查，中小企业贷款的管理成本平均是大型企业的5倍左右，因此银行更倾向于向大企业提供贷款而不是创业企业，这增加了创业企业融资的难度。

三、融资难的来源

创业融资的难度主要源于创业活动的高风险性。这种风险可以分为两个方面。

（1）创业活动的固有风险。创业企业的不确定性是创业活动固有的风险之一。创业企业通常面临市场需求的不确定性、竞争环境的不确定性以及经营模式的不确定性等。由于创业企业通常是在新兴或创新领域开展业务，市场对其前景和成功潜力存在较大的不确定性。这使得投资者对创业企业的融资表示谨慎，因为他们无法准确预测创业企业的未来表现。

（2）外部投资人的信息不对称。外部投资人与创业者之间存在信息不对称的问题，这增加了融资的难度。创业者通常对其创业项目和行业具有更详细的了解，而投资人只能通过有限的信息进行评估。这种信息不对称可能导致投资人对创业企业的风险感知增加，从而对融资提出更高的要求或表现出更大的谨慎态度。

由于创业活动的高风险性，传统的融资渠道对创业企业较为保守。银行通常更愿意向已有资产和稳定经营记录的企业提供贷款，因为这些企业更具可预测性和稳定性。创业企业往往缺乏可以抵押的资产和可参考的经营记录，因此很难满足传统融资渠道的要求。

然而，尽管创业融资存在困难，创业者仍然有一些可行的解决方案。他们可以寻求私人资本融资，通过个人筹资、亲朋好友融资或天使投资等方式获取启动资金。此外，创业者还可以探索机构融资，如创业投资资金、银行贷款、中小企业互助机构贷款以及通过发行股票公开上市等途径。政府背景融资也是一种可考虑的选择，可以利用政府提供的扶持资金、税收优惠、财政补贴和贷款援助等渠道来支持创业企业。

总之，创业融资的困难源于创业活动的高风险性和信息不对称。创业者需要通过不同的融资渠道和策略来克服这些难题，以获得所需的资金支持。同时，政府和相关机构也可以采取措施来提供更多的支持和便利，促进创业融资的发展。

专栏——2023年一季度疆企在资本市场融资114.67亿元

2023年一季度，新疆企业在资本市场实现直接融资114.67亿元，较去年同期增长6.56%，较2021年同期增长35.22%。

从融资方式来看，上市公司首发上市、定增配股及公司债券为新疆资本市场主要融资方式。

上市公司首发上市融资方面，宝地矿业首发上市融资8.76亿元，实现2023年上市"开门红"。上市公司股权融资方面，青松建化、立昂技术2家上市公司非公开发行融资共计16.27亿元。

新疆公司债券及资产支持证券融资增速高，融资方式呈现多元创新趋势。新疆企业通过发行公司债券及资产支持证券合计实现融资84.35亿元，较2022年同期增长49.29%。其中，9家公司发行公司债券65.35亿元，较2022年同期增长15.66%。其中2家公司发行了乡村振兴债券创新品种，主要用于乡村振兴相关领域项目建设；1家公司通过发行资产支持证券融资19亿元，其基础资产为基础设施收费，有效盘活了公司存量资金、底层资产，优化了企业现金流。

从融资结构来看，股权类融资30.32亿元，占一季度资本市场融资的26.44%；债权类融资84.35亿元，占一季度资本市场融资的73.56%。

从上市公司披露的首发再融资计划中的募集资金投向看，计划用于补充流动资金及偿还银行贷款的资金为10.78亿元，占比45.12%；计划用于项目建设的募集资金为13.11亿元，占比54.88%。

值得一提的是，以新三板及区域性股权市场挂牌及展示企业为代表的中小微企业融资有所增长。一季度新三板及新疆股权交易中心挂牌企业融资共计5.29亿元，较2022年同期增长74.01%，有力支持了中小微企业发展。

引自《新疆日报》

第二节　创业融资类型与渠道

创业融资的渠道可按融资对象分为私人资本融资、机构融资和政府背景融资。不同的融资类型存在不同的特征，创业公司应根据自身资源能力和需求选择适合的融资渠道。图11-1展示了美国《Inc.》杂志对500强企业（Inc. 500）的创业资金主要来源进行调查的结果。

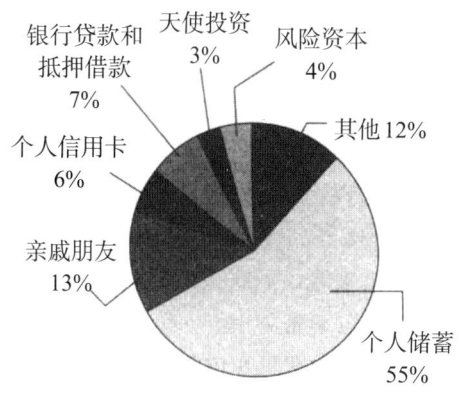

图 11-1　创业资金主要来源

一、私人资本融资

私人资本融资是指创业者从个人手中获得资金来支持其初创企业的发展。它是创业者通过个人储蓄、财产或其他个人资产来融资,而不涉及机构或政府的资金支持。私人资本融资适合多种类型的初创企业,尤其是那些刚开始创业、尚未形成稳定盈利模式或还没有获得机构、政府资金支持的企业。初创企业往往面临资金不足的挑战,而私人资本融资可以提供一定的资金支持,帮助企业开展业务、研发产品、扩大市场份额等。

二、私人资本融资的类型

私人资本融资具体可以包括以下几种类型:

(1) 自筹资金:创业者利用自身的个人储蓄或积蓄作为初始资金来支持企业的启动和发展。

(2) 亲朋好友融资:创业者向家人、朋友或亲近的人融资,他们相信创业者的能力和潜力,并愿意提供资金支持。

(3) 天使投资:天使投资者是寻找有潜力的初创企业并投资其中的个人或群体。他们通常在企业早期阶段提供资金、经验和行业资源支持,以换取股权或其他回报。

(4) 私募股权融资:创业者向私人投资者出售股权以换取资金。这些私人投资者可以是个人、家族办公室、投资基金或其他机构。

(5) 私人债务融资:创业者借款或发行债务证券来融资,借款可以来自个人、高净值个人、私人借贷机构等。

需要注意的是,私人资本融资的具体形式和方式可能因地区、法规和投资者偏好而有所不同。创业者应根据自身的需求和条件选择适合的私人资本融资类型,并与投资者进行充分的谈判和合作。

三、私人资本融资的特点

(一) 私人资本融资的优点

(1) 灵活性高：私人资本融资通常不受传统机构的严格要求和限制，可以根据双方的协商达成灵活的融资安排。

(2) 快速决策：与机构融资相比，私人资本融资的决策过程更加迅速，可以快速获取资金支持。

(3) 利益共享：私人资本融资通常以股权投资或利润分享的形式进行，投资者和创业者可以共享企业的成长和成功。

(二) 私人资本融资的挑战

(1) 限制规模：相对于机构融资或政府背景融资，私人资本融资的规模通常较小，可能无法满足一些大规模发展的资金需求。

(2) 风险和不确定性：私人资本融资可能涉及与个人之间的合作和交往，存在风险和不确定性，包括资金来源的可靠性和投资者的诚信问题。

(3) 有限资源：私人资本融资通常受限于个人或个人关系的范围，创业者可能面临资源有限的局限性。

综上所述，私人资本融资是一种灵活且相对快速的融资方式，适合初创企业在早期阶段获得资金支持。然而，创业者需要权衡其规模限制、风险和不确定性以及有限资源的因素，并根据自身情况选择最适合的融资路径。

四、机构融资

机构融资是指创业企业从各种机构获得资金支持，这些机构包括风险投资公司、银行、创业加速器、天使投资人、私募股权基金等。机构融资适用于各种初创企业，特别是那些有较高增长潜力、具备市场竞争力、需要大额资金支持或者寻求专业知识和资源的企业。

五、常见的机构融资类型

(1) 风险投资 (Venture Capital)。风险投资是指风险投资公司向初创企业提供资金和支持，以换取企业股权。风险投资通常用于高增长潜力的初创企业，投资者期望通过成功企业的股权回报获得高额利润。

(2) 私募股权基金 (Private Equity)。私募股权基金是由专业投资机构组成的基金，通过向未上市企业提供资金，获取企业股权，并在一定时间后退出以获得回报。私募股权基金通常用于企业扩张、收购或重组等目的。

(3) 创业加速器 (Startup Accelerator)。创业加速器是为早期创业企业提供资金、指导和资源支持的组织。创业加速器通常为选定的创业团队提供一段时间的培训、导师指导和市场准入支持，以帮助他们迅速发展和吸引更多投资。

（4）天使投资（Angel Investment）。天使投资是指个人投资者（天使投资人）向初创企业提供资金，通常在早期阶段进行。天使投资者往往是富裕的个人或成功企业家，他们在早期为创业企业提供资金、经验和网络资源，以换取股权或股权期权。

（5）银行贷款（Bank Loans）。创业企业可以向银行申请贷款来获得资金支持。银行贷款通常需要提供抵押品或担保，并按照约定的利率和还款方式进行还款。

（6）股票公开上市（Initial Public Offering，IPO）。企业可以通过发行股票公开上市来筹集资金。在IPO过程中，企业将自己的股份向公众出售，以获得资金，并成为上市公司。

（7）中小企业互助机构贷款。一些专门为中小企业提供融资支持的机构，如担保机构、小额贷款公司等，可以向初创企业提供贷款或担保服务，帮助他们获得资金支持。

（8）互联网金融。随着互联网的发展，出现了一些新型的融资渠道，如P2P借贷平台和众筹平台。这些平台通过互联网连接投资者和创业企业，为创业企业提供便捷的融资渠道。

六、机构融资的特点

（一）机构融资的优点

（1）资金支持：机构融资可以为初创企业提供大额资金，帮助企业实现规模扩张、产品研发、市场推广等目标。

（2）专业指导：机构投资者通常具有丰富的行业经验和专业知识，他们可以为企业提供战略指导、业务发展建议和行业联系等支持。

（3）市场认可度：获得知名投资机构的投资可以增加企业的市场认可度和声誉，有助于吸引更多的合作伙伴和客户。

（4）伙伴资源：机构投资者通常拥有广泛的资源网络，可以为初创企业引入合作伙伴、客户和供应链等资源。

（二）机构融资的挑战

（1）股权让渡：机构融资通常需要创业企业出让一部分股权，这意味着创业者会失去一定的控制权和决策权。

（2）高要求：机构投资者对创业企业有一定的要求，包括市场潜力、盈利能力、团队实力等方面，初创企业需要满足这些要求才能吸引机构投资。

（3）时间压力：与机构投资者合作通常需要遵守一定的时间表和里程碑，企业可能需要在较短的时间内实现一定的发展目标。

（4）资本回报压力：机构投资者通常期望在一定时间内获得回报，因此创业企业可能面临更大的商业压力和财务目标。

需要注意的是，每个初创企业的情况不同，选择机构融资还是其他融资方式要根据企业的具体情况和需求来决定。同时，与机构投资者合作时，也需要认真评估合作伙伴的背景、口碑和对企业发展的价值贡献。

七、政府背景融资

政府背景融资是指创业企业通过与政府相关机构或政府推出的资金和政策扶持，获得资金支持的一种融资方式。政府作为一个促进经济发展和创业创新的重要角色，通过提供各种资金和政策支持，帮助初创企业克服融资难题，促进其可持续发展。

八、常见的政府背景融资

（1）政府专项基金：政府设立的专项基金，用于支持特定领域或行业的创业企业，提供资金支持。

（2）税收优惠：政府给予创业企业在税收方面的一定优惠政策，例如减免企业所得税、增值税或个人所得税等。

（3）财政补贴：政府向符合条件的创业企业提供财政上的补贴资金，用于支持其研发、生产、市场推广等方面的费用。

（4）贷款援助：政府通过各种贷款计划向创业企业提供贷款支持，包括低息贷款、无息贷款等。

政府背景融资适合各类初创企业，特别是具有创新性、高成长潜力、技术含量高或对社会有重要影响的企业。政府通常会重点支持新兴产业、科技创新、环境保护、文化创意等领域的企业。

九、政府背景融资的特点

（一）政府背景融资的优点

（1）资金支持：政府背景融资提供了额外的资金支持，帮助初创企业解决资金短缺问题，推动其发展壮大。

（2）政策优惠：政府在税收、贷款利率等方面给予优惠政策，减轻企业负担，提高企业的竞争力。

（3）资源整合：政府机构通常拥有丰富的资源和网络，可以为初创企业提供合作机会、市场渠道等支持。

（二）政府背景融资的挑战

（1）竞争激烈：政府背景融资通常会吸引大量企业竞争，导致竞争激烈，获得资金的机会不一定容易。

（2）审批程序复杂：政府融资涉及政策和资金的申请，审批程序相对较为烦琐，可能需要耗费较多时间和精力。

（3）依赖性较高：依赖政府背景融资可能使企业在经营决策和发展方向上受到政策变化的影响，较为依赖政府的支持。

需要注意的是，政府背景融资并非适用于所有初创企业，创业者应根据自身企业的发展需求、行业特点和政府政策来判断是否适合申请政府背景融资，并在申请过程中充分了解相关政策和规定。

专栏——科创企业融资渠道优化

科创企业在全面实施注册制后，获得了更多样化、高效的融资渠道。然而，如何进一步完善创新注册制的配套机制，以更好地服务科创企业的发展，以及如何推动科创企业更好地对接多层次资本市场以获取所需的资金，这些问题引起了广泛的关注和业内讨论。其中，设立科创板被视为提升服务科技创新能力的关键举措。截至6月10日，科创板已有534家上市公司，总市值达到6.65万亿元。在过去的三年里，科创板上市公司的营业收入和归母净利润复合增长率分别达到了29%和56%。

上海证券交易所全球业务发展专委会副主任、市场发展部总监傅浩认为，科创板对科技创新的助力主要体现在三个方面。首先是"人"，超过六成科创板公司的创始团队由科学家、工程师等科研人才或行业专家组成，有三成的科创板公司与高校科研院所建立了产学研合作项目，有五成的科创板公司参与国家重要科研专项。其次是"钱"，科创板离不开创投机构和资金支持，534家公司共募资逾8300亿元，超过90%的科创板公司在上市前获得了创投机构的资金支持，从而带动了资金在募、投、管、退四个环节的循环。最后是"技术"，科创板公司在2022年投入研发的金额达到1284.68亿元，同比增长28%，研发投入占营业收入的比例平均为16%。

对于企业来说，登陆科创板带来了许多收益。傅浩认为，一方面，上市使企业更加规范化、可持续发展；另一方面，上市有助于建立科创企业与资本之间和谐共存的关系，为企业提供了更多的融资渠道，并通过股权激励方式留住人才，提高企业的凝聚力。从保荐机构的角度来看，海通证券股份有限公司董事会秘书、总经理助理、投资银行委员会主任姜诚君补充称，在全面实施注册制的背景下，不同类型、不同行业、不同发展阶段的企业可以找到适合自身的上市标准，科创企业可以通过上市解决融资难的问题。此外，上市还能提升企业的知名度和公信力，有助于企业拓展市场和进行产业并购等。

对于计划上市的企业来说，需要考虑哪些核心问题和做好哪些准备呢？姜诚君认为，在筹划上市过程中，企业需要考虑以下四个方面的问题：首先，根据企业所处行业、技术含量和未来发展计划选择合适的上市板块；其次，科创企业需要关注知识产权的归属是否清晰，是否存在纠纷；再次，股权激励的设计需要考虑周全，包括锁定期的长短和未来退出的安排等；最后，需要关注信息披露豁免问题，明确哪些可以不披露，哪些可以适当披露。

除了通过上市直接融资，"知识产权+金融"的创新服务体系为科技创新企业拓宽

了融资渠道。然而，企业知识产权的估值成为一个难题。一些与会嘉宾表示，由于缺乏高效运营机制和转化渠道，我国知识产权所蕴含的价值未得到充分开发利用。在评估知识产权价值方面仍存在困难，如何科学合理地对知识产权进行估值仍是一个挑战。

对此，联创资本创始合伙人、董事长韩宇泽认为，中国在知识产权评估方面一直在不断突破，可以通过梳理科创板、创业板以及北交所上市的企业来参考知识产权的评估标准。对于投资项目，股权投资机构主要基于企业未来的成长性和境内外同类型企业的情况来进行估值。同时，也可以借鉴银行等金融机构结合知识产权局和技术交易所的评估结果来估值。多位与会嘉宾对知识产权金融发展提出了建议，包括进一步完善知识产权融资相关法律体系、规范知识产权评估机构及评估制度，以及探索建立知识产权收储制度。同时，打造全链条、全系统、高质量的知识产权金融服务体系，优化知识产权金融服务供给，也是推动知识产权金融发展的重要举措。

资料来源：黄思瑜.科创企业融资渠道拓宽存难点　银、企、创投探讨解决之道[N]. 2023-06-12.

第三节　债权融资与股权融资

一、债权融资的特征

债权融资是指企业通过发行债券或向金融机构申请贷款等方式从债权人处获取资金的过程。在债权融资中，企业与债权人之间建立了债权关系，企业作为债务人向债权人承诺按约定的条件偿还债务。债权融资的特征包括以下几方面。

（1）债务性质。债权融资是基于借贷关系建立的融资方式，企业以债务人的身份向债权人借款，承诺按期支付利息和偿还本金。

（2）固定回报。债权融资通常涉及支付固定的利息或利率给债权人作为回报。债权人作为债务的持有者，在约定的期限内获得固定的利息回报。

（3）优先权。债权融资通常具有优先权，即在企业破产或清算时，债权人有权先于股权持有者获得资产分配。这使得债权融资相对于股权融资更具保障性，债权人在风险控制方面处于较有利的地位。

（4）债务偿还责任。企业通过债权融资筹集的资金需要按照约定的期限和条件偿还，包括支付利息和偿还本金。债务偿还是债权融资的重要责任和义务。

（5）债券市场。债权融资通常涉及债券的发行，债券作为一种金融工具在债券市场上进行交易。债券市场提供了一个平台，使债权人可以买卖债券，从而实现资金的流动性。

债权融资在企业融资中具有重要的地位，它为企业提供了一种相对稳定和可控的融资方式。企业通过债权融资可以获取长期资金，满足经营和发展的需要，并根据自身的还款能力灵活安排债务偿还。同时，债权融资也有利于优化企业的资本结构，降低股权融资的风险和成本。然而，债权融资也存在着偿债压力、利息负担、债务限制和信用风险等方面的考虑，企业需要在融资结构和资金筹集方面进行合理的权衡和管理。

二、股权融资的特征

股权融资是指企业通过发行股票或出售股权来获取资金的一种融资方式。在股权融资中，企业向投资者出售公司的股份，以换取资金用于业务发展、扩大规模或其他需要资金支持的目的。股权融资的特征包括以下内容。

（1）股份出售。企业通过发行新股或转让已有股份的方式，将公司的所有权分享给投资者。投资者购买股份后成为公司的股东，享有相应的权益和利益。

（2）长期资本。股权融资通常是一种长期融资方式，与债权融资不同，股东对企业的投资通常没有明确的偿还期限。

（3）分散风险。股权融资可以吸引多个投资者参与，从而分散风险。不同投资者持有不同比例的股权，共同承担企业经营风险和收益。

（4）共享收益。股东通过持有股权分享企业的利润和增值收益。如果企业经营良好，股东可以获得股票升值和股息分红的回报。

（5）影响管理权。股东作为企业的股权拥有者，可以参与公司的决策和管理，拥有投票权，影响公司的发展方向。

（6）上市机会。企业通过股权融资，有机会通过公开上市交易所，使股权流通起来，提高企业的知名度和市场价值。

股权融资是一种常见的融资方式，对于企业来说具有灵活性和长期资本支持的优势。然而，股权融资也存在一些限制，如股东权益分散、可能面临股权稀释、对公司治理和信息披露要求的增加等。因此，在选择融资方式时，企业需要综合考虑自身的需求、发展阶段以及市场环境等因素。

三、债权融资与股权融资的对比

债权融资和股权融资是两种常见的融资方式，它们在特点和优缺点上有一些区别。下面是对比它们的优缺点。

（一）债权融资的优缺点

1. 债权融资的优点

（1）保留所有权。债权融资不会稀释企业的股权，创始人和现有股东可以保持对企业的控制权和决策权。

（2）固定偿还。企业在融资合同中约定了偿还债务的期限和利率，可以更好地规划资金流出，并确保及时偿还债务。

(3) 利息税前扣除。企业支付的利息是税前支出，可以在企业税务上享受利息支出的税前扣除优惠。

(4) 债权人无权参与经营。债权人作为债权持有人，没有参与企业经营和决策的权利，企业的经营自主性相对较高。

2. 债权融资的缺点

(1) 偿债压力。企业需要按时支付债务本金和利息，即使企业经营出现困难，也必须优先偿还债务。如果企业未能按时偿还债务，可能面临违约风险和信用损害。

(2) 限制企业灵活性。债权人通常会要求制订严格的还款计划和合约条款，限制了企业的灵活性和自主权。企业在债务期限内可能受到限制，例如支付股息、增加其他债务等。

(3) 需要抵押物或担保。债权人通常要求提供资产或提供担保作为借款的保证，以降低风险。这对于创业企业来说可能更加困难，因为他们通常没有足够的资产可供抵押。

（二）股权融资优缺点

1. 股权融资的优点

(1) 无偿还压力。相比债权融资，股权融资不需要按时偿还本金和利息。股东分享企业的风险和回报，不需要承担固定的偿债压力。

(2) 共同发展。股权融资可以吸引有经验和资源的投资者加入企业，提供战略指导和业务发展支持，促进企业的成长。

(3) 分散风险。企业通过股权融资，可以吸引多个投资者参与，分散风险，减轻创始人和现有股东的风险承担。

(4) 潜在高回报。如果企业成功增值，股东可以从股权升值和分红中获得高回报。

2. 股权融资的缺点

(1) 股权稀释。通过发行新股或出售股权，现有股东的股权比例可能会被稀释，失去一部分控制权和权益。

(2) 共享决策权。股权融资会将一部分决策权分享给投资者，创始人和管理层可能需要与投资者协商和共同决策。

(3) 更高的成本。相比债权融资，股权融资可能涉及较高的成本和复杂的交易结构，包括股权估值、法律文件准备等。

综上所述，债权融资强调偿债的稳定性和债务优先性，而股权融资提供了更大的灵活性和潜在的高回报。企业可以根据自身情况综合评估和权衡，选择最适合的融资方式。表11-1描述了二者的常见区别。

表 11-1 债权融资与股权融资的常见区别

债权融资	股权融资
保留所有权	股权稀释
固定偿还	潜在高回报
利息税前扣除	更高的成本
偿债压力	无偿还压力
债权人无权参与经营	共享决策权
限制企业灵活性	分散风险
需要抵押物或担保	共同发展

四、融资方式的选择

创业者需要在债权融资和股权融资之间合理平衡，因为不同类型的资金对企业经营产生不同的影响。在创业者的融资决策中，有以下几个因素会对其产生影响。

（1）创业所处阶段。创业的不同阶段对融资结构有不同的要求。在早期阶段，创业者通常更依赖于股权融资，因为他们往往没有足够的资产用于债权融资。随着企业的成长和发展，债权融资可能成为一个更具吸引力的选择，因为它可以提供更大规模的资金支持。

（2）创业企业特征。创业企业的特征也会影响融资结构的选择。例如，创业企业的行业性质、成长潜力、盈利能力等因素都会影响债权融资和股权融资的可行性和吸引力。

（3）融资成本。债权融资和股权融资的成本也是创业者考虑的重要因素。债权融资通常具有明确的利息和偿还要求，而股权融资则要求创业者与投资者分享企业的所有权和利润。创业者需要权衡不同融资方式的成本和回报，以选择最适合的融资结构。

（4）创业者对控制权的态度。股权融资可能导致创业者失去一部分对企业的控制权，因为投资者会有决策权和监督权。创业者的控制欲望和对企业控制权的重视程度也会影响融资结构的选择。

因此，创业者在决策融资结构时需要综合考虑以上因素，并根据自身情况制定适合的融资策略。合理的融资结构可以为创业者提供所需的资金支持，同时保持企业的灵活性和成长潜力。

专栏——金风科技的债权融资

中国的金风科技股份有限公司是一家采用债权融资模式的中国制造业企业。金风科技成立于1998年，专注于风力发电设备的研发、制造和销售。以下是金风科技成功运用债权融资模式的主要特点。

（1）债权融资。金风科技通过发行债券融资，从投资者处筹集资金用于业务扩展和技术创新。债权融资是一种通过发行债券吸引投资者购买，并按约定支付利息和本金的方式来获取资金的模式。金风科技利用这种融资模式，有效地获取了大量资金来支持其发展和扩张。

（2）利用信用优势。作为中国风力发电行业的领先企业，金风科技拥有良好的信用和声誉。这使得金风科技能够以较低的利率发行债券，吸引更多投资者的参与。金风科技通过充分利用其信用优势，能够以较低的融资成本获取资金，并降低企业的融资风险。

（3）多元化的债权产品。金风科技发行了多种类型的债券产品，包括公司债、中期票据等。这种多元化的债权产品能够满足不同类型的投资者需求，增加了债券的流动性和市场接受度。

（4）长期合作关系。金风科技与多家银行、金融机构建立了长期合作关系。这些合作关系使得金风科技能够更加顺利地进行债权融资，获得更多的融资渠道和资源支持。与银行和金融机构的合作也提供了金风科技更多的融资选择和灵活性。

金风科技通过债权融资模式，成功地筹集了大量资金用于企业的发展和扩张。这种模式帮助金风科技降低了融资成本、降低了风险，并为企业提供了稳定的资金来源。债权融资模式在金风科技的成功中发挥了关键作用，使其能够在风力发电行业中取得竞争优势，并成为全球领先的风力发电设备制造商之一。

资料来源：

[1] 徐群飞.新疆金风科技发行绿色永续债的案例分析[D].乌鲁木齐：新疆财经大学，2018.

[2] 郭万望.新能源电力企业债权融资效率研究[D].北京：华北电力大学（北京），2017.

第四节 新企业设立法律法规

在新企业创立过程中，注意法律法规至关重要。遵守法律法规可以确保企业合规运营，树立良好的企业形象和信任度，降低法律风险，保护企业权益，预防法律纠纷，并避免可能导致企业倒闭的法律责任和惩罚。

一、不同阶段的法律需求

在企业创建阶段，创业者面临着一系列法律问题，涉及企业形式确定、税务记录设立、租赁和融资协调、合同起草以及专利、商标和版权保护申请等。随着新企业的成立和运营，仍然会涉及与经营相关的法律问题。人力资源或劳动法规可能影响员工的雇用、报酬和工作评定；安全法规可能涉及产品设计和包装、工作场所和机器设备的设计和使用，环境污染控制以及物种保护等。尽管有些法律问题可能在企业达到一定规模时才适用，但实际上，新企业都追求发展，这意味着创业者很快就会面临这些法律问题。

与创业相关的法律主要涉及知识产权、竞争、质量和劳动等方面的法规，其中包括专利法、商标法、著作权法、反不正当竞争法和合同法等。知识产权是人们依法享有对通过智力活动创造的成果的权利，包括专利、商标、版权等，也是企业的重要资产。知识产权可以通过许可证进行经营或出售，为持有许可证的经营者带来收益。事实上，几乎所有企业（包括新企业）都拥有一些对其成功起关键作用的知识、信息和创意。尤其对于技术型创业企业而言，知识资产已成为最具价值的资产之一。因此，对创业者来说，了解知识产权的内容及相关法律非常重要，以有效保护自身的知识产权并避免无意中侵犯他人的知识产权。

总之，创业者在企业创建阶段和运营阶段都需要重视法律法规。合规经营有助于降低法律风险、维护企业声誉，并为企业的持续发展提供稳定的法律保障。寻求法律专业人士的指导和建议，建立合规团队，将有助于创业者更好地应对和解决涉及法律的问题，确保企业在法律框架内稳健地发展。表11-2整理了不同经营阶段中的法律法规侧重点。

表11-2 不同经营阶段中的法规重点

阶段	法律法规	相关内容
创业阶段	企业形式选择	确定企业的法律实体形式，如个体工商户、有限责任公司等
	税务记录设立	设立适当的税收记录，遵守税法规定
	租赁和融资协调	协调租赁合同和融资合同，确保合法合规
	合同起草	起草合同，明确合同各方的权利和义务
	知识产权保护申请	申请专利、商标和版权保护，确保知识产权的合法性和独立性
运营阶段	人力资源和劳动法规	遵守劳动法规定，涉及员工的雇用、报酬和工作评定
	安全法规	遵守安全法规，涉及产品设计、包装、工作场所和机器设备的设计和使用，以及环境保护和物种保护
	知识产权保护	了解专利法、商标法、著作权法等知识产权保护的内容和程序
	反不正当竞争法规	遵守反不正当竞争法规定，确保公平竞争环境
	合同法规定	遵守合同法规定，保护合同各方的权益

二、知识产权的保护

在创业企业中，专利法、商标法和著作权法与创业密切相关。专利法保护发明创造的新技术，授予专利持有人独占权利。商标法用于保护企业的品牌标识，确保消费者能够识别和区分产品或服务的来源。著作权法保护创作的文学、艺术和科学作品，包括文字、音乐、图像、软件等。创业者需要了解这些法律的适用范围、申请程序和保护机制，以保护自己的创新成果和品牌形象，并防止他人的侵权行为。

1. 专利与专利法

专利是指对于发明、实用新型和外观设计等技术创新的独占性权利的法律保护。它是一种知识产权形式，旨在鼓励创新并保护创新者的权益。专利权的持有人可以在一定时间内独自享有对其发明或创新的控制权，防止他人未经许可使用、制造、销售或引入类似的产品或技术。

专利的核心价值在于保护创新者的创造成果，鼓励技术进步和经济发展。创新者通过专利的保护，可以获得经济回报并在市场竞争中获得优势地位。专利制度还促进了技术交流和合作，提供了信息公开和技术标准的基础。

专利权的期限根据不同类型的专利而异。根据《中华人民共和国专利法》（简称"《专利法》"）第四十二条，发明专利权的期限为二十年，实用新型专利权的期限为十年，外观设计专利权的期限为十五年，均自申请日起计算。

《专利法》还规定了专利的权利和限制。专利权的持有人有权阻止他人未经许可使用其专利技术，以保护其独占地位和市场竞争优势。专利权的行使还可以通过许可授权给他人使用专利技术，并获得相应的经济回报。同时，专利权的行使必须符合反垄断和反不正当竞争法律的规定，不得滥用专利权对市场和竞争产生不正当的限制。

2. 商标与商标法

商标是用于区别商品或服务来源的标识，可以是文字、图形、字母、数字、颜色、声音等形式的标记。商标的作用在于建立企业品牌形象、区分同类商品或服务、提供消费者购买的可靠标识。商标的重要性不言而喻，因此《中华人民共和国商标法》（简称"《商标法》"）的出现就是为了保护商标的合法权益。

《商标法》是一种法律体系，规定了商标的注册、使用、保护和侵权纠纷的解决方式。其主要目的是保护商标的独立性、稳定性和持久性，以促进公平竞争和保障消费者的权益。

《商标法》的核心内容包括商标的注册和保护。商标的注册是指在商标注册机关申请商标注册，经审查并符合法定条件后，获得商标所有权的法律行为。商标注册的优点在于获得独占权，可以防止他人擅自使用相同或相似商标，维护企业的品牌形象和市场份额。商标的保护则是指通过商标法保护商标权益，包括防止他人侵犯商标权、追究侵权责任和获取赔偿等。

《商标法》的基本原则是独占性、非排他性、使用性和保护性。独占性是指商标所有人对其注册商标享有排他性使用权，其他人不得擅自使用相同或相似商标。非排他性是指商标法并不排除其他权利人对商标的使用，如使用在不同商品或服务上或有合理理由的情况。使用性是商标权利的基础，商标注册要求商标必须在商品或服务上真实使用。保护性则是商标法对商标权益的保护措施，如防止商标侵权、追究侵权责任和获取赔偿等。

《商标法》的实施包括商标注册、商标审查、商标权利确认、商标侵权纠纷解决和监督管理等环节。商标注册需要符合法定条件，经过审查合格后才能获得注册证书。商标审查主要包括形式审查和实质审查，确保商标符合注册条件和不侵犯他人权益。商标权利确认是指商标所有人通过法律手段确认自己的商标权益。商标侵权纠纷解决是指对商标侵权行为进行诉讼或其他解决方式，维护商标权益。监督管理是指商标注册机关对商标的监督管理，包括商标使用情况的监测、宣传教育和行政执法等。商标的注册有效期为十年，注册人可以在有效期届满前申请续展，每次续展也为十年。根据《商标法》的规定，商标注册申请人必须是依法成立的企业、事业单位、社会团体、个体工商户、个人合伙，以及符合《商标法》第九条规定的外国人或外国企业。

《商标法》的实施还涉及国际商标注册和保护。商标所有人通过国际商标注册系统，可以在多个国家或地区获得商标保护。此外，《商标法》还与其他法律领域有关，如反不正当竞争法、消费者权益保护法等。

3. 著作权与著作权法

著作权是指作者对其创作的文学、艺术和科学作品所享有的权利。它是知识产权的一种形式，用于保护原创作品的独立性和创作权益。著作权覆盖了各种形式的创作，包括文学作品、音乐作品、艺术作品、戏剧作品、电影、软件、建筑设计等。

《中华人民共和国著作权法》（简称"《著作权法》"）是一种法律制度，旨在确保作者对其作品的合法权益，并促进文化创意的发展和保护。它规定了著作权的范围、保护期限、权利人的权利和义务，以及侵权行为的追究和赔偿等方面的规定。著作权涵盖了多项权利，包括发表权、署名权、修改权、保护作品完整权、复制权、发行权、出租权、展览权、表演权、放映权、广播权、信息网络传播权、摄制权、改编权、翻译权、汇编权等十七项权利。这些权利的存在旨在保护作者原始作品的完整性和权益。著作权的保护期限根据法律规定，为作者的一生加上去世后五十年。这意味着在这个期限内，他人不得未经著作权人授权擅自使用、复制、传播或修改该作品。在我国，著作权采用作品自动保护原则和自愿登记原则。即一旦作品创作完成，作者即享有著作权的保护，不受是否进行登记的影响。然而，自愿进行著作权登记后，可以作为证据使用，有助于维护作者的权益。中国版权保护中心被认定为软件登记机构，负责软件著作权的登记；其他类型作品的登记机构则由各省级版权局来承担。

随着数字技术的发展和互联网的普及，著作权法面临新的挑战，如在线传播、数字复制和网络侵权等问题。为了适应这些变化，各国纷纷进行著作权法的修订和完善，以确保著作权法的适用性和有效性。

专栏——"腾讯"告"腾迅"

天眼查APP显示，2021年7月26日，腾讯科技（深圳）有限公司等与远速修（天津）汽车科技有限公司等一审民事判决书公开。远速修公司曾用名为腾迅（天津）汽车科技有限公司。

腾讯公司请求法院判令远速修公司等立即停止侵害腾讯公司"企鹅"驰名商标专用权的行为，并赔偿腾讯公司经济损失及维权合理开支共计1 000万元。

被告远速修公司辩称，不同意腾讯公司的诉讼请求，请求驳回其诉讼请求。"企鹅快保"等商标不会造成相关公众的混淆误认。且远速修公司原名称系经工商部门核准登记，经营范围与腾讯公司不同，远速修公司基于对行政部门的信任使用"腾迅"二

字，没有搭便车的恶意，且现已更名。

裁判结果为被告远速修（天津）汽车科技有限公司于本判决生效之日起三十日内在《中国知识产权报》、腾讯网、新浪网上连续七日刊登声明，并赔偿原告深圳市腾讯计算机系统有限公司、原告腾讯科技（深圳）有限公司因不正当竞争行为造成的经济损失及维权费用共计30万元。

第五节 新企业设立流程

一、初创企业的类型

在成立新企业之前，创业者应该提前确定企业的法律组织形式。自1999年8月30日中华人民共和国第九届全国人民代表大会常务委员会第十一次会议通过《中华人民共和国个人独资企业法》以来，我国相继通过了《中华人民共和国公司法》（简称"《公司法》"）（2018年第四次修订）和《中华人民共和国合伙企业法》。这使得我国企业法律形式基本上与国际接轨。根据中外企业法律条款的规定，目前我国企业主要有三种基本的组织形式：个人独资企业、合伙企业和公司制企业（主要包括有限责任公司和股份有限公司）。

（1）个人独资企业。个人独资企业是指由个人独立承担经营责任、拥有全部投资收益和承担全部经营风险的企业。创业者可以以个人名义进行经营，灵活性较高，但个人独资企业的经营责任由个人承担，风险较大。

（2）合伙企业。合伙企业是指两个或两个以上的自然人或法人依照合伙协议共同出资、共同经营、共同承担风险和共享利益的企业形式。合伙企业可以根据合伙协议明确合伙人之间的权利和义务，适用于多个创业者共同经营的情况。

（3）公司制企业。公司制企业是指由多个股东共同出资组成，以营利为目的，在法律上独立存在的经济组织。其中，有限责任公司是指股东以其出资额限制对公司债务承担责任，股份有限公司则是指股东以其持有的股份比例享有公司利润分配权，并对公司债务承担有限责任。

不同的法律组织形式适用于不同的创业情况和经营需求。创业者需要综合考虑自身的资金规模、经营风险、经营方式等因素，选择适合自己的法律组织形式。同时，在选择和设立企业法律组织形式时，创业者也需要遵守相关的法律法规，确保合法经营，保护自身权益，并为企业的发展奠定良好的法律基础。

除了上述三种典型的企业类型，还有一种形式比较特殊的公司，即一人有限责任公司。一人有限责任公司（简称"一人公司"）是有限责任公司的一种形式，它在2005年10月27日第十届全国人民代表大会第十八次会议通过的新《公司法》中被引入。根据

2018年修订的《公司法》规定，一人有限公司是指只有一个自然人股东或者一个法人股东的有限责任公司。其基本特征包括：一个投资者是公司唯一的股东，构成特殊有限责任公司，公司对债务承担有限责任；一个自然人只能投资设立一个一人有限责任公司，该一人有限责任公司不能投资设立新的一人有限责任公司；公司财产与个人财产严格分开，一人有限责任公司的股东不能证明公司财产独立于股东自己的财产，应当对公司债务承担连带责任。

一人公司的合法化为创业者带来了很多便利，成为创立新企业的重要形式，大大促进了创业企业的形成。第一，一人公司允许和鼓励个人创业，降低了公司成立的门槛，扩大了就业机会，拓宽了就业渠道。第二，相较于个人独资企业，创业者面临的风险较小，一人公司承担有限责任，减轻了投资者的风险。作为有限责任公司，一人公司与业主制和合伙制不同，其主体是公司，仅承担有限责任，从而减轻了投资者与债权人的风险。第三，一人公司结构简单，经营机制灵活，增加了企业的灵活性。一人公司不需要股东大会和董事会，所有权和经营权合一，避免了代理成本，消除了所有者与经营者目标的差异，有利于企业迅速灵活地做出决策，更好地应对复杂多变的市场需求和外部环境变化。第四，一人公司有助于实现人力资本的价值，激励创新。一人公司的知识产权可以作为投资者持股等规定，主要鼓励具有科学技术和管理经验的知识分子创业，为技术型创业提供了良好的发展环境。

一人公司与个体工商户和个人独资企业等形式存在一定的相似之处，但不能混淆。它们在责任承担、税收、注册资本等方面存在明显差异，具体比较见表11-3所列。

（1）责任承担方面：个体工商户经营者对债务承担无限责任，风险较大；个人独资企业的投资人也对债务承担无限责任，风险较大；而一人公司的股东承担有限责任，风险相对较低。

（2）税收方面：个体工商户和个人独资企业的经营者需要按个人所得税规定缴纳税款，一人公司在企业无收入时无须缴纳税款。

（3）注册资本方面：个体工商户没有注册资本要求；个人独资企业也没有明确的注册资本要求；而一人公司需要满足最低注册资本10万元的要求。

总体来看，个体工商户的优点是门槛低，无注册资本要求，但经营者对债务承担无限责任，风险较大，此外，是否有收入均需缴纳税款；个人独资企业的优点是无收入时无须缴纳税款，但需要安排财务人员处理会计工作，投资人对债务承担无限责任，风险较大；一人公司的优点是无收入时无须缴纳税款，股东承担有限责任，风险较低，但也需要安排财务人员处理会计工作，同时需要满足最低注册资本要求为10万元。表11-3展示了不同企业的性质对比。

表 11-3　三种企业类型的常见区别

类型	个体工商户	个人独资企业	一人公司
税收	个体工商户按照所得税的适用税率缴纳税款,没有法人所得税的概念	个人独资企业按照所得税的适用税率缴纳税款,没有法人所得税的概念	一人公司作为独立法人,需要按照企业所得税的适用税率缴纳税款
责任	个体工商户的所有权和责任归个人所有,个人对企业的债务负有无限责任	个人独资企业的所有权和责任归个人所有,个人对企业的债务负有无限责任	一人公司作为独立法人,公司的债务责任限于注册资本,个人对企业的债务承担有限责任
注册资本	个体工商户没有注册资本的概念,无须注资	个人独资企业没有注册资本的概念,无须注资	一人公司需要设立注册资本,最低注册资本要求根据相关法律规定
法律地位	个体工商户没有独立法人地位,属于自然人经营的商业实体	个人独资企业没有独立法人地位,属于自然人经营的商业实体	一人公司具有独立法人地位,是一种独立的法律主体
成立流程	个体工商户的成立相对简单,需要申请工商营业执照即可	个人独资企业的成立相对简单,需要申请工商营业执照即可	一人公司的成立相对复杂,需要进行注册登记、注资等手续

二、新企业的设立

确定了企业的类型之后,还需要经过一系列的步骤才能完成初创企业的建立,整体流程上,新企业的设立流程可以概括为以下几个步骤。

(1) 制订商业计划。在设立新企业之前,创业者应该制订详细的商业计划,包括市场分析、竞争对手研究、财务预测等内容,以确保企业的可行性和盈利能力。

(2) 选择企业类型和名称。根据企业的经营性质和发展需求,选择适合的企业类型,如有限责任公司、股份有限公司等。同时,选择符合法律规定的企业名称,并确保名称的合法性和可注册性。

(3) 注册登记。进行企业注册登记,包括向相关政府部门提交注册申请,填写注册表格并提供必要的文件和资料,如身份证明、法人代表授权书、公司章程等。申请注册后,需缴纳相关费用并等待审批。

(4) 办理营业执照。经过注册登记审批后,取得企业法人营业执照,该执照是企业合法经营的凭证,其中包含了企业的基本信息和经营范围。

(5) 注册税务登记。根据企业的纳税义务,进行税务登记,获取税务登记证,以便按规定缴纳税款和办理相关税务事务。

(6) 开设银行账户。根据企业的需要,选择合适的银行,办理企业银行账户开户手续,以便进行资金管理和业务交易。

(7) 办理其他许可证和资质。根据企业所涉及的行业和业务特点,可能需要办理其他相关许可证和资质，如特种行业许可证、经营许可证等。

（8）建立企业管理体系。设立新企业后，建立适当的企业管理体系，包括人力资源管理、财务管理、市场营销等方面，确保企业的正常运营。

请注意，具体的设立流程可能因地区和国家的法规不同而有所差异，以上仅为一般性的步骤介绍，建议在实际操作中参考相关法律法规和当地政府的要求，并咨询专业人士的意见和指导。

专栏——个人独资企业一定做不大吗？

"华为"是由任正非于1987年创立的一家全球领先的信息和通信技术解决方案提供商，总部位于中国深圳。任正非本人是该公司的创始人和董事长，他以其领导才能和创业精神而广受赞誉。

"华为"最初是作为一家通信设备销售公司开始的，专注于为运营商提供通信网络设备。然而，随着时间的推移，该公司逐渐转型为研发和生产自己的通信设备，并拓展了业务领域，包括消费者设备（如智能手机）和企业解决方案。

该公司在创业初期面临了许多挑战，包括国内外市场竞争、技术创新和国际化等。然而，通过任正非的领导和团队的努力，以及对技术创新和市场需求的准确把握，"华为"逐渐获得了成功。

"华为"的商业模式是其成功的关键之一。该企业在通信设备领域投入大量的研发和创新，不断推出具有竞争力和高性能的产品，满足了运营商和企业客户的需求。同时，他们还注重与合作伙伴的合作，建立了全球范围内的合作网络，提供更全面的解决方案。

此外，"华为"在市场拓展和国际化方面取得了显著成果。他们积极参与全球市场竞争，与全球领先的运营商和企业建立了合作关系。"华为"通过不断扩大市场份额和国际业务，逐渐成为全球通信设备行业的领军企业之一。

"华为"的成功证明了个人独资企业在创业和发展过程中的潜力和机会。任正非作为创始人展现了出色的领导能力和战略眼光，带领团队不断创新和进取。他们的商业模式和全球化战略为"华为"的持续发展和国际影响力的提升做出了重要贡献。

资料来源：

张毅，闫强.后发企业技术创新的演化动力机制研究——以华为早期（1988—1995）研发为例[J].技术经济，2022，41（02）：38-49.

重要概念

创业融资　私人资本融资　机构融资　政府背景融资　债权融资　股权融资　专利　专利法　商标　商标法　著作权

复习思考题

1. 创业融资的意义是什么？为什么创业普遍需要融资？

2. 创业融资包括哪几种渠道？各有什么特点？

3. 创业融资包括哪些类型？各有什么特点？

4. 列举现实中一些创业融资中选错渠道和类型的案例。

5. 初创企业有哪些类型？列举不同类型中比较成功的企业。

6. 假如你要建立一家初创公司，你会选择哪种类型的公司以及融资渠道和类型？从法律和资质角度，需要准备什么？介绍申请的流程。

第十二章　商业计划书

学习目标

★ 了解商业计划书的用途。
★ 了解商业计划书的要素。
★ 熟悉商业计划书的结构规范和撰写原则。
★ 认识路演活动。

> **引例——Airbnb 的商业计划书**
>
> Airbnb（爱彼迎），是一家连接旅游人士和房主的服务型网站，让用户可以通过在线平台或手机应用程序发布、搜索并预订度假房屋租赁信息。它在191个国家的65 000个城市为旅行者提供数以百万计的独特住宿选择，无论是公寓、别墅、城堡还是树屋。《时代周刊》将其称为"住房界的eBay"。Airbnb在推广初期的商业计划书内容十分简洁、有说服力，长久以来都被创业圈津津乐道，成为人们口中著名的"14页PPT"。以下是Airbnb在2009年商业计划书中的内容。
>
> 1. 欢迎
> 我们是Airbnb，我们的目标是什么？
> Airbnb早期名为AirBed&Breakfast，提供充气床和早餐。我们的口号是"由当地人预订房间，而非酒店"，旨在提供具有情感共鸣且价格实惠的住宿选择。
>
> 2. 问题
> 描述客户所面临的痛点。
> 旅行者在线预订房间时非常关注价格。
> 酒店无法让我们直接体验当地文化。
> 直接向当地人预订房间或向旅行者出租房间过于复杂。
>
> 3. 解决方案
> 解释我们的产品定位和好处，通过Airbnb的平台，房东可以将自己的房间出租给旅行者。
> 优点：
> （1）旅行者可以省钱；
> （2）房东可以赚钱；
> （3）旅行者可以更直接地体验当地文化。
>
> 4. 市场验证
> 通过现有产品的数据证明市场的存在和需求。

Couchsurfing.com 已拥有 66 万用户。

每周在 Craigslist.com 上发布 5 万条临时房屋出租广告。

5. 市场规模

通过宏观数据估算未来的市场规模。

总市场规模：每年全球出行次数为 20 亿次，根据美国旅游协会和世界旅游组织数据。

可服务市场规模：在线订房次数为五亿六千万次。

市场份额：Airbnb 预计能达到的规模为 8400 万次预订，假设在 3 年内占据市场份额的 25%。

6. 产品

（1）展示产品的核心功能。

（2）按城市搜索。

（3）浏览可租房源。

（4）预订房间。

7. 商业模式

说明公司如何盈利。Airbnb 通过按订单收取 10% 的佣金来赚钱。

根据预估的每年 8400 万次预订交易规模：每次预订为期 3 晚，每晚 80 美元，Airbnb 平均每晚 70 美元，平均抽成 25 美元。

预计 3 年内的目标收入为 21 亿美元。

8. 推广策略

市场推广策略的说明。

定期举办活动营销，利用一些重大活动产生大量需求，如欧洲杯、奥运会等。

合作伙伴关系，与提供廉价平台的合作伙伴合作，实现用户匹配。

9. 竞争对手

竞争对手分析，通过价格和线上、线下模式两个维度将竞争对手划分为四个象限。

四个象限列举竞争对手，说明市场空间是否拥挤，是否已有巨头存在。

10. 竞争优势

列举我们的竞争优势。

市场：我们是独一无二的，市场中没有类似的产品，用户切换成本低，占据用户心智的成本较低。

对于房东：

（1）相较于 Couchsurfing.com，能获得更多收入；

（2）操作更便捷，与在 Craigslist 上每天发布信息相比。

对于旅行者：

（1）使用方便：按价格、位置、时间搜索；

（2）更可靠：可查看房东信息，点击几次即可预订。

(3) 更吸引人，更容易占据用户心智。
11. 团队
介绍团队成员，主要介绍公司的核心领导和取得的成就。
12. 媒体报道
展示一些媒体的评价，作为背书。
13. 用户见证
用户反馈，讲述感人的故事，通过故事验证痛点得到解决，解决方案带来新的用户价值。
14. 财务
融资需求和目标。计划融资50万美元，支持未来12个月的产品研发、市场费用、人力费用等。目标是达到8万次交易，实现200万美元的收入。

第一节　商业计划书内涵与用途

一、商业计划书的内涵

商业计划书是创业者或企业经营者为了开展新项目或扩大现有业务而编制的一份详细计划文件。它包含了对企业经营活动的全面规划和战略，以及相关的市场分析、财务预测和实施方案等。撰写商业计划的主要原因可以归结为两个方面：促使创业者进行系统思考和向其他个人或组织介绍创业项目。

1. 促使创业者进行系统思考

商业计划的撰写过程需要创业者对创业项目进行全面、系统的思考和分析。在编写商业计划的过程中，创业者需要对项目的各个方面进行深入研究，包括市场、产品、竞争对手、目标客户、财务预测等。这个过程迫使创业者思考项目的核心问题、目标和战略，并确保项目的可行性和可持续性。创业者通过撰写商业计划，可以对项目进行全面的思考，找到项目的优势和劣势，并制定相应的应对策略。

2. 向其他个人或组织介绍创业项目

商业计划是创业者向投资者、合作伙伴、银行或其他潜在利益相关者介绍创业项目的重要工具。商业计划提供了关于项目的详细信息和数据，包括市场分析、产品描述、财务预测等，使其他人能够全面了解创业项目的商业机会和潜力。创业者通过商业计划，可以向潜在投资者展示项目的价值和回报，争取资金支持；向合作伙伴介绍项目的合作机会；向银行申请贷款等。商业计划提供了一个清晰的框架，使其他人能够评估项目的可行性、风险和潜在价值。

总之，商业计划的撰写迫使创业者进行系统思考和全面分析，帮助他们梳理创业项目的方方面面。同时，商业计划也是创业者向其他个人或组织介绍项目的重要工具，通过商业计划，创业者可以向潜在利益相关者传达项目的商业机会和价值，争取支持和合作机会。

二、商业计划书的用途

从外部效果来看，商业计划书的用途如下。

（1）吸引投资者。商业计划书是向投资者展示企业潜力和价值的关键工具。它提供了关于市场、产品、财务等方面的详细信息，能够吸引潜在投资者的兴趣，并帮助他们评估投资的可行性和回报。

（2）筹集资金。商业计划书是申请贷款或寻求投资的重要依据。银行或投资机构通常要求创业者提供商业计划书，以评估项目的风险和可行性，并决定是否提供资金支持。

（3）决策指南。商业计划书为企业经营者提供了一个全面的指南，帮助他们在企业发展的各个方面做出决策。它对市场、竞争、财务等方面进行了分析和预测，为经营者提供了决策的依据。

（4）内部沟通和团队合作。商业计划书可以作为内部沟通和团队合作的工具，使团队成员对企业的战略目标、市场定位和发展计划有清晰的了解，促进团队协作和目标一致。

（5）监督和评估。商业计划书为企业设定了明确的目标和指标，可用于监督和评估企业的绩效。与实际业绩进行比较，可以及时调整策略和计划，以确保企业朝着预期的方向前进。

总之，商业计划书是创业者或企业经营者在制定企业战略和规划未来发展时的重要工具。它提供了一个系统性的框架，帮助创业者思考和规划各个方面的问题，并向利益相关者传达企业的价值主张和商业机会。

第二节　商业计划书要素与规范

一、商业计划书的要素

商业计划通常包含以下核心要素，见表12-1所列。

表12-1　商业计划的核心要素

要素	简介
执行摘要	对商业计划的概要进行简明扼要的描述，包括企业的使命、目标、核心优势和预期成果等
公司概述	介绍创业企业的基本信息，包括企业的名称、法律组织形式、创始人及管理团队的背景，以及企业的使命、愿景和价值观等
产品或服务描述	详细描述企业所提供的产品或服务，包括产品的特点、功能、优势，以及如何满足目标市场的需求
市场分析	对目标市场进行全面分析，包括市场规模、增长趋势、竞争对手、目标客户群体、市场需求等

续表

要素	简介
销售和营销策略	说明如何推广和销售产品或服务，包括目标客户的定位、市场定位策略、定价策略、渠道策略、促销活动等
经营模式	阐述企业的运营方式和盈利模式，包括收入来源、成本结构、利润预测等，以展示企业的商业可行性
组织和管理	介绍企业的组织结构、管理团队成员及其职责，展示创业团队的能力和经验
财务计划	包括资金需求、预期收入、费用和成本、财务指标、现金流量预测、盈利能力分析等，以评估企业的财务可行性和可持续性
风险管理	识别并分析可能面临的风险和挑战，提供相应的应对策略和措施，以降低风险并保护企业利益
时间表和里程碑	列出企业的发展计划和关键阶段，包括产品开发、市场推广、财务目标等，以实现企业的目标

1. 执行摘要

执行摘要是对商业计划的概要进行简明扼要的描述，包括企业的使命、目标、核心优势和预期成果等。执行摘要是商业计划中的关键部分，它是对整个商业计划的概要描述，旨在吸引读者的注意并提供对创业项目的全面理解。执行摘要通常位于商业计划的开头，但是它的撰写常常在商业计划的编写完成后进行，以确保准确而有吸引力地呈现。

在执行摘要中，创业者需要简洁明了地介绍创业项目的核心内容，包括企业的使命、目标、核心优势以及预期成果。以下是执行摘要中应包含的要素：

（1）企业使命：阐明企业存在的目的和价值观，表达企业的核心宗旨和长远目标；

（2）目标和愿景：明确企业的短期和长期目标，包括市场份额、收入增长、用户数等可衡量的目标，并描述企业的愿景和期望；

（3）核心优势：突出企业相对于竞争对手的独特优势和价值主张，强调产品或服务的特点、创新之处以及为客户带来的价值；

（4）目标市场：简要描述目标市场的规模、增长趋势和关键特征，说明企业如何满足市场需求并获得竞争优势；

（5）产品或服务概述：简要介绍企业所提供的产品或服务，包括其功能、特点和优势，以及如何解决目标市场的问题或需求；

（6）市场策略：概述企业的市场推广和销售策略，包括目标客户群体、市场定位、渠道策略和促销活动，以展示企业如何获取客户和增加市场份额；

（7）财务概述：提供简要的财务信息，如预计收入、成本和利润，以及资金需求和预期回报，以证明企业的财务可行性。

执行摘要应该具备简明扼要的特点，能够在几页之内传达出企业的核心信息，并激发读者的兴趣。它是商业计划的门面，创业者应该花费足够的时间和精力来撰写一个引人注目且准确表达企业价值的执行摘要。

2. 公司概述

公司概述（Company Overview）是商业计划中的一个重要部分，它提供了关于创业企业的基本信息和背景，让读者对企业有一个整体的了解。在商业计划中，公司概述通常以一个自然段的形式进行介绍。公司概述是创业者向潜在投资者、合作伙伴或其他利益相关者介绍创业企业的起点和目标的机会。它是商业计划的开篇之处，旨在引起读者的兴趣并提供背景信息。

在公司概述中，首先需要提供创业企业的名称和法律组织形式，以确保读者对企业的身份有所了解。接下来，介绍创业企业的使命、愿景和价值观，以展示企业的核心价值和长远目标。这些信息帮助读者了解企业的定位和意义，以及企业在市场中的独特性和竞争优势。

此外，公司概述还应介绍创业者和管理团队成员的背景和经验，以证明团队的能力和专业知识。创业者可以介绍自己的创业历程、行业经验和成功案例，以及其他团队成员的相关背景和专长。这有助于建立读者对团队的信任和信心，使其相信团队能够成功执行商业计划。

综上所述，公司概述在商业计划中扮演着关键的角色，通过提供创业企业的基本信息、使命和愿景、管理团队的背景等方面的介绍，吸引读者的兴趣，并让其对企业的潜力和前景产生兴趣。它是商业计划的开篇之处，为后续内容的阐述和论证提供了基础和背景。

3. 产品或服务描述

产品或服务描述（Product or Service Description）是详细描述企业所提供的产品或服务，包括产品的特点、功能、优势，以及如何满足目标市场的需求。在商业计划中，产品或服务描述是一个关键部分，它旨在详细描述创业企业所提供的产品或服务。产品或服务描述需要清晰地表达出产品或服务的特点、功能和优势，以及如何满足目标市场的需求。在产品或服务描述中，首先需要明确产品或服务的核心功能和特点。描述产品或服务的独特之处，强调它们相较于竞争对手的优势。例如，如果是一款新型手机应用程序，可以强调其创新功能、用户友好的界面设计以及与现有应用不同的独特功能。

接下来，应该详细说明产品或服务的主要功能和用途。列出产品或服务的各项功能，并解释每个功能对目标用户的益处和实际应用场景。以实例或案例来说明，让读者更好地理解产品或服务的实际运作方式和效果。例如，如果是一家提供智能家居解决方案的公司，可以描述各个设备之间的互联互通，以及如何通过手机应用程序实现对家居设备的远程控制。

此外，还应该突出产品或服务的核心优势。与竞争对手进行比较，并说明为何消费者应该选择自己的产品或服务。强调产品或服务的独特卖点和竞争优势，比如价格竞争力、更高的性能或品质、更好的用户体验等。

最后，要描述产品或服务的发展计划和未来增值。说明产品或服务的升级或改进计划，以满足市场的不断变化和用户的需求。讨论产品或服务的未来发展潜力，包括进入新市场、扩大产品线或提供增值服务等方面的计划。

总体而言，产品或服务描述应该清晰、具体、有吸引力，能够让读者充分理解并认同产品或服务的独特价值和市场潜力。详细的描述可展示产品或服务的优势，激发投资者或合作伙伴的兴趣，并为企业的成功打下坚实的基础。

4. 市场分析

市场分析（Market Analysis）是对目标市场进行全面分析，包括市场规模、增长趋势、竞争对手、目标客户群体、市场需求等，还可以包括SWOT分析，即企业的优势、劣势、机会和威胁。市场分析在商业计划中扮演着重要的角色，它提供了对目标市场的深入了解，为创业者提供了关键的信息。市场分析旨在评估市场的规模、增长趋势、竞争状况、目标客户需求以及市场的机会和挑战。

首先，市场分析需要确定目标市场的规模和增长趋势。创业者可以通过收集市场数据和研究行业报告，了解所涉及市场的总体规模和预期增长率。这有助于确定市场的潜在机会，并确定企业在市场中的定位和竞争优势。

其次，市场分析需要研究竞争对手和市场竞争状况。创业者需要了解目标市场上已存在的竞争对手，包括其产品或服务、定价策略、销售渠道等方面的信息。这有助于评估市场的竞争激烈程度以及如何与竞争对手区分开来，找到自己的市场定位和竞争优势。

接下来，市场分析需要深入了解目标客户群体和其需求。创业者可以通过市场调研和分析，了解目标客户的特征、行为、偏好和需求。这有助于精确定义目标客户，并针对其需求设计和定位产品或服务，提供与市场需求相匹配的解决方案。

此外，市场分析还需要考虑市场的机会和挑战。创业者应该评估市场中的趋势和变化，了解新兴技术、法规政策、消费者趋势等对市场的影响。同时，也要识别市场中可能存在的障碍和风险，如市场准入难度、供应链问题、经济波动等，并制定相应的策略应对挑战。

综上所述，市场分析是商业计划中不可或缺的一部分，它提供了对目标市场的深入认识，帮助创业者制定合理的市场策略和业务决策。创业者通过市场分析，能够更好地理解市场需求、竞争状况和潜在机会，为企业的成功打下坚实的基础。

5. 销售和营销策略

销售和营销策略（Sales and Marketing Strategy）：说明如何推广和销售产品或服务，包括目标客户的定位、市场定位策略、定价策略、渠道策略、促销活动等。销售和营销策略在商业计划中扮演着关键的角色，它们是推动企业发展和实现销售目标的重要手段。销售和营销策略旨在有效地促进产品或服务的推广和销售，吸引目标客户，建立品牌认知度，并与竞争对手区分开来。销售和营销策略的核心是深入了解目标市场和客户需求。企业通过市场研究和分析，可以确定目标客户群体，了解他们的需求、偏好和行为，以便开展有针对性的销售和营销活动。在商业计划中，销售和营销策略通常包括以下要素。

首先，市场定位是销售和营销策略的基础。企业需要明确自己在目标市场中的定位，即通过确定自己的目标客户、产品或服务的独特卖点以及竞争优势，来与竞争对手区分开来。

其次，销售渠道的选择和建立是至关重要的。企业需要确定最有效的销售渠道，包括直销、代理商、分销商、在线销售等,并确保建立稳定的合作关系,以确保产品或服务能够迅速地触达目标客户。

此外,定价策略也是销售和营销策略的重要组成部分。企业需要根据市场需求、产品或服务的独特价值和成本等因素,确定适当的定价策略,以实现利润最大化和市场份额的增长。

最后,市场营销的监测和评估是销售和营销策略的关键环节。企业需要建立有效的指标和评估体系,定期监测销售业绩、市场份额和客户反馈等数据,以便及时调整策略并做出决策,以实现销售目标的持续增长。

商业计划中的销售和营销策略是为了在竞争激烈的市场中推广和销售产品或服务,吸引目标客户,建立品牌认知度,并实现企业的销售目标。企业通过深入了解目标市场和客户需求,并确定合适的市场定位、销售渠道、定价策略和促销活动,可以在市场中取得竞争优势,实现可持续的商业成功。

6. 经营模式

经营模式(Business Model)是阐述企业的运营方式和盈利模式,包括收入来源、成本结构、利润预测等,以展示企业的商业可行性。商业计划中的经营模式是描述企业如何创造和交付价值、实现盈利的核心部分。它涵盖了企业的运营方式、盈利模式以及价值创造和交付的关键要素。

经营模式是企业如何将资源、能力和市场需求结合起来,以产生持续的商业成功。它反映了企业的商业逻辑和运营策略,为企业提供了实现可持续竞争优势的框架。

在商业计划中,经营模式的描述通常包括以下几个方面。

(1)价值主张。说明企业提供的产品或服务的独特价值,以及如何满足目标客户的需求和解决其问题。这涉及产品或服务的特点、功能、性能优势等方面的描述。

(2)客户群体。明确目标客户是谁,他们的特征和需求是什么。这有助于企业更好地了解目标市场,精确定位自己的目标客户群体,并为其提供有针对性的产品或服务。

(3)渠道策略。描述企业如何将产品或服务传达给目标客户,包括销售渠道、分销策略、推广方式等。这涉及企业与供应链、分销商、合作伙伴之间的关系。

(4)收入来源。说明企业的盈利模式,即如何从产品或服务中获得收入。这可以是销售商品、提供订阅服务、广告收入等不同形式的盈利方式。

(5)成本结构。描述企业的成本组成和开支,包括生产成本、人力资源、市场营销费用、研发费用等。这有助于企业评估盈利能力、控制成本,并制定可行的定价策略。

(6)竞争优势。阐述企业相对于竞争对手的优势和差异化策略。这可以是独特的技术专长、创新的产品设计、良好的客户关系、低成本优势等方面。

(7)价值链分析。描述企业在产品或服务的创造、交付和支持过程中的关键活动和合作伙伴。这有助于企业理解价值链的各个环节,优化资源配置和运作效率。

经营模式的描述应该具体、清晰,并与商业计划的其他要素相互配合,形成一个完整的整体。它不仅有助于创业者更好地理解自己的商业模式,还能向投资者、合作伙伴和利益相关方传达企业的商业价值和潜力。

7. 组织和管理

组织和管理（Organization and Management）用来介绍企业的组织结构、管理团队成员及其职责，展示创业团队的能力和经验。商业计划中的组织和管理部分是对创业企业的组织结构和管理团队进行详细描述。这一部分的目的是向读者展示创业团队的能力、经验和组织结构，以确保企业能够有效地实施商业计划并取得成功。

在组织和管理部分，首先介绍创业企业的组织结构。这包括说明企业的法律组织形式，例如有限责任公司（LLC）或股份有限公司（Inc.），以及企业内部的职能部门和职位。描述企业的组织结构有助于读者理解各个部门之间的关系和责任划分。

接下来，商业计划需要详细介绍创业团队的成员和背景。这包括创始人、高级管理人员和关键团队成员。对每个成员，应提供其姓名、职务、工作经验、专业背景和任职历史等信息。重点突出团队成员的相关技能、行业经验和创业背景，以展示团队的实力和适应能力。

除了个人的介绍，还应该说明团队成员之间的协作方式和沟通渠道。描述团队成员之间的合作关系，包括沟通方式、决策流程和团队文化。强调团队的协作能力和共同目标，以展示企业内部的良好工作氛围和有效的管理体系。

此外，商业计划还可以提及顾问和外部合作伙伴的角色。如果企业有顾问或合作伙伴提供支持和专业知识，应描述他们的背景和职责，并解释他们与企业的合作方式。

最后，商业计划中的组织和管理部分应强调团队的核心竞争力和管理优势。阐述创业团队的专业知识、行业洞察力和领导能力，以展示企业在市场中的竞争优势和管理实力。强调团队成员的成功经验和创新思维，以增加读者对企业的信心和兴趣。

商业计划详细介绍组织和管理部分，能够向读者清晰地展示创业企业的组织结构、团队成员和管理能力。这有助于读者了解企业的管理架构、团队的实力和协作能力，进而对企业的可行性和成功潜力产生信心。

8. 财务计划

财务计划（Financial Plan）包括资金需求、预期收入、费用和成本、财务指标、现金流量预测、盈利能力分析等，以评估企业的财务可行性和可持续性。商业计划中的财务计划是创业者向投资者和其他利益相关方展示企业财务可行性和可持续性的关键部分。财务计划旨在详细描述企业的资金需求、预期收入、费用和成本、财务指标、现金流量预测以及盈利能力分析等重要信息。

首先，在财务计划中，创业者需要明确企业的资金需求。这包括启动阶段所需的初期投资、运营资金和未来发展的资金预估。创业者需要准确估计资金需求，确保企业能够正常运营并实现发展目标。

其次，财务计划还需要提供关于预期收入的详细信息。创业者应该描述企业的产品或服务定价策略，市场销售预期和销售量预测。这将帮助投资者了解企业的市场潜力和盈利能力，并评估企业的收入来源。

同时，费用和成本也是财务计划中的重要组成部分。创业者需要列出各项费用，包括生产成本、运营费用、人力资源费用、市场推广费用等。这有助于投资者了解企业的开支情况，并评估企业的经营成本和盈利潜力。财务指标在商业计划中也起着重要作用。创业者应该列出一系列财务指标，如利润率、毛利率、资产回报率等，以评估企业的财务表现和盈利能力。这些指标可以用于衡量企业的盈利能力和经营效率，为投资者提供重要的决策依据。

此外，现金流量预测是财务计划中不可忽视的部分。创业者需要提供详细的现金流量表，展示企业在特定时间段内的现金流入和流出情况。这将帮助投资者了解企业的资金状况、支付能力和经营稳定性。

最后，财务计划还需要进行盈利能力分析。创业者可以利用财务模型和预测数据进行盈利能力分析，包括利润预测、收益增长率、回报期等。这有助于投资者评估企业的盈利潜力和投资回报率，并决定是否投资于该项目。

商业计划中的财务计划提供了关于企业财务方面的重要信息，帮助投资者全面了解企业的财务状况、盈利能力和可持续性。创业者应该通过准确的数据和合理的分析，展示企业的财务可行性，提高投资者对项目的信心，并促使他们做出投资决策。

9. 风险管理

风险管理（Risk Management）是识别并分析可能面临的风险和挑战，提供相应的应对策略和措施，以降低风险并保护企业利益。商业计划中的风险管理是为了识别、评估和应对可能影响创业项目成功的各种风险和挑战。它是商业计划中至关重要的一部分，旨在保护企业利益、降低风险，并提供灵活的应对策略。在商业计划中，风险管理部分通常会对潜在风险进行全面的分析和评估。这包括但不限于市场竞争风险、技术风险、法律和政策风险、财务风险、供应链风险以及人力资源风险等。创业者通过深入分析和了解这些风险，能够更好地预见可能的问题，并采取相应的预防和控制措施。

风险管理还包括确定应对策略和措施的过程。这包括制订风险应对计划，明确如何应对不同类型的风险，并建立相应的应急机制。创业者需要考虑采取的风险规避策略、降低风险的方法以及处理潜在风险的灵活性。同时，制定明确的责任和监控机制，以确保风险管理措施的有效执行。

风险管理还需要强调风险监控和评估的重要性。这包括建立监测和评估风险的机制，及时发现和解决可能的问题，并及时调整应对策略。创业者通过不断监控风险情况，可以及时作出决策，以保证企业在不可预见的情况下能够快速应对和适应变化。

商业计划中的风险管理是为了全面了解和应对潜在风险，确保创业项目的成功和可持续发展。它需要创业者进行深入的风险分析、制定明确的应对策略，并建立有效的监控和评估机制。创业者通过有效的风险管理，能够更好地应对挑战，降低风险，并增加企业的成功机会。

10. 时间表和里程碑

时间表和里程碑（Timetable and Milestones）要求列出企业的发展计划和关键阶段，

包括产品开发、市场推广、财务目标等，以实现企业的目标。商业计划中的时间表和里程碑是为了规划和跟踪企业发展过程中的关键阶段和时间节点。它们在商业计划中扮演着重要的角色，帮助创业者和相关利益相关方了解企业的发展进度和达成目标的时间安排。

时间表是指整个创业项目的时间安排表，涵盖了从项目启动到完成各项任务所需的时间范围。它以时间为基准，按照逻辑顺序列出了项目的各个阶段和活动，并指明了开始和结束的日期或时间段。时间表通常以年、季度、月份或周为单位，具体取决于项目的复杂程度和时间跨度。时间表的编制需要考虑各项任务的优先级、依赖关系和可行性，以确保项目的有序进行。

里程碑是时间表中的重要节点，代表着企业发展过程中的关键阶段或重要事件。它们通常与项目的关键目标、重大决策或重要里程碑相关联。里程碑可以是完成产品开发的关键里程碑、达到市场份额目标的里程碑、获得投资的里程碑等。每个里程碑都需要具体的描述和明确的达成标准，以便创业者和利益相关方能够评估企业的进展和达成目标的情况。

时间表和里程碑在商业计划中的作用是多方面的。首先，它们帮助创业者和团队制定明确的时间目标，提供了实现企业发展的时间框架和时间参考。其次，时间表和里程碑为投资者、合作伙伴和其他利益相关方提供了对企业发展进展的了解，增加了对项目的透明度和可信度。此外，时间表和里程碑还有助于创业者和团队进行项目管理，跟踪进展、识别问题并及时调整计划。

编写时间表和里程碑时，创业者应该考虑项目的复杂性、资源可用性、市场需求和竞争环境等因素。合理的时间安排和明确的里程碑可以提高项目的可行性和成功的概率，并为企业的发展提供清晰的路线图。

以上是商业计划中常见的要素或核心内容，具体可以根据不同的业务模式和行业特点进行调整和补充。商业计划的目的是全面评估和展示创业项目的可行性，并吸引潜在投资者、合作伙伴和利益相关者的支持和关注。

二、商业计划书的结构规范

商业计划书是一份详细描述创业项目的文件，具备一定的格式和编写规范，以确保信息清晰、结构合理。下面是商业计划书的一般格式。

（1）封面和标题页。商业计划书的封面应包含创业项目的名称、创业者的姓名和联系信息等基本信息。标题页应包含创业项目的名称和日期等。

（2）目录。提供商业计划书中各个部分的章节标题和相应的页码，以便读者快速导航。

（3）概述和执行摘要。概述部分是商业计划书的开篇，简要介绍创业项目的核心内容、目标和战略。执行摘要是对整个商业计划的总结，概括项目的商业机会、竞争优势、市场前景和财务预测等。

（4）公司简介。介绍创业公司的背景信息，包括公司名称、注册信息、法律地位、组织结构、团队成员和管理层等。

（5）市场分析。对目标市场进行详细分析，包括市场规模、增长趋势、竞争对手、目标客户群体和市场细分等。此部分还可以包括消费者洞察、市场调研数据和竞争分析等信息。

（6）产品或服务描述。详细描述创业项目的产品或服务，包括特点、功能、优势、技术特点和知识产权等。

（7）销售和市场营销策略。说明销售和市场推广的策略和计划，包括定价策略、分销渠道、市场推广活动、销售预测和客户关系管理等。

（8）经营模式和运营计划。解释创业公司的经营模式和运营计划，包括生产或服务流程、供应链管理、设备和人力资源等。

（9）组织和管理团队。介绍创业公司的组织结构和管理团队，包括创始人、高管团队和关键团队成员的背景和经验。

（10）财务计划和预测。提供财务信息和预测，包括资金需求、资金来源、收入预测、成本结构、利润预测、现金流量和财务指标等。

（11）风险评估和管理。评估创业项目可能面临的风险和挑战，并提供相应的风险管理策略和解决方案。

（12）附录。包括支持文件、调研数据、市场报告、合同范本、营销资料、财务报表和其他相关资料的附录部分。

商业计划书的一般格式和编写规范非常重要。首先，商业计划书应该以整齐、专业的外观呈现。使用统一的格式、字体和排版，保持文档的整洁和可读性。可以考虑使用封面和标题页来展示基本信息，并使用目录方便读者查阅。

其次，商业计划书应该尽可能简短明了。一般来说，商业计划书的篇幅不宜超过50页，越简洁越好。商业计划的主要目标是以清晰的方式回答与新技术或产品开发相关的核心问题。读者通常是忙碌且经验丰富的人，他们知道如何识别商业计划中的关键问题。

此外，商业计划书应该呈现出规范的商业文件的风格，而不是过分夸张或使用过于艳丽的图例或文字描述。商业计划书是创业者向风险投资者、银行家和其他可能支持创业企业的人留下的第一印象，因此应以认真负责的态度编写，并智慧地展示创业企业的价值和优势。

总之，编写商业计划书需要遵循适当的格式和规范，以确保内容清晰、易读，并给读者留下积极的印象。商业计划书的编写过程应该注重细节，充分准备，并与其他文档相配合，以展示创业项目的潜力和吸引力。

专栏——谷歌的商业计划书

1998年，斯坦福大学的两位博士生拉里·佩奇（Larry Page）和谢尔盖·布林（Sergey Brin）撰写了一份名为《谷歌：全球性搜索引擎的商业化》（Google: A Global Search Engine with Business Commercialization）的商业计划书。这份计划书描述了他们的愿景和创业计划，预示了谷歌的未来成功。

在商业计划书中，佩奇和布林详细介绍了他们打造一个高效、准确且易于使用的全球性搜索引擎的愿景。他们提出了一种创新的搜索引擎算法，通过分析网页之间的链接关系来确定网页的相关性和排名。

商业计划书还强调了用户体验的重要性，提出了一种简洁、无广告干扰的搜索结果页面，以及快速响应和可靠性的搜索服务。此外，他们还探讨了商业化的方法，包括广告和合作伙伴关系，以实现盈利。

这份商业计划书得到了斯坦福大学教授、天使投资者和创业导师大卫·谢瑞登（David Cheriton）的赞赏和支持。谢瑞登教授相信佩奇和布林的愿景和创新思维，并成为谷歌第一位投资者之一。

商业计划书成为谷歌创业早期的指南，帮助佩奇和布林获得了初步的融资和资源支持。随着时间的推移，谷歌逐渐发展壮大，成为全球最大的互联网公司之一，提供了广泛的在线产品和服务，包括搜索引擎、在线广告、云计算和人工智能等领域。

谷歌的商业计划书故事展示了创业者如何通过清晰的愿景、创新的技术和商业模式以及正确的投资者支持，在竞争激烈的市场中取得成功。这份商业计划书奠定了谷歌的基础，引领了互联网搜索和在线服务的革新。

第三节　商业计划书撰写原则与技巧

一、商业计划书的撰写原则

通常而言，商业计划书的目标读者就是投资人群体。因此，从投资者的视角去撰写有吸引力的商业计划书可谓是撰写的第一原则，或者可称为"元原则"。具体而言撰写商业计划书时需要遵循以下三方面的原则，以吸引他们并获得投资者的认可。

（1）有吸引力。商业计划书应该具备吸引力，以引起投资人的兴趣。使用有吸引力的标题和开篇语句，突出项目的独特性和潜在利益。设计精美的封面和版式，使用合适的图表、图像和视觉元素，使整个计划书看起来专业而吸引人。

（2）体现管理团队以及市场机会的价值。投资人关注的核心要素之一是管理团队的能力和经验。商业计划书应该清晰地介绍管理团队的背景、专业知识和成功经历，以展示他们的能力和信任度。此外，计划书还应详细描述市场机会的价值和潜力，包括市场规模、增长趋势、目标客户群体和竞争优势等方面，以证明项目的可行性和投资回报。

（3）体现真实性。商业计划书必须体现真实性，即提供准确、可靠的信息和数据。投资人希望看到可信度高的市场调研数据、财务预测和风险评估。确保商业计划中的陈述和承诺可靠可行，避免夸大和虚假陈述。提供支持数据和参考资料，如市场研究报告、行业分析和财务报表，以证明所述内容的真实性。

撰写商业计划书时需要注重吸引力、体现管理团队和市场机会的价值以及保持真实性。这些原则将帮助吸引投资人的注意力，使他们对项目产生兴趣，并获得他们的认可和支持。

二、商业计划书的撰写技巧

1. 计划书的结构和体例

多年来,商业计划的结构和体例已经相对固定。尽管没有硬性规定,但创业者在撰写商业计划时应避免过度偏离一般结构和格式,同时也不应简单地套用商业计划软件包提供的样板文件。创新固然重要,但商业计划必须以特定市场调研数据和实际事实为基础,充分展示创业企业的可预测性和创业者的激情。

在商业计划的体例方面也需要下一定的功夫。封面和封底的设计应看上去精致而不浮华,可以采用透明的封面和封底来包装计划书。使用文字处理工具时,不应过度使用粗体字、斜体字、不恰当的字体大小和颜色等,以免给计划书带来不专业的印象。然而,在一些细节上的用心可以展现出撰写人的专注和细致。例如,如果企业拥有设计精美的标识(logo),应将其放置在计划书封面页和每一页的页眉上,同时可以进行一些图表颜色与徽标的匹配设计,这不仅显示了撰写人的用心,还能吸引读者的注意,给人留下深刻的印象。

撰写人应按照商业计划的一般格式逐项检查,确保没有任何遗漏和错误。有时候,一些商业计划竟然在封面上漏掉了联系方式,缺少封面页,或者存在明显的排印错误。这些小疏漏会使投资人认为准创业者不够细心、不负责任、准备不充分,进而对其投资决策产生影响。

因此,撰写商业计划时应遵循适当的结构和体例,同时注重细节和准确性。商业计划书的整体形象应显得专业而吸引人,同时要确保内容准确、可靠,以获得投资人的信任和支持。

2. 计划书的内容设计

根据前文的撰写原则,商业计划的内容应该建立在市场调研或其他可靠来源的真实数据基础上。因此,在编写正文过程中,可以先组织撰写顾客和市场分析这一部分,再结合企业发展目标编写产品开发以及财务等信息。然而,在实践中,创业者往往会在财务部分花费大量时间,详细描述财务计划,而忽略了市场调研,这是不可取的。商业计划的内容撰写应该是一个有序的过程,随着撰写工作的深入,创业者会逐渐获取更多、更具体的市场和潜在顾客等相关信息。这时候,商业计划也需要相应地进行调整。甚至随着创业者掌握越来越多的相关信息,个人的目标和追求可能会发生改变,这些都会影响到企业所有权方式、销售预期、盈利预期以及融资方式等方面的决策。因此,商业计划的内容设计是一个动态的过程,需要随时进行调整。

在这个过程中,创业者需要以坦诚的态度和开放的心态来不断修改和完善商业计划。商业计划涉及的相关信息可以通过多种方式获取,如市场调研、行业数据、专家咨询等。具体采用的方式可能会因技术和市场的新颖性而有所差异。例如,在面对新市场和新技术时,可能没有现成的行业信息可供参考,这就需要创业者花费精力和时间进行市场调研。

第十二章 商业计划书

无论商业计划的其他部分有多出色，一定要绝对避免那些可能导致计划被拒绝的错误。即使只犯其中一个错误，也会极大地降低从经验丰富的投资者那里获得支持的可能性。因此，商业计划书的内容设计与组织需要充分考虑市场调研和真实数据，不断调整和完善。同时，创业者应以坦诚和开放的态度对待计划的修改，并通过多种方式获取相关信息，确保商业计划的可信度和吸引力，以获得投资人的认可和支持。

专栏——美团的商业计划书

美团点评成立于2010年，是中国领先的在线外卖订餐平台和生活服务平台。它由王兴创立，最初的商业计划书是基于王兴对中国消费者外卖需求的洞察和对互联网技术应用的创新思考而制定的。

在商业计划书中，王兴提出了一个基于移动互联网的新型外卖和生活服务平台的概念。他认识到中国消费者对外卖服务的需求不断增长，同时也意识到传统的电话订餐方式存在效率低下和服务体验差的问题。因此，他构想了一个基于移动互联网的平台，通过在线点餐、配送和评价系统，提供便捷、高效和优质的外卖服务。

在商业计划书中，王兴详细描述了平台的运作方式和商业模式。他提出了与餐厅和外卖配送员建立合作关系的计划，并详细规划了用户注册、订单处理和支付等关键流程。此外，他还强调了用户体验的重要性，提出了建立用户评价和反馈机制的计划，以不断改进服务质量和提高用户满意度。

商业计划书还包含了市场分析、竞争对手分析和财务预测等内容。王兴详细研究了中国外卖市场的规模和增长趋势，并提出了进一步拓展到生活服务领域的战略。他对竞争对手的分析有针对性地提出了差异化竞争策略，以在激烈竞争的市场中取得优势。

商业计划书最终获得了投资者的认可和支持，美团点评得到了初期的资金注入和资源支持。随着公司的发展，美团点评逐渐成为中国领先的外卖订餐平台和生活服务平台，提供包括外卖、酒店预订、电影票务等多种服务。

美团点评的商业计划书的成功在于王兴对市场需求的准确把握和对移动互联网技术的应用创新。他通过商业计划书清晰地展示了公司的商业模式、市场竞争优势和增长潜力，使投资者对公司的前景充满信心。随着商业计划书的实施，美团点评成功地打造了一个影响力巨大的在线生活服务平台，并在中国市场取得了巨大的成功。

资料来源：

[1] 孔蕾蕾, 邵希娟. 商业计划书财务分析中的常见问题及对策 [J]. 财会月刊, 2008, （36）: 42-43.

[2] 张江涛, 陈华, 张亚静. 商业计划书编制的一般内容 [J]. 网络财富, 2009, （04）: 52-53.

[3] 张越. 美团点评：做使命驱动的社会企业 [J]. 中关村, 2017, （12）: 46-47.

[4] 李开孟. 企业投资项目商业计划书的编制和评估 [J]. 中国投资, 2007, （08）: 102-105.

[5] 赵静, 袁霞光. 商业计划书对于企业融资的重大意义 [J]. 经贸实践, 2018, （01）: 110-111.

第四节　商业计划书路演

一、路演的意义

路演（Road Show）是指创业者或企业代表通过演讲、展示和互动等形式，向投资人和潜在合作伙伴介绍商业计划的过程。它是商业计划书的重要补充，通过口头表达和实际演示，让投资人更直观地了解和评估创业项目的价值和潜力。商业计划书路演将商业计划书中的关键信息以生动、清晰的方式呈现给目标听众，以激发他们的兴趣并获得投资或合作机会。它强调口头沟通和演示，通过言语、视觉和互动等手段，全面展示创业项目的商业模式、市场机会、竞争优势、财务预测等内容，同时突出创业团队的能力和执行力。商业计划书路演对创业具有以下重要意义。

（1）吸引投资。商业计划书路演是创业者向投资人展示项目的机会，通过口头表达和实际演示来吸引投资。路演提供了一个面对面的机会，让投资人能够更直观地了解创业项目的潜力和价值，从而增加获得投资的机会。

（2）增强说服力。商业计划书路演通过演讲、展示和互动等方式，能够更生动、具体地呈现创业项目的核心信息和竞争优势。创业者可以通过讲述故事、演示产品、提供数据等形式，增强对投资人的说服力，使其更有信心和兴趣参与项目。

（3）互动和反馈。路演提供了一个与投资人直接互动和交流的平台。创业者可以回答投资人的问题、解释疑虑，并从投资人的反馈中获取宝贵的意见和建议。这有助于创业者进一步完善商业计划和项目策略，并增进与投资人之间的沟通和理解。

（4）提升知名度和曝光度。商业计划书路演可以让更多的投资人、潜在合作伙伴和媒体关注到创业项目。创业者通过在路演中展示项目的独特性和潜力，可以提升项目的知名度和曝光度，吸引更多的关注和合作机会。

（5）完善商业计划。创业者通过路演，可以收集来自投资人和专业人士的反馈和建议，从而改进和完善商业计划。投资人的观点和意见能够帮助创业者更好地理解市场需求、商业模式的可行性和财务预测的合理性，有助于提高商业计划的质量和可行性。

路演为创业者提供了一个直接与投资人互动、展示项目价值和吸引投资的平台。它不仅能够增加获得投资的机会，还能够帮助创业者完善商业计划、提高项目的可行性，并提升项目的知名度和曝光度。

二、路演活动的特点

（1）实时演示。商业计划书路演是一种现场演示和展示的形式，创业者通过口头表达、演示产品或服务、展示市场调研数据等方式，直接向投资人呈现创业项目的核心内容。与纸面商业计划书相比，路演更加生动和具体。

（2）限时呈现。商业计划书路演通常有时间限制，创业者需要在给定的时间内清晰地介绍项目的背景、市场机会、产品或服务特点、商业模式、财务预测等关键信息。时间限制要求创业者对项目进行精炼和概括，突出关键要素。

（3）面对面互动。商业计划书路演为创业者和投资人提供了直接互动的机会。创业者在演示过程中可以回答投资人的问题，解释项目的关键点，并与投资人进行交流和讨论。这种面对面的互动能够增加双方之间的理解和信任。

（4）多媒体展示。商业计划书路演通常会利用多媒体技术进行展示，如使用投影仪展示幻灯片、演示产品的演示视频、展示市场调研数据的图表等。多媒体展示能够更直观地呈现项目的特点和潜力，提高演示的吸引力和说服力。

（5）专业演讲技巧。商业计划书路演要求创业者具备良好的演讲技巧。创业者需要能够清晰、自信地表达项目的价值和创新点，用简明扼要的语言向投资人传递关键信息。良好的演讲技巧能够帮助创业者吸引投资人的注意力和兴趣。

（6）强调项目价值。商业计划书路演的核心目标是吸引投资，因此创业者需要强调项目的价值和潜力。路演中的演示和展示应重点突出项目的竞争优势、市场需求、解决方案、盈利模式等，以激发投资人的兴趣和认可。

（7）简洁明了。商业计划书路演要求创业者能够在有限的时间内传递关键信息，因此必须保持简洁明了。

因此，实现有效、精彩的路演的基础就是针对路演活动的特征培养好自身的演讲素质，创业是一个全方位的挑战，创业者需要不断地从各个方面持续地提升自己，以提升创业成功的概率。

三、路演的类型

路演是一种通过演讲和展示来介绍和推广创业项目或商业计划的活动。根据不同的目标和受众，路演可以分为以下几种类型。

（1）投资者路演（Investor Pitch）。这种路演的目标是吸引投资者，获得资金支持。创业者需要向潜在投资者展示项目的商业模式、市场机会、财务数据和预期回报等关键信息，以引起投资者的兴趣并争取投资。

（2）战略合作伙伴路演（Strategic Partnership Pitch）。这种路演的目标是与其他公司或组织建立战略合作伙伴关系。创业者需要向潜在合作伙伴介绍项目的价值、互补性以及合作的益处，以促成合作伙伴关系的达成。

（3）客户路演（Customer Pitch）。这种路演的目标是吸引潜在客户，获得订单或销售机会。创业者需要向潜在客户展示产品或服务的特点、优势和解决方案，以满足客户需求并促成销售。

（4）媒体路演（Media Pitch）。这种路演的目标是吸引媒体的关注和报道，提高项目的曝光度和知名度。创业者需要通过路演展示项目的创新性、社会影响力和新闻价值，以吸引媒体的报道和宣传。

（5）比赛路演（Competition Pitch）。这种路演通常是在创业竞赛或活动中进行，旨在

展示项目的独特性、市场潜力和商业价值。创业者需要通过路演赢得评委和观众的认可，以获取奖项、资源或机会。

这些路演类型在目标、受众和内容上有所不同，但都需要创业者准备充分，清晰地传达项目的核心信息，以吸引并获得相关方的支持、合作或认可。

四、路演的一般流程

一般而言，路演活动的流程包括以下几个主要阶段。

（1）筹备阶段。在路演活动开始之前，创业者需要进行充分的准备工作。这包括确定目标受众、确定演讲内容、设计演示文稿、准备展示资料和素材等。此阶段还需要安排活动的时间、地点和参与人员，并发送邀请函邀请相关方参加。

（2）开场介绍。在路演活动开始时，主持人通常会进行开场介绍，欢迎参与者并简要介绍活动的目的和流程。创业者也可以在开场时自我介绍，并简要概述项目的背景和亮点，以引起听众的兴趣。

（3）演讲和展示。创业者进行演讲和展示，向听众介绍项目的关键信息。演讲内容通常包括项目的愿景和使命、市场机会和竞争优势、商业模式和收入来源、产品或服务的特点和核心功能、财务数据和预期回报等。创业者可以运用演讲技巧和视觉辅助工具，如演示文稿、视频、产品展示等，以生动而有说服力地传达项目的核心价值。

（4）问答环节。在演讲和展示结束后，通常会进行问答环节，听众可以提问并与创业者进行互动交流。这是一个机会，让听众进一步了解项目、提出问题、表达兴趣或提供建议。创业者需要准备充分，回答问题并解决疑虑，展现对项目的深入了解和专业能力。

（5）网络交流和洽谈。在路演活动的间隙或结束后，参与者可以进行网络交流和洽谈。这是创业者与潜在投资者、合作伙伴、客户或媒体代表进一步深入沟通的机会。创业者可以回答个别问题、洽谈合作细节、收集反馈意见或与对方建立联系，以推进项目的发展。

需要注意的是，不同的路演活动可能有所差异，流程也可能因场景和组织者的要求而有所调整。创业者应根据具体情况灵活调整，并在整个路演过程中展现出自信、专业和吸引力，以赢得观众的关注和支持。

专栏——阿里巴巴的路演故事

阿里巴巴是中国最著名的互联网公司之一，成立于1999年，由马云创办。在公司成立初期，阿里巴巴面临着巨大的挑战，包括互联网行业的竞争激烈、融资困难以及用户信任度低等问题。

为了推动公司的发展并吸引投资者，阿里巴巴在2014年进行了一系列的路演活动，为即将到来的全球首次公开发行（IPO）做准备。路演是指公司管理层向投资者、分析师和媒体展示公司的业务模式、财务状况和发展前景的活动。

阿里巴巴的路演活动以其独特而引人注目的方式而闻名。在路演中，马云和其他高管展示了公司的愿景、创新产品和成功案例，并详细介绍了公司的商业模式和战略规划。他们强调了公司在中国互联网市场的领导地位和在电子商务、云计算和数字娱乐等领域的创新能力。

阿里巴巴的路演活动吸引了大量投资者的关注，并在市场上产生了广泛的影响。阿里巴巴通过向投资者展示公司的发展潜力和价值，成功地吸引了大量的投资资金，并于2014年9月在纽约证券交易所上市，成为当时世界上最大的IPO之一。

阿里巴巴的上市路演故事展示了一个中国公司如何通过精心策划和执行路演活动来吸引投资者，并成功推动公司的发展和上市。这个故事强调了公司管理层的领导能力、创新能力和对市场需求的准确把握，同时也展示了中国公司在全球舞台上的竞争力和影响力。

重要概念

商业计划　商业计划书　市场分析　销售和营销策略　经营模式　财务计划　路演

复习思考题

1. 什么是商业计划书？有什么作用？
2. 商业计划书包含哪些主要内容？通用格式是什么？
3. 商业计划书的核心读者是谁？撰写原则和技巧是什么？
4. 什么是路演？哪些名人曾经路演过？带给你的感受有哪些？
5. 路演能解决什么问题？成功的路演需要演讲者具备哪些技能？

实践练习

实践练习1：撰写一份商业计划书。

实践练习2：撰写商业计划书对应的路演PPT。

参考文献

[1] 周苏. 创新思维与方法[M]. 北京：机械工业出版社，2017.

[2] 吴维亚，吴海云. 创新学[M]. 南京：东南大学出版社，2008.

[3] 邝朴生，马跃进，钱东平. 创新学[M]. 北京：中国农业大学出版社，2003.

[4] 姚东明，何春生. 创新学基础[M]. 上海：上海科学技术出版社，2007.

[5] 张玉利，陈寒松，薛红志，等. 创业管理[M]. 4版. 北京：机械工业出版社，2017.

[6] 李家华. 创业基础[M]. 北京：北京师范大学出版社，2013.

[7] 龚炎. 精益创业方法论——初创企业的成长模式[M]. 北京:机械工业出版社，2015.

[8] 孙洪义. 创新创业基础[M]. 北京：机械工业出版社,2016.

[9] 张海霞，金海燕. iCAN创新创业之路[M]. 北京：机械工业出版社，2016.

[10] 侯文华. 大学生创新创业教育教程[M]. 北京：清华大学出版社，2016.

[11] 克莱顿·克里斯坦森. 创新者的窘迫[M]. 胡建桥，译. 北京：中信出版社，2015.

[12] 杰弗·里蒂蒙斯，小斯蒂芬·斯皮内利. 创业学[M]. 6版. 周伟民，吕长春，译. 北京：人民邮电出版社，2005.